奥数经典 500 例

计 数

陈拓 著

电子工业出版社
Publishing House of Electronics Industry
北京·BEIJING

内容提要

本书共有 87 个知识点及相关解题方法，按照计数的特点和逻辑关系由易到难进行编排。从"穷举法"开始，到"数学期望"结束。每个知识点都是一把神器，帮助读者快速理解知识的由来、掌握知识的运用方法。每个神器的名称都很鲜明，采用诙谐的顺口溜总结知识要点，通过"神器溯源"，让读者知其然，更知其所以然。每个神器都配有"例题精讲"和"针对性练习"。通过对精选例题的学习和对应练习，希望读者能把一颗颗精美的知识明珠串在一起，进而形成完善的知识体系。

本书适合小学中、高年级学生及初中学生进行培优学习使用，也可作为数学竞赛者的专题培训教材。

未经许可，不得以任何方式复制或抄袭本书之部分或全部内容。
版权所有，侵权必究。

图书在版编目(CIP)数据

奥数经典 500 例. 计数 ／ 陈拓著. —— 北京 ：电子工业出版社，2024. 6. —— ISBN 978－7－121－48183－3
Ⅰ. G634.603
中国国家版本馆 CIP 数据核字第 2024N3J572 号

责任编辑：崔汝泉　　特约编辑：陈　迪
印　　刷：三河市君旺印务有限公司
装　　订：三河市君旺印务有限公司
出版发行：电子工业出版社
　　　　　北京市海淀区万寿路 173 信箱　邮编　100036
开　　本：787×1092　1/16　印张：21.5　字数：600 千字
版　　次：2024 年 6 月第 1 版
印　　次：2024 年 6 月第 1 次印刷
定　　价：96.00 元

凡所购买电子工业出版社图书有缺损问题，请向购买书店调换。若书店售缺，请与本社发行部联系，联系及邮购电话：(010)88254888，88258888。
质量投诉请发邮件至 zlts@phei.com.cn，盗版侵权举报请发邮件至 dbqq@phei.com.cn。
本书咨询联系方式：(010)88254407。

丛书前言

如何提高学生的解题能力？这是一个非常复杂的问题。有人提出了"问题教学法"，在教学中设置一些问题情境，让学生在反复失败中探索数学真知，但学生往往在浪费了大量时间后，在成功之前就丧失了信心。有人提出了"讲授法"，但这种方法往往被称为"填鸭式"教学，学生往往是被动接受的，一般不会深刻思考。有人则提出了"练习法"，通过刷题进行提高，找到题感。这些方法都各有优缺点，应根据学习的具体内容及学生的年龄特征合理选用。

学习的主体是学生，充分发挥学生的主观能动性才是学习之道和传授之道。只有先让学生学会自学，学会阅读，理清知识点的来龙去脉，然后去做例题，对照解题过程总结经验和教训，慢慢地形成自己的学习方法、学习习惯，才能更好地提高学习效率。这就是"自学阅读法"。

那么问题来啦，学生学习数学，应阅读什么？又应如何阅读？为学生提供一套较好的数学阅读学习资料，且要兼顾例题和练习，的确不是一件容易的事。我在平时的教学中，反复思索这个问题，从知识点入手，从解题方法入手或许是一条捷径。基于此想法，我倾心编写了"奥数经典500例"丛书，把数学学科按照知识体系和方法(不像小学、初中数学内容那样间隔循环提升)由浅入深、环环相扣地编写出来。每例都是一个知识点——瑰丽的宝石；每例都是一个神器——秒杀的秘诀。为了让学生能掌握各知识点，特设置了"神器溯源"栏目，力争让学生知其然，又知其所以然；既知道公式的结构，又知道公式的推导过程；既知道定理，又掌握定理的证明；既知道数学家的贡献，又了解数学家的故事。为了进一步帮助学生掌握各知识点，我把各知识点浓缩提炼成合辙押韵的顺口溜(这里需要声明一下，有人说，顺口溜太多，学生记不住。我只想说，让学生背顺口溜，本身就是不合时宜的，顺口溜是知识点的精华，其作用是帮助学生理解知识点)。为了帮助学生加深对各知识点的理解，我针对每个知识点精心编写了2~6个例题，来帮助学生加深理解与巩固。为了让学生学有所用，我为每个知识点由易到难编写了3~10个练习题。总之，学生通过认真阅读与理解、学习例题、完成练习，基本能掌握所学的知识点。

根据数学的特点，"奥数经典500例"丛书分成6册出版，每册一个专题，分别是计算专题、应用题专题、数论专题、几何专题、计数专题、构造论证专题。

由于编写时间仓促，难免有错漏之处，恳请各位读者斧正。

陈 拓

奥数经典500例答疑群

前言

　　计数是从数数发展起来的一门数学分支，事物与非零自然数建立一一对应，不能重复也不能遗漏。

　　计数的理论基础就是加法原理与乘法原理，弄明白分类计数与分步计数的不同。计数的重点就是排列与组合，它是乘法原理的符号表达，使得计数过程更加简洁化。对于复杂问题一般先进行标准化处理，然后排除不符合的情况，这样的排除有容斥排除、多变一的除法排除，多变0的减法排除等。

　　在理解计数原理后，人们总结了许多计数方法，例如：树形图、标数法、传球法、捆绑法、隔板法、递推法、归纳法等，这些方法为计数提供了一定的技巧或工具。

　　寻找计数的规律是计数的难点，计数规律总结为几个数列规律，主要有卡特兰数列、斐波那契数列、错位数列、波形数列等。

　　在计数专题中，共涉及87个知识点，从加乘原理入手，重点介绍排列组合，接着是这些知识在几何图形计数中的运用，最后是计数的延伸内容及概率问题。

　　在编写计数专题时，采用顺口溜总结要点，例如：在知识点"排列"的"要点说明"中，"既选又排还有序，排列要点就这句。排列一点不神秘，乘法原理来标记。连续自然连乘起，最大就在下标里。因数个数上标记，递增递减都可以。字母大写要明白，原来是P现是A"，通过简短总结，弄清排列的本质和符号不同部分的作用，便于学生掌握和运用。

　　在本书的编写过程中收到罗天石、杨莹、杨永东、何希敏、郭立法、陶源、石荣才、刘春芬等老师的修改建议，张大可老师在百忙之中审读了全稿，他们对本书的顺利出版作出了很大贡献，在此顺致谢意！

　　由于计数问题深奥莫测，灵活多变，加之编写仓促，作者水平有限，错谬之处恳请读者批评指正。

陈　拓
2024年6月18日

目录

一 计数基本原理

JSH-01　穷举法 ……………………… (1)

JSH-02　树形图 ……………………… (4)

JSH-03　加法原理 …………………… (6)

JSH-04　最短路线标数法 …………… (8)

JSH-05　对应构图标数法★ ………… (11)

JSH-06　有向图标数 ………………… (15)

JSH-07　分层标数 …………………… (18)

JSH-08　立体标数 …………………… (22)

JSH-09　递推法 ……………………… (26)

JSH-10　传球法 ……………………… (31)

JSH-11　斐波那契数列 ……………… (35)

JSH-12　乘法原理 …………………… (40)

JSH-13　数字组数 …………………… (44)

二 排列 组合

JSH-14　排列 ………………………… (47)

JSH-15　组合 ………………………… (50)

JSH-16　特殊优先 …………………… (54)

JSH-17　特殊后处理 ………………… (56)

JSH-18　相邻对象捆绑法 …………… (59)

JSH-19　不相邻对象插空法 ………… (62)

JSH-20　重复对象的排列 …………… (65)

JSH-21　相同对象的排列 …………… (68)

JSH-22　数字和相关计数 …………… (71)

JSH-23　容斥原理,韦恩图 ………… (76)

JSH-24　正难则反,减法排除 ……… (81)

JSH-25　不同元素的分组 …………… (83)

JSH-26　部分元素有序的排列 ……… (87)

JSH-27　相邻元素受限 ……………… (90)

JSH-28　新书上架插空法 …………… (95)

JSH-29　4个盘子与8个仙桃 ……… (98)

JSH-30　约定插板法 ………………… (102)

JSH-31　组合法求最短路线 ………… (105)

JSH-32　阶梯型最短路线 …………… (110)

JSH-33　卡特兰数列 ………………… (114)

JSH-34　波形数列 …………………… (118)

JSH-35　复杂递推★ ………………… (123)

JSH-36　立体图形中的递推★ ……… (131)

JSH-37　对应转化计数 ……………… (134)

三 几何图形计数

JSH-38　数线段 ……………………… (138)

JSH-39　数直线 ……………………… (141)

JSH-40　数射线 ……………………… (145)

JSH-41　数角 ………………………… (148)

JSH-42	数三角形之基本区域法 ……	(152)
JSH-43	数三角形之消消乐 …………	(155)
JSH-44	数三角形之放射图 …………	(158)
JSH-45	数三角形之相似图 …………	(162)
JSH-46	数三角形之金字塔图 ………	(165)
JSH-47	数三角形之完备图 …………	(172)
JSH-48	数固定面积的三角形 ………	(175)
JSH-49	数特殊形状的三角形 ………	(178)
JSH-50	周长为定值的整边三角形 ……………………………	(181)
JSH-51	最大边为定值的整边三角形 ……………………………	(188)
JSH-52	数正方形 ………………………	(192)
JSH-53	数特殊条件的正方形 ………	(196)
JSH-54	数矩形 …………………………	(199)
JSH-55	数特殊条件的矩形 …………	(204)
JSH-56	数平行四边形 ………………	(208)
JSH-57	数金字塔中的平行四边形 ……………………………	(210)
JSH-58	数特殊条件的平行四边形 ……………………………	(214)
JSH-59	数梯形 …………………………	(218)
JSH-60	最小矩形包 …………………	(224)
JSH-61	数立方体 ……………………	(228)

四　染色与特殊排列

JSH-62	基本区域染色 ………………	(233)
JSH-63	环形区域染色 ………………	(237)
JSH-64	多环染色★ …………………	(242)
JSH-65	长方体的染色与分割 ………	(248)
JSH-66	开放型区域分割 ……………	(253)
JSH-67	封闭型区域分割 ……………	(257)
JSH-68	混合型区域分割 ……………	(262)
JSH-69	圆排列与环排列 ……………	(265)
JSH-70	错位排列 ……………………	(269)
JSH-71	计数中的对称问题 …………	(274)
JSH-72	计数中的旋转问题 …………	(277)
JSH-73	计数中的翻转问题 …………	(281)
JSH-74	波利亚计数★ ………………	(284)

五　计数拾遗与概率

JSH-75	对称数字 ……………………	(289)
JSH-76	数字谜计数 …………………	(292)
JSH-77	整除性计数 …………………	(297)
JSH-78	有向一笔画 …………………	(301)
JSH-79	"暗箱"操作 …………………	(304)
JSH-80	补齐或排除的多变一 ………	(307)
JSH-81	禁位排列★ …………………	(310)
JSH-82	调整保障法 …………………	(314)
JSH-83	古典概率 ……………………	(317)
JSH-84	几何概率 ……………………	(321)
JSH-85	条件概率★ …………………	(326)
JSH-86	独立重复试验★ ……………	(330)
JSH-87	数学期望★ …………………	(334)

标注"★"为选学内容。

一　计数基本原理

JSH-01　穷举法

神器内容	把符合条件的元素——列举出来的计数方法。
要点说明	穷举法,枚举法,一一验证来考察。 这种方法算答案,不重不漏仔细算。 穷举标准先拿下,字典排列小到大。

神器溯源

穷举法,又称枚举法,一一列举,需要考察所有对象,是一种把符合条件的对象都列举出来的计数方法。为了枚举时不重复、不遗漏,对于数的列举可以从小到大或者从大到小。如果不是数的枚举,可以把其一一对应成"数的枚举",也可以按照字典中汉字的排列顺序,穷举所有答案,这就是字典排列法。

对于数组计数,如果无序,可以进行上升数枚举;如果有序,可以固定标准,进行"一升一降"枚举。

例题精讲

例题 1-1 在数字 0~9 中选三个不同的数字,使其和为 15,这样的数组共有_____组。(4+2+9 与 9+4+2 算相同)

答案:10

【解答】　固定最小的加数,然后对另外两个加数进行"一升一降"枚举。

$15=0+6+9$　　$=1+5+9$　　$=2+4+9$　　$=3+4+8$　　$=4+5+6$
$7+8$　　$6+8$　　$5+8$　　$5+7$
$6+7$

所以,共有 2+2+3+2+1=10 组。

例题 1-2 各数位上的数字和为 33 的四位数共有_____个。

答案：20

【解法一】 固定数字后,从大到小进行枚举。

9996　9969　9699　6999

9987　9978　9897　9879　9798　9789　8997　8979　8799　7998　7989　7899

9888　8988　8898　8889

所以,各数位上的数字和为 33 的四位数共有 4＋12＋4＝20 个。

【解法二】 对应计数,每个数位上的数字最大为 9,可以把各数位上的数字和为 33 的四位数对应成各数位上的数字和为 3 的四位数码(首位可为 0)的枚举。

如 9996→0003,9897→0102,8898→1101。

0003	0102	0201	0300	1002	1101	1200	2001	2100	3000
12	11	10		11	10		10		
21	20			20					
30									

共有 10＋6＋3＋1＝20 个。

例题 2 在一个黑色袋子里装有 3 个红球、2 个蓝球、3 个黄球。闭着眼睛从中一次抓取 3 个球,那么这 3 个球的颜色组合共有_____种。

答案：9

【解答】 对应计数,分类枚举。

用"1"表示红球,用"2"表示蓝球,用"3"表示黄球。转化为从 1,1,1,2,2,3,3,3 中取 3 个数字的不同方法。

(1) aaa：111,333,有 2 种。

(2) aab：112,113,221,223,331,332,有 6 种。

(3) abc：123,有 1 种。

共有 2＋6＋1＝9 种。

针对性练习

练习❶ 各数位上的数字和为 7,且各数位上不含数字 4 和 7 的三位数,共有_____个。

练习 2 16个相同的玻璃球放到四个相同的盒子里,每个盒子至少放2个,共有_____种不同的放法。

练习 3 现在有四把锁,结果锁和钥匙被同学都配错了,那么共有_____种配错法。

练习 4 在3×3的方格内放入两枚相同的棋子,且不能放在同一个格子里,旋转、翻转相同算一种,那么这样的棋子共有_____种不同的放法。

练习 5 如图1所示,这是一个3×5的方格纸片,从中先挖去一个小方格,然后剪成大小、形状都相同的两部分,那么共有_____种不同的剪法。(旋转、翻转相同算一种)

图1

练习 6 用图2中的数字卡片可以组成一些自然数,如8,16,98,160等,那么共可以组成_____个自然数。(数字方向可以旋转)

| 1 | 6 | 8 | 0 |

图2

练习参考答案

练习题号	练习1	练习2	练习3	练习4	练习5
参考答案	17	15	9	8	5
解答提示	从小到大穷举	从小到大穷举	对应枚举	画图枚举	画图枚举
练习题号	练习6				
参考答案	87				
解答提示	根据卡片数分类枚举,注意6变9				

JSH-02　树形图

神器内容	根据相邻元素之间的关系,画出树形图进行一一列举。
要点说明	树形图,来计数,相邻关系看清楚。 如果答案不算大,可以考虑用此法。

神器溯源

在计数过程中,有些非常规的题目无从下手,可以考虑用树形图。在枚举法中,树形图不仅形象直观,而且有条理,又不易重复、遗漏。树形图的形状如图1所示。

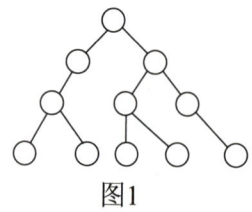

图1

例题精讲

例题 1　甲、乙两个足球队比赛,上半场结束时甲以 2∶1 暂时领先。当下半场结束时,乙却以 5∶4 反败为胜,且下半场比赛没有连进 3 球的球队,那么下半场的进球顺序有_____种可能。

答案:6

【解答】　下半场比赛,甲进 2 球,乙进 4 球,画出进球顺序树形图,如图 2 所示,得到下半场进球有 6 种可能。

甲—乙—乙—甲—乙—乙

乙 — 甲 — 乙 — 甲 — 乙 — 乙
乙 — 甲 — 乙 — 乙 — 甲 — 乙
乙 — 甲 — 乙 — 乙 — 甲 — 乙
乙 — 甲 — 乙 — 乙 — 甲

图2

例题 2 一个不含重复数字的三位数,首位数字为 1,不含数字 0,且相邻两个数字之差(大减小)为质数,那么这样的三位数共有_____个。

答案:14

【解答】 质数数字只有 2,3,5,7。画树形图,如图 3 所示,符合条件的三位数共有 14 个。

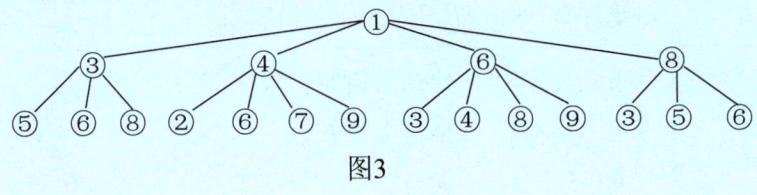

图3

针对性练习

练习❶ 甲、乙两人进行围棋赛,谁先胜二局谁就会取得比赛的胜利。如果最后甲获胜,那么比赛的进程共有_____种可能。

练习❷ 午餐时候,食堂给同学们准备了苹果、香蕉和橘子这三种水果,每种水果都有很多个。小明从中挑 3 个水果吃,共有_____种挑法。(每种水果最多挑 2 个)

练习❸ 用数字 1,3,4,6,8 各一次,组成一个五位数,且相邻两个数字不能都是偶数字,那么这样的五位数共有_____个。

练习❹ 用 1,2,3,4,5 组成一个没有重复数字的五位数 $\overline{abcde}$,且 $a<b, b>c, c<d, d>e$,那么共有_____种方法。

练习参考答案

练习题号	练习1	练习2	练习3	练习4
参考答案	10	7	12	16
解答提示	树形图	树形图	树形图	树形图

JSH-03 加法原理

神器内容	分类计数,使用加法原理,每类相加。
要点说明	做事几类方法,赶快结果相加。 一定不重不漏,保证这个要求。 到此已经完成,后面是"+"非"×"。

神器溯源

做一件事情,有几类不同的方法,而每类方法又有多种不同的做法,那么把所有分类的所有做法相加,得到的结果就是做这件事的所有方法,这就是加法原理。

当然,也可以这样叙述:完成一件事有 n 类方法,而第 1 类方法有 m_1 种做法,第 2 类方法有 m_2 种做法,第 3 类方法有 m_3 种做法……第 n 类方法有 m_n 种做法,那么完成这件事共有 $N = m_1 + m_2 + m_3 + \cdots + m_n$ 种方法。

原理,就是最原始的道理,无法在其他理由的基础上来加以说明或证明。但是,它是人类经过长期大量实践得到的,是公认的且在实践中完全与实际相符、颠扑不破的道理,可以不证明直接使用。

例题精讲

例题 1 从北京到上海,一天航班有 8 个,高铁有 12 车次,直达快客有 3 车次,长途大巴有 2 班次,那么一个人从北京去上海有 _____ 种可选的交通方式。

答案:25

【解答】 分类计数,每种交通方式都可以完成从北京到上海这件事,根据加法原理,共有 8+12+3+2=25 种可选的交通方式。

例题 2 有不同的语文书 5 本,不同的数学书 6 本,不同的英语书 4 本,不同的故事书 3 本。从中取出一本,共有 _____ 种不同的取法。

答案:18

【解答】 分类计数,共有 5+6+4+3=18 种。

针对性练习

练习❶ 小丽去吃午饭,发现学校附近有中餐厅 9 个、西餐厅 5 个、日式餐厅 2 个,她准备找一家餐厅吃饭,共有_____种选择。

练习❷ 在所有的两位数中,十位数字不小于个位数字共有_____个。

练习❸ 4 男 5 女参加一次聚会,任意两个不同性别的人都握手一次,任意两个男人也都握手一次,那么共握手_____次。

练习❹ 京沪高铁二线,起点北京,终点上海。沿途经过 7 站:天津、东营、潍坊、临沂、淮安、扬州、南通,那么一列从北京开往上海的高铁(有一等座、二等座和商务座),所售车票共有_____种。

练习❺ 图 1 是一个电路图,图中有 9 个开关。如果仅有一路接通,那么接通电路的方法有_____种。

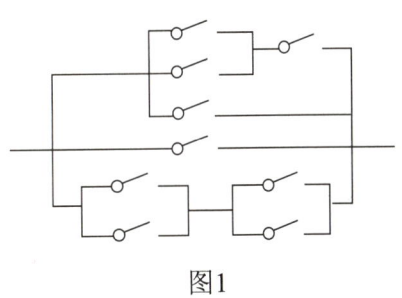

图1

练习参考答案

练习题号	练习1	练习2	练习3	练习4	练习5
参考答案	16	54	26	108	8
解答提示	基本练习	按十位数字分类	按性别分类	按起点分类	分类画出连通电路

JSH-04　最短路线标数法

神器内容	对最短路线进行标数计数。
要点说明	最短路线标数法,加法原理要点抓。 指明最短方向定,何数相加要算清。

神器溯源

对最短路线条数进行统计,经常采用标数法。最短路线就像水渠一样,找到汇入的水渠条数,相加在一起,就是到达汇合点处的方法数。

最短路线意味着路线方向已确定,从起点到终点分解为横、竖两个方向上的路线之和。文字叙述的问题情境,需要根据题意进行构图,在图中找到两点之间的最短路线的条数,如图1所示。得到标数原则"分不减,合相加"。

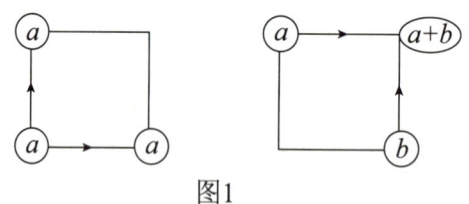

图1

例题精讲

例题 1-1 如图2所示,在 3×4 的方格中,从左下角 A 到右上角 B 的最短路线共有_____条。

答案:35

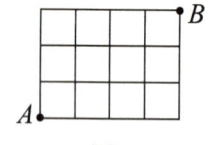

图2

【解答】采用最短路线标数法,沿格线向右或向上行走。如图3所示,最短路线有35条。

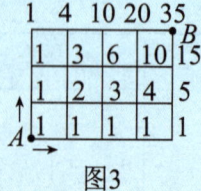

图3

· 8 ·

例题 1-2　如图 4 所示，在 A 点有一枚棋子，可以向右或向上移动，那么沿着格线棋子从 A 点到 B 点，且不经过途中 C 点的路线有_____条。

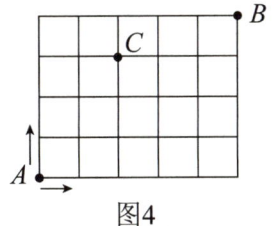

图4

答案：86

【解答】　确定了棋子移动方向，没有相反方向，相当于是走最短路线。对于 C 点不能经过，特殊优先考虑，首先在 C 处标数 0。如图 5 所示，符合条件的路线有 86 条。

另外，可先去掉连接 C 点的路线，然后进行标数（自行试一试），如图 6 所示。

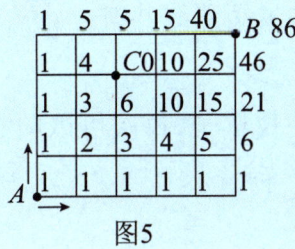

图5

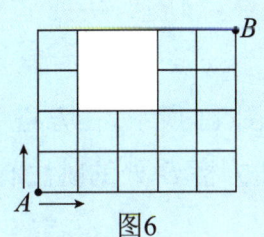

图6

例题 2　如图 7 所示，在 3×5 的方格中，从 A 点到 D 点的格线中，途中先经过 B 点，再经过 C 点的最短路线共有_____条。

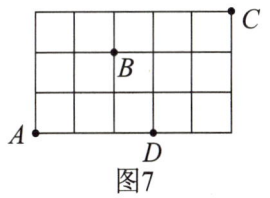

图7

答案：240

【解答】　如图 8 和图 9 所示，分步标数，得到路线有 240 条。

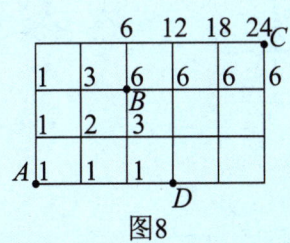

图8

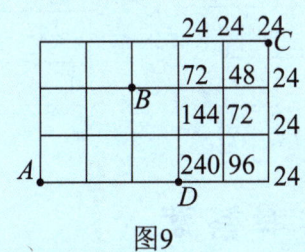

图9

注：本题使用乘法原理也可以标数，学过乘法原理的学生可以试一试。

针对性练习

练习 ❶　如图 10 所示，在 3×3 的方格中，从左下角 A 点到右上角 B 点的最短路线有_____条。

练习❷　如图 11 所示,从 A 点到 B 点的最短路线共有_____条。

练习❸　如图 12 所示,一只蚂蚁按照向右或向上沿着方格线从 A 点爬到 B 点,且经过 C 点,那么共有_____条不同的爬行路线。

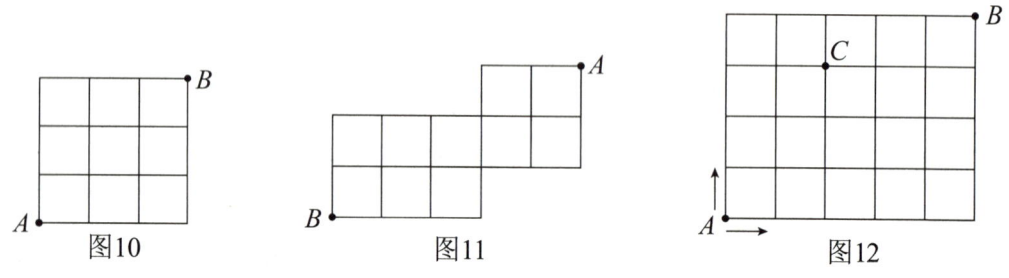

图10　　　图11　　　图12

练习❹　如图 13 所示,从 A 点到 B 点的最短路线共有_____条。

练习❺　如图 14 所示,在方格 A 处有一枚棋子,每次可以向右或向下跳动一格,经过 6 步到达方格 B 处的跳法有_____种。

练习❻　如图 15 所示,沿圆周上的弧线从 A 点到 B 点的最短路线共有_____条。

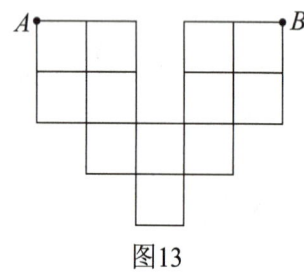

图13

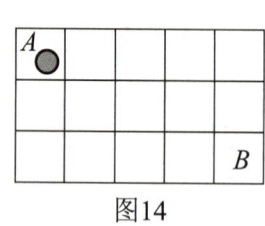

图14

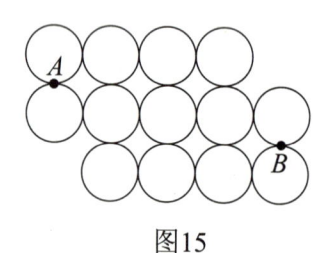

图15

练习参考答案

练习题号	练习1	练习2	练习3	练习4	练习5	练习6
参考答案	20	42	40	36	15	54
解答提示	标数法	标数法	标数法	标数法	标数法	可以转化为矩形路线标数

JSH-05　对应构图标数法★

神器内容	把一些计数问题对应成图形中的路线计数。
要点说明	大家都会标数法,图形画好摆在那。 实际问题做对应,根据题意画图形。 图形之中找路线,标数方法也好办。

神器溯源

在计数问题中,有些直接计数不容易解决,可以通过问题转化,对应成一个图形中的路线计数问题。

一般两个对象,一方移动一格,画一条横线段;另一方移动一格,画一条竖线段;斜向移动一段,表示横、竖同时移动一格,则画一条斜线段。针对具体问题,构图方法可能发生变化,要保证做到一一对应。

例题精讲

例题 1-1 甲、乙两名同学竞选班长,进行不记名投票。在唱票的过程中,甲始终领先乙,结果甲得到 7 票,乙得到 5 票,那么得票情况共有_____种可能。

答案:132

【解答】 采用画线段对应计数,甲得一票画"一",乙得一票画"|"。如图 1 所示,根据题意进行构图并标数,唱票的过程就相当于从 A 点到 B 点的最短路线,图中加色路线标数得票情况为"甲甲甲乙乙甲乙甲甲甲乙乙"。因此,如图 2 所示,得到唱票情况有 132 种。

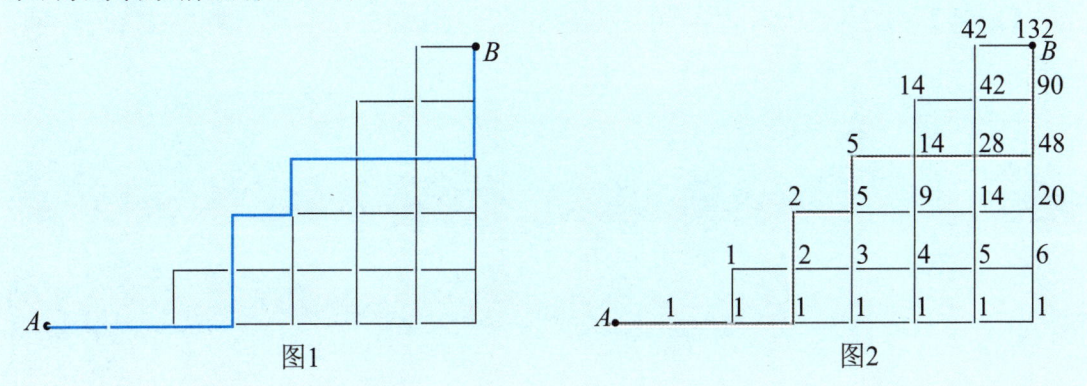

图1　　　　　　图2

例题 1-2 甲、乙两人下五子棋,结果甲胜 6 盘,乙胜 4 盘。在比赛过程中,乙胜的盘数始终没有超过甲胜的盘数,甲最多领先乙 4 盘,且发生过甲领先乙 4 盘这种情况,那么在比赛中,甲、乙两人共有_____种胜负盘排列情况。

答案:26

【解答】 采用对应构图标数法,甲胜一盘画"—",乙胜一盘画"|"。如图 3 所示,甲胜 6 盘,乙胜 4 盘,且甲最多领先 4 盘,转化为从 A 点到 B 点的最短路线,共有 81 种胜负盘排列情况。又知发生过甲领先 4 盘的情况,故 C 点、D 点、E 点中至少经过一点,需排除甲最多领先 3 盘的情况,如图 4 所示,甲最多领先 3 盘的情况有 55 种,因此甲领先 4 盘,且发生过领先 4 盘的情况共有 81−55＝26 种胜负情况。

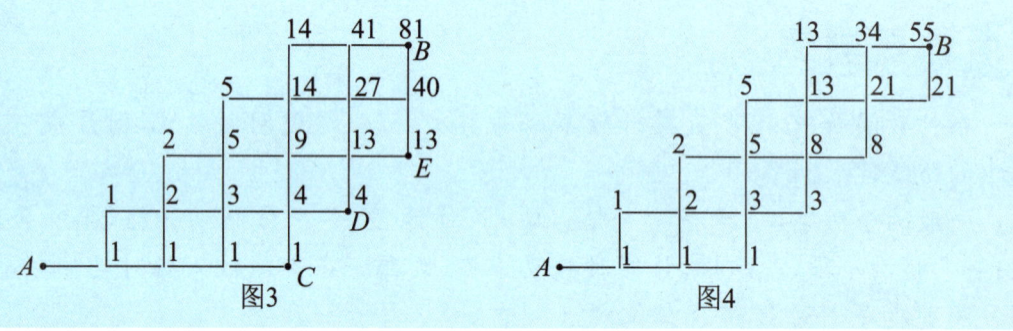

图3　图4

例题 2-1 中国象棋中的"车"走直线,可以任意水平或竖直移动。在图 5 中,位于 A 点的"车"沿着格线以最短路线到达 B 点,共有_____种不同的移动方法。(路线相同,停留点不同算不同的移动方法)

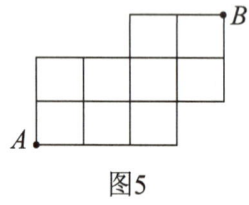

图5

答案:193

【解答】 如图 6 所示,"车"的走法对应"左侧数之和"与"下侧数之和"标数,得到 193 种不同的移动方法。

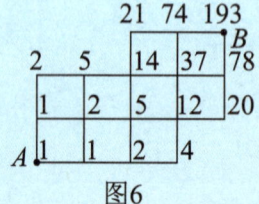

图6

例题 2-2 有 3 个相同的红球和 3 个相同的黄球,每次只能从相同颜色球中取 1 个或 2 个,或者每种颜色的球各取 1 个,那么取完 6 个球共有_____种不同的方法。

答案: 157

【解答】 如图 7 所示,取 1 个红球画"—",取 1 个黄球画"|",取红球和黄球各 1 个画"/"。按从 A 点到 B 点的线路标数,得到 157 种不同的取球方法。

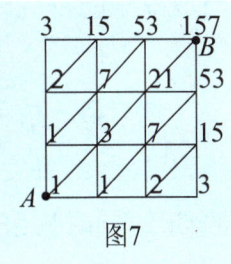

图7

针对性练习

练习❶ 如图 8 所示,在 4×4 的左下角方格内有一枚棋子,每次可以向右、向上、向右上移到相邻的格子(有公共边或点),那么这枚棋子移到右上角共有_____种方法。

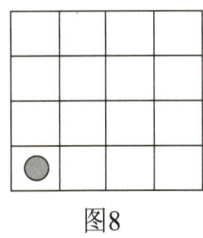

图8

练习❷ 巴西队和英格兰队进行了一场足球赛,在比赛过程中巴西队始终领先,结果巴西队以 6∶4 获得了胜利。这场足球赛的进球顺序共有_____种可能。

练习❸ 把 1~10 这十个整数填入 2 行 5 列的方格内,使得每行五个数从左至右依次增大,每列两个数上面小下面大,那么共有_____种不同的填法。

练习❹ 张经理有 5 份文件需要批阅,每次都把刚批阅好的文件放在文件堆的最上面。李秘书每次从批阅好的文件堆的最上面取一份文件打印,且在张经理没有完成所有文件批阅时,李秘书就开始打印,那么批阅文件与打印文件的排列顺序共有_____种。

练习 ❺ 姐妹二人在餐馆做短工,负责洗盘子。一次,姐姐要洗 7 个盘子,妹妹要把姐姐洗好的盘子放到橱柜里消毒。姐姐是一个盘子一个盘子地洗,且把洗好的盘子叠放在一起,妹妹是一个盘子一个盘子地放到橱柜,且每次都是从最上面拿,同时姐姐叠放的盘子没有出现大于或等于 5 个的情况,那么姐姐与妹妹洗盘子与放盘子的排列顺序共有_____种。

练习 ❻ 植物园的门票的票价为 5 元,每人限购一张。现在 5 男 3 女八位学生购票游园,结果发现每位男生都只带一张 5 元的纸币,每位女生都只带一张 10 元的纸币,同时售票员也没有准备零钱,那么共有_____种排成一队的购票方法,使得售票员总能找得开零钱。

练习 ❼ 有 3 个相同的红球和 4 个相同的黄球,每次只能从相同颜色球中取 1 个或 2 个,那么从中取出 6 个球共有_____种不同的取法。

练习 ❽ 有 5 个相同的红球和 5 个相同的黄球,每次只能从相同颜色球中取 2 个或 3 个。当恰好剩下 3 个黄球时,可以一次同时取 2 个红球和 2 个黄球,那么取完 10 个球共有_____种不同的取法。

练习参考答案

练习题号	练习1	练习2	练习3	练习4	练习5
参考答案	63	42	42	41	365
解答提示	直接移动或新构路线图	构造阶梯图形标数	构造阶梯图形标数	构图标数时,排除都批阅的情况	叠放的盘子最多为 4 个
练习题号	练习6	练习7	练习8		
参考答案	20160	155	27		
解答提示	构造阶梯图形标数	可以分类考虑或转化为取完	构图标数,有 7 条斜线		

JSH-06　有向图标数

神器内容	根据有向线段的方向进行标数。
要点说明	图形线路有方向,根据方向数标上。 前面方向都标出,后面求和别疏忽。

神器溯源

当一些线段标记了方向,就成了有向线段,含有有向线段或曲线的图形叫作有向图。有向图标数计数,要从起点出发,每个点指向它的所有线段的另一端都已标数,那么这些标数之和就是该点需要标记的数。

例题精讲

例题 1 一只蚂蚁按图1中箭头所示的方向爬行,从 A 点爬到 B 点的不同路线共有_____条。

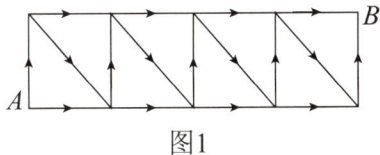

图1

答案:55

【解答】 如图2所示,对有向图进行标数,从 A 点由近及远,到达 B 点的路线有55条。

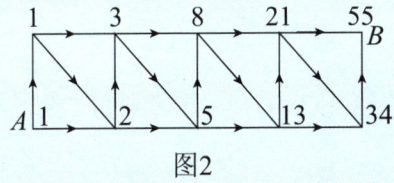

图2

例题 2 十块正六边形的地毯拼成如图3所示的形状,每块地毯上都有一个编号。现在小明站在1号地毯上,他想走到10号地毯。如果每次都只能走到和他相邻的地毯上(两个六边形如果有公共边,就称为相邻),并且只能向右、右上、右下行走一步。例如:1→2→3→4→7→10 就是一种走法,那么小明共有_____种不同的走法。

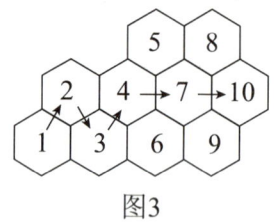

图3

答案:41

【**解答**】 如图 4 所示,以正六边形中心为点,相邻点连出有向图,然后从 A 点到 B 点进行路线标数,得到 41 种不同的走法。

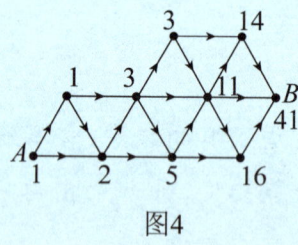

图4

针对性练习

练习❶ 按图 5 中箭头所示的方向行走,从 A 点走到 B 点的不同路线共有_____条。

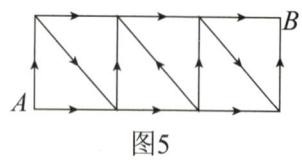

图5

练习❷ 按图 6 中箭头所示的方向行走,从 A 点走到 B 点的不同路线共有_____条。

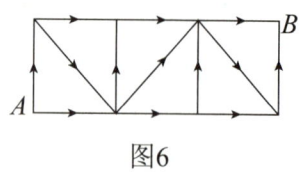

图6

练习❸ 按照图 7 中的箭头方向,从 A 点到 B 点的路线共有_____条。

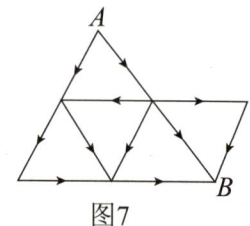

图7

练习 ❹ 如图 8 所示,按照箭头所示的方向移动,那么从 A 点到 B 点的不同移动路线共有_____条。

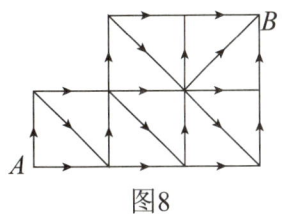

图8

练习 ❺ 如图 9 所示,一只蜜蜂从由正六边形组成的蜂巢的 A 点出发,可以向右、右上、右下爬行到相邻的正六边形蜂巢。如果最后到达 B 点,那么这只蜜蜂爬行的路线有_____条。

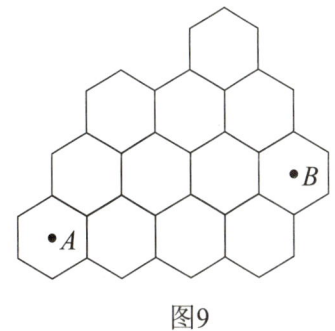

图9

练习参考答案

练习题号	练习1	练习2	练习3	练习4	练习5
参考答案	16	16	7	52	61
解答提示	按照箭头方向标数	按照箭头方向标数	按照箭头方向标数	按照箭头方向标数	转化为有向图

JSH-07　分层标数

神器内容	移动对象在几个点之间反复移动,可以分步标数。把一步分成一层,然后进行标数。
要点说明	几点之间来跳动,跳来跳去头发蒙。 根据步骤来分层,互不干扰标数清。

神器溯源

移动对象在几个点之间反复移动,可以分步标数。把一步分成一层,然后进行标数。在标数过程中,一定看清中途是否能够到达终点,如果不能到达,可以先标记 0。相邻两层分为奇偶层,这样对应移动的方向较为清晰。

例题精讲

 例题 1 如图 1 所示,这是象棋棋盘的一部分,"将"开始在 A 点,走 5 步恰好到 B 点,那么共有 _____ 种走法。("将"在中途可以到达 B 点)

答案:64

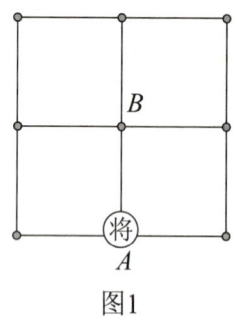
图1

【解答】　分层标数法。如图 2-1 和 2-2 所示,把点分成奇数步到达的点和偶数步到达的点,把每步都不同的走法数标记在表格点处,最后也能得到 64 种。

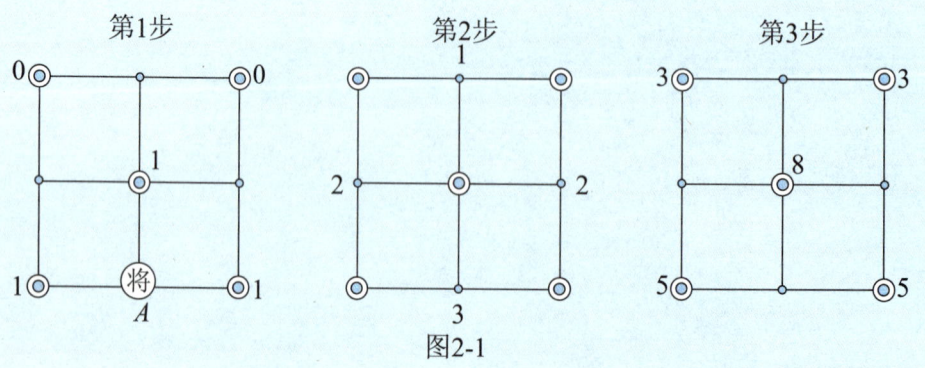
图2-1

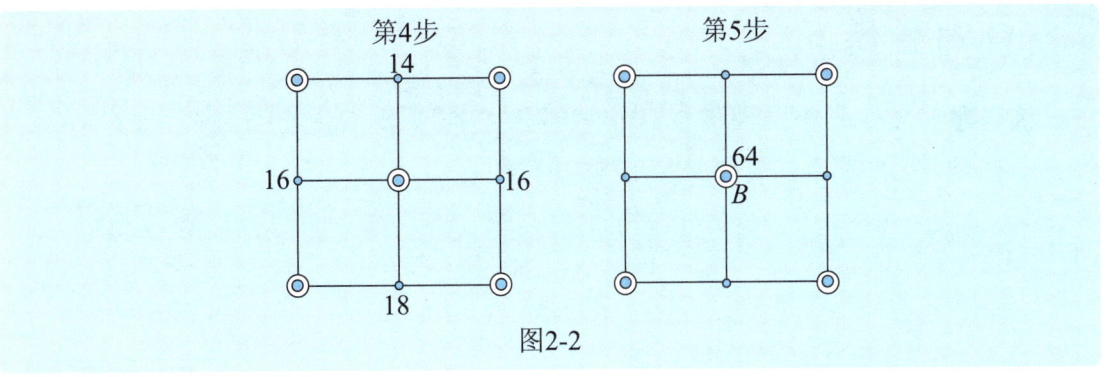

图2-2

例题 2 如图 3 所示，一只青蛙从一片荷叶 A 开始跳动，每次只能跳到连线的另一片荷叶上（不能原地跳动）。经过 5 次跳动，既可以跳到 A 处，也可以跳到 B 处，中途跳的荷叶不受限制，那么这只青蛙经过 5 次跳动跳到 A 处的方法比跳到 B 处的方法多_____种。

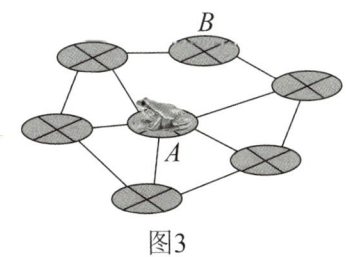

图3

答案： 76

【解答】 采用分层标数，如图 4 所示，这只青蛙经过 5 次跳动跳到 A 处的方法比跳到 B 处的方法多 $112-36=76$ 种。

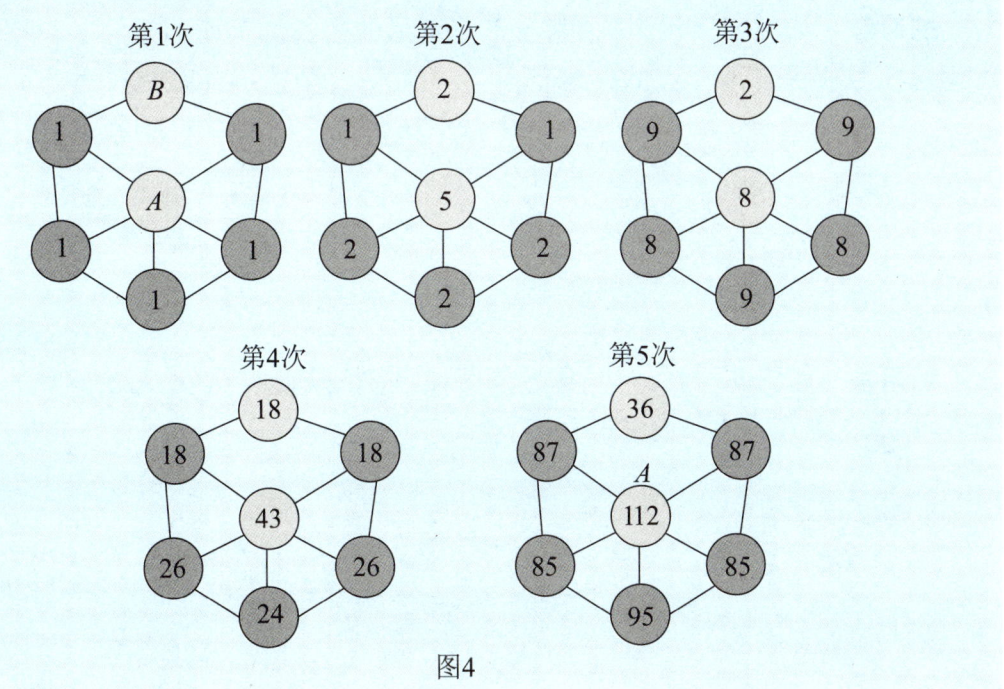

图4

针对性练习

练习 ❶ 图 5 是中国象棋棋盘的一部分，"帅"每次只能上下或左右移动一格，经过 5 次移动，刚好第一次到 A 点的移动路线有_____条。

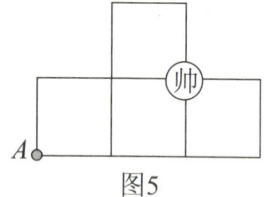

图5

练习 ❷ 如图 6 所示，每条基本线段均为 1 厘米，那么从 A 点出发，移动 7 厘米刚好到达 B 点的路线有_____条。（中途不能到达 B 点）

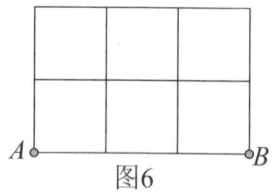

图6

练习 ❸ 如图 7 所示，一只蚂蚁从 A 点出发，爬行 4 条线段后，第一次回到出发点 A，那么这样的爬行路线有_____条。

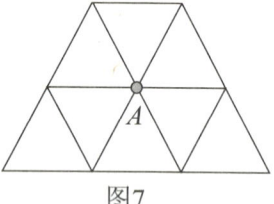

图7

练习 ❹ 如图 8 所示，每个基本正三角形的边长均为 1 厘米。一只甲虫从 A 点爬行 5 厘米后回到 A 点的路线有_____条。（中途不可以回到 A 点）

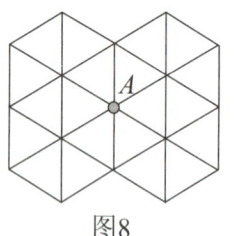

图8

练习 ❺ 如图 9 所示，一只青蛙停留在 A 处，从此点出发，每次跳到连线的圆圈内，那么青蛙连跳 4 步的路线共有_____条。

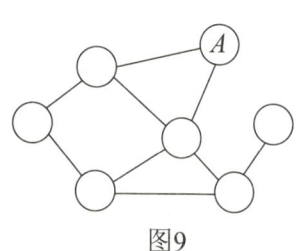

图9

练习 ❻ 如图 10 所示，六边形 ABCDEF 的每条边长都是 2 厘米，那么从 A 点开始，沿着边走 18 厘米，第一次到达 D 点的路线共有＿＿＿＿条。

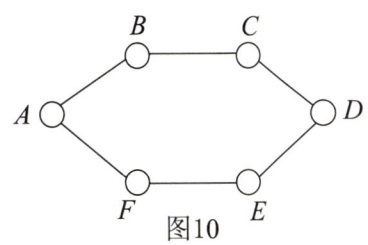

图10

练习 ❼ 如图 11 所示，方格纸的 A 点处有一只小蚂蚁，它沿着方格线爬行。方格上每条小线段的长均为 1 厘米。如果小蚂蚁爬行 4 厘米后，恰好在黑粗线上，那么它爬行的路线共有＿＿＿＿条。（中途不能到达 A 点）

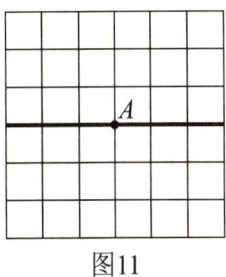

图11

练习参考答案

练习题号	练习1	练习2	练习3	练习4	练习5
参考答案	26	109	32	192	56
解答提示	分层标数	分层标数	分4层标数	分5层标数	分4层标数
练习题号	练习6	练习7			
参考答案	54	44			
解答提示	分类找到折返点	分4层标数			

JSH-08　立体标数

神器内容	对于立体图形,可以通过在其棱上移动,形成路线。对路线的条数计数,可以在顶点处标数。
要点说明	立体图形来标数,空间想象要开阔。 如果看到仅平面,实物拿来看一看。 先由直观到抽象,自由标数你最棒。

神器溯源

立体图是由木棒或铁丝扎成的框架,沿着棱爬行的小虫子从起点到达终点的最短路线有多少条？这类题可以通过立体标数法进行最短路线统计。

有些计数问题,也可以通过线段的对应转化,转化为横线段(长)、斜线段(宽)、竖线段(高)搭建立体图形和最短路线计数问题。

例题精讲

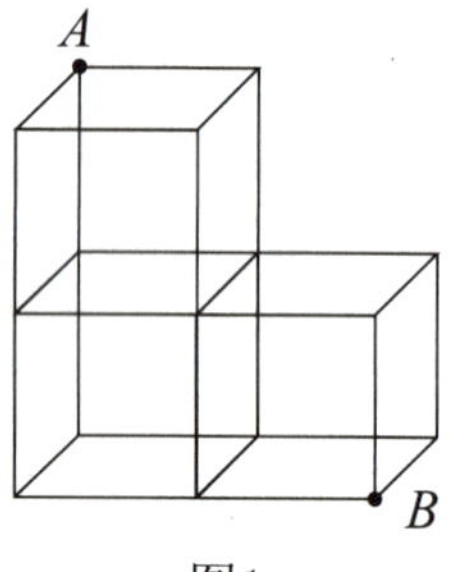

例题 1-1 如图1所示,一只蚂蚁沿着三个正方体框架的组合体的棱进行爬行,从 A 点爬行 5 条棱到达 B 点的路线共有_____条。

答案: 25

图1

【解答】 如图2所示,进行立体图形标数,从 A 点爬行 5 条棱到达 B 点的路线(最短路线)共有 25 条。

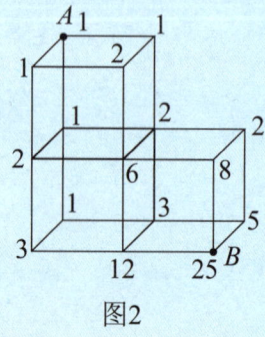

图2

例题 1-2 如图 3 所示,一只瓢虫从 A 点沿着铁丝扎成的五个正方体框架爬行到 B 点,那么爬行的最短路线共有_____条。

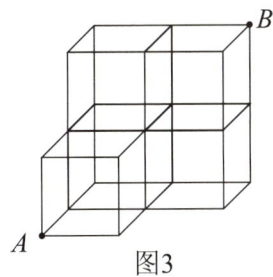

图3

答案: 66

【解答】 如图 4 所示,进行立体图形标数,最短路线共有 66 条。

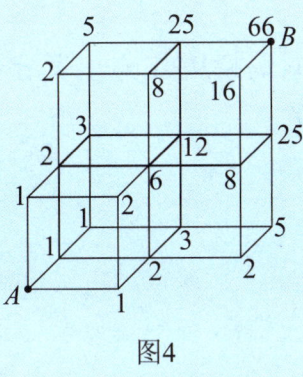

图4

例题 2 把数字 1~9 各一个填入 3×3 的九宫格中,使得每行从左至右依次增大,每列从上到下依次增大。图 5 所示的是一种符合条件的填法,那么共有_____种符合条件的填法。

1	4	6
2	5	7
3	8	9

图5

答案: 42

【解答】 构造立体图形进行最短路线标数,第一行每写一个数就画"—",第二行每写一个数就画"/",第三行每写一个数就画"|"。在中途线段条数统计时,始终横线段条数不少于斜线段条数,斜线段条数不少于竖线段条数,构造框架图形如图 6 所示。从 A 点到 B 点的最短路线共有 42 条,对应填法有 42 种。其中,图 6 中的加色线对应着图 5 的填法。

23

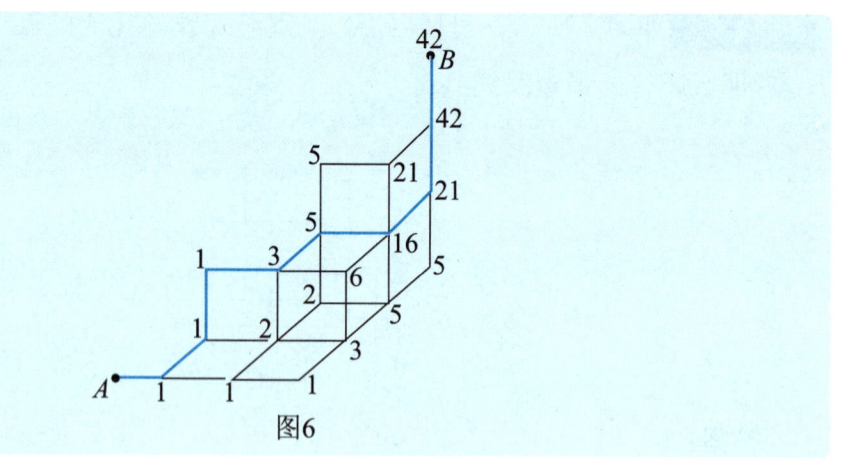

图6

针对性练习

练习❶ 如图 7 所示,一只蚂蚁从 A 点出发沿着扎成的立体框架的棱爬行到 B 点,最短路线共有_____条。

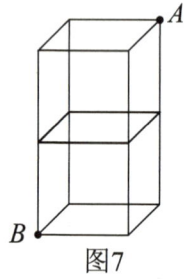

图7

练习❷ 如图 8 所示,一只蚂蚁从 A 点出发沿着扎成的立体框架的棱爬行到 B 点,最短路线共有_____条。

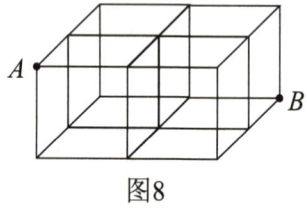

图8

练习❸ 如图 9 所示,每个正方体框架的棱长均为 2 厘米,以 A 点,B 点为端点的折线段长 12 厘米,这样的折线段共有_____条。

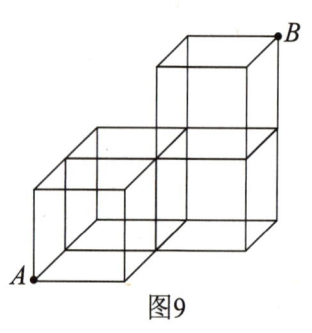

图9

练习❹ 3名男生、3名女生、2名老师站成一排,从排头开始统计,不管到哪个位置,男生数始终不少于女生数,女生数始终多于老师数,那么共有_____种不同的排队方法。

练习❺ 如图10所示,一只甲虫从 A 点到 B 点沿着立体框架爬行,最短路线共有_____条。

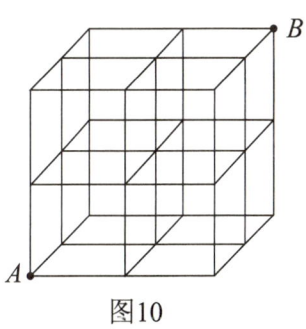

图10

练习参考答案

练习题号	练习1	练习2	练习3	练习4	练习5
参考答案	12	30	57	12	90
解答提示	立体图标数	立体图标数	立体图标数	构造立体图标数	立体图标数

JSH-09　递推法

神器内容	递推法：先从最简单情况入手（奠基项），寻找后面每项与它前面各项之间的算式关系，从而得到递推关系式。
要点说明	计数问题很复杂，有时用到递推法。 简单入手奠基项，发现规律你最棒。 递推通项不一样，后项站在肩膀上。

神器溯源

递推法也是探寻数列规律的一种有效方法，当一个数列的通项（每一项与表示序数的自然数之间存在的数学表达式）不易得到时，可以找到前面几项对当前项的影响，进而从前面几项就可以得到后面各项的递推规律。递推是严谨的，一般是前几项的和差或倍数关系。

寻找递推公式，一般从前面几项进行穷举，找到该项与前面几项之间的规律，此规律不是靠猜测得出的，而是靠严谨推理得出的。

等差数列也可以写成递推数列的形式，从第二项开始，每一项都是前面一项再加上一个公差得到的。

第一项 a_1 已知，$a_n = a_{n-1} + d (n \geq 2)$。

等比数列也可以写成递推的形式，从第二项开始，每一项都是前面一项再乘以一个公比得到的。

第一项 a_1 已知，$a_n = a_{n-1} q (n \geq 2)$。

斐波那契数列为 1,1,2,3,5,8,13,21,34,…，其递推公式为
$a_1 = 1, a_2 = 1, a_n = a_{n-2} + a_{n-1} (n \geq 3)$。

可见，递推数列的结构由两部分组成，前面几项是已知的、简单的，称作奠基项。从某项开始具有一定的规律，这项可以用它前面几项的数学算式表达出来，这个算式称作递推关系式。

数列递推关系举例:

(1)1,4,7,10,13,16,…,递推关系:$a_1=1,a_n=a_{n-1}+3(n\geq2)$。
(2)2,3,5,8,12,17,23,…,递推关系:$a_1=2,a_n=a_{n-1}+(n-1)(n\geq2)$。
(3)1,4,4,7,10,16,25,…,递推关系:$a_1=1,a_2=4,a_n=a_{n-2}+a_{n-1}-1(n\geq3)$。

例题精讲

例题 1 传说在印度的佛教圣地贝拿勒斯圣庙里安放着一个黄铜板,板上插着三根钢针,在第一根钢针上,从下到上穿着由大到小的 64 片中心有孔的金片。每天有一个值班僧侣按下面规则移动金片:把金片从第一根钢针移到其他钢针上,要求一次只能移动一片,而且小片永远要放在大片的上面。当时传说,当 64 片金片都按上面规则从第一根钢针移到另一根钢针上时,世界将在霹雳一声中毁灭。所以有人戏称这个问题叫"世界末日"问题,也称"Hanoi 塔(汉诺塔)"问题。当然,移动金片和世界毁灭并无联系,这只是一个传说而已。按照上述规则,把 64 片金片全部移到另一根钢针上,最少需要移动_____次。

答案:$2^{64}-1$

【解答】 (1)如图 1 所示,1 片金片时,至少移动 $a_1=1$ 次。

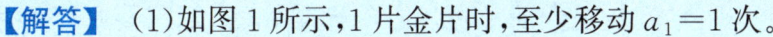

图1

(2)如图 2 所示,2 片金片时,最少移动 $a_2=3$ 次。

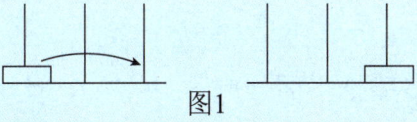

图2

(3)如图 3 所示,3 片金片时,最少移动 $a_3=7$ 次。

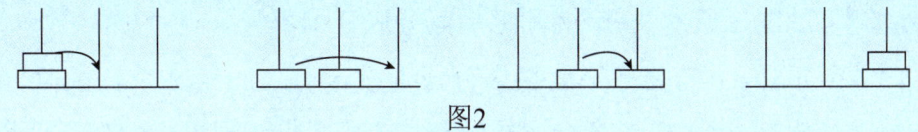

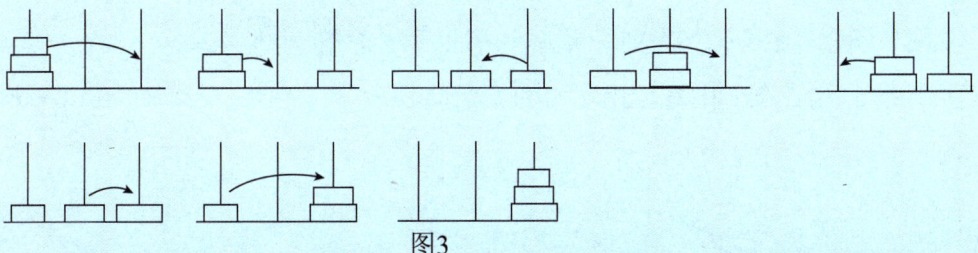

图3

(4)如图 4 所示,开始递推 n 片金片移动的次数 a_n。假设把 $(n-1)$ 片金片移到第二根钢针上需要 a_{n-1} 次。然后把最大的一片移到第三根钢针上,需要 1 次。再把第二根钢针上的 $(n-1)$ 片金片移到第三根钢针上,又需要 a_{n-1} 次。所以 n

片金片按照规则都移到另一根钢针上最少需要 $a_n=(2a_{n-1}+1)$ 次,得到递推公式。

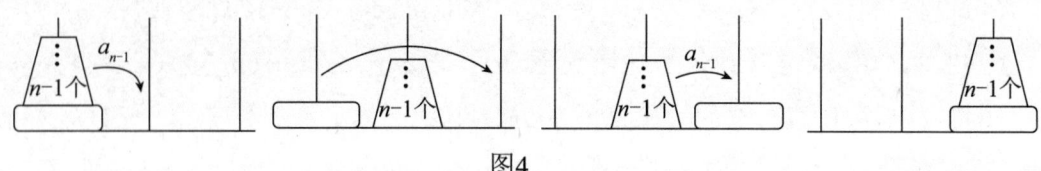

图4

$a_1=1,a_n=2a_{n-1}+1(n\geqslant 2)$。

按照递推公式,从 1 片金片开始,得到金片最少移动次数的数列:1,3,7,15,31,63,…。

发现通项公式为 $a_n=2^n-1$。

当 $n=64$ 时,需要移动 $a_{64}=(2^{64}-1)$ 次。

注:64 片金片都移到另一根钢针上,需要 $(2^{64}-1)$ 次,这是一个多大的多位数呢?

$2^{64}-1=1844\ 6744\ 0737\ 0955\ 1615$

如果 1 秒可以移动一次,共需要多长时间呢?一个平年 365 天,闰年 366 天,平均一年 31556952 秒,大约需要 5845.54 亿年以上。而地球存在至今不过 45 亿年左右,太阳系预期寿命也就 100 亿年左右。真的过了 5845.54 亿年,地球上的一切生命,连同这座庙宇早就灰飞烟灭了吧。时间还早,大家仍需要好好学习,不要杞人忧天哦!

例题 2-1 10 个椭圆最多能把平面分成_____个部分。

答案:182

【解答】 如图 5 所示,一个椭圆把平面分成 2 个部分,$a_1=2$。

如图 6 所示,两个椭圆把平面最多分成 6 个部分。画第 2 个椭圆时,最多与前面的一个椭圆有 4 个交点,新椭圆周被分成 4 个部分,新增 4 个部分,所以 $a_2=a_1+1\times 4=2+4=6$。

如图 7 所示,画第 3 个椭圆时,最多和第 1、第 2 个椭圆产生 $2\times 4=8$ 个交点,从而增加 8 个部分(请在图 7 中标记出多出的 8 个部分)。故 $a_3=a_2+2\times 4=6+8=14$。

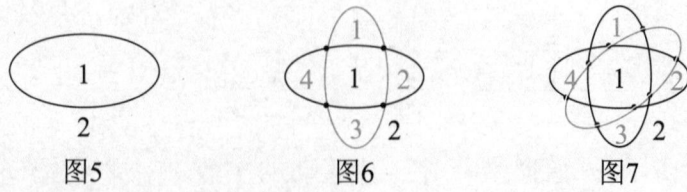

图5　　图6　　图7

根据上面的规律,下面开始递推。画第 $n(\geqslant 2)$ 个椭圆时,它与前面的 $(n-1)$ 个椭圆尽量相交,且与每个椭圆的交点最多有 4 个,由此增加 $4(n-1)$ 个部分,所以 $a_n=$

$a_{n-1}+4(n-1)$。

递推公式为 $a_1=2, a_n=a_{n-1}+4(n-1)(n\geq 2)$。

当 $n=10$ 时，则 $a_{10}=a_9+4\times 9=a_8+4\times 8+4\times 9=\cdots=a_1+4\times 1+\cdots+4\times 8+4\times 9$。

$a_{10}=2+4\times(1+2+\cdots+8+9)=182$。

例题 2-2 五对夫妻被分成 5 组，每组 2 人，恰好没有夫妻在同一组的分组法有_____种。

答案：544

【解答】 设五对夫妻分别为 $A_1B_1, A_2B_2, A_3B_3, A_4B_4, A_5B_5$，$n$ 对夫妻满足条件的分法有 a_n 种。

(1) 1 对夫妻 A_1B_1：夫妻不在同一组的分法有 0 种，即 $a_1=0$。

(2) 2 对夫妻 A_1B_1, A_2B_2：夫妻不在同一组的分法有 2 种：$\{A_1A_2, B_1B_2\}$，$\{A_1B_2, B_1A_2\}$，即 $a_2=2$。

(3) 如果 $(n-1)$ 对夫妻，满足条件的分法为 a_{n-1} 种，那么第 n 对夫妻 A_nB_n 参与分组时

①有一对夫妻 $A_kB_k(1\leq k\leq n-1)$ 与 A_nB_n 分成 2 组时，

$\{\cdots\}, \{A_kB_n, B_kA_n\}$；$\{\cdots\}, \{A_kA_n, B_kB_n\}$。

有 $(n-1)a_2a_{n-2}=2(n-1)a_{n-2}$ 种分组方法。

②有 2 人非夫妻 $A_k, B_j(1\leq k\neq j\leq n-1)$ 与 A_nB_n 分成 2 组时，

$\{\cdots, A_nA_k, B_nB_j\}$，把 A_n 换成 B_j，对应为 $\{\cdots, B_jA_k, A_nB_n\}\Rightarrow \{\cdots, B_jA_k\}$，$\{A_nB_n\}$；

$\{\cdots, A_nB_j, B_nA_k\}$，把 A_n 换成 A_k，对应为 $\{\cdots, A_kB_j, B_nA_n\}\Rightarrow \{\cdots, A_kB_j\}$，$\{A_nB_n\}$。

有 $2(n-1)a_{n-1}$ 种分组方法。

所以，$a_n=2(n-1)a_{n-2}+2(n-1)a_{n-1}=2(n-1)(a_{n-2}+a_{n-1})(n\geq 3)$。

$a_3=2(3-1)(0+2)=8$。

$a_4=2(4-1)(2+8)=60$。

$a_5=2(5-1)(8+60)=544$。

所以，5 对夫妻符合条件的分组方法有 544 种。（本题可用容斥原理的方法解题）

针对性练习

练习❶ 10 条直线最多能把平面分成_____个部分。

练习❷ 如图 8 所示,一个角把平面分成 2 个部分,两个角最多能把平面分成 7 个部分,那么 10 个角最多能把平面分成_____个部分。

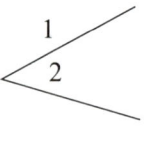
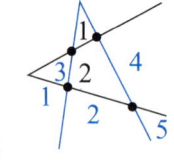

图8

练习❸ 用 100 元钱,连续几天去购买下列三种水果,每天购买一种水果 1 千克。香蕉每千克 20 元,苹果每千克 20 元,梨每千克 10 元,那么共有_____种购买方法。

练习❹ 用数字 1,3,4 组成各数位上的数字和为 10 的多位数共有_____个。(数字可以重复使用,也可以不全用)

练习❺ 在一个平面内,画 10 个半圆最多能把平面分成_____个部分。

练习参考答案

练习题号	练习1	练习2	练习3
参考答案	56	191	683
解答提示	$a_1=2$, $a_n=a_{n-1}+n$ $(n\geqslant 2)$	$a_1=2$, $a_n=a_{n-1}+4(n-1)+1(n\geqslant 2)$	$a_1=1, a_2=3$, $a_n=2a_{n-2}+a_{n-1}(n\geqslant 3)$
练习题号	练习4	练习5	
参考答案	64	232	
解答提示	$a_1=1, a_2=1$, $a_3=2, a_4=4$, $a_n=a_{n-4}+a_{n-3}+a_{n-1}(n\geqslant 5)$	$a_1=2, a_2=8$, $\begin{cases} a_{2n-1}=a_{2n-2}+10(n-1) \\ a_{2n}=a_{2n-1}+10(n-1)+6 \end{cases}(n\geqslant 2)$	

JSH-10　传球法

神器内容	把递推计数关系列表表达出来,直观找到各自的子项和母项。
要点说明	传球法,要列表,子母关系都好找。 传球法,很直观,递推关系真简单。 遇到递推别乱求,想想是否可传球? 传球关注有四条,列表之前都知晓。

神器溯源

传球法是递推方法的一种特殊形式,直观明了,适用于相邻两项或多项之间具有特殊要求的计数问题。经常进行列表,每一项都是由前面几个数相加得到的。

使用传球法计数时,需要关注以下几个要点:

(1)从谁开始传球?

(2)共传球多少次?

(3)传球规则是什么?

(4)传球到哪里结束?

由几项相加得到的项,叫作前面几项的子项,生成它的几项都是它的母项,一个子项可以有多个母项如图 1 所示。一项构成后面几项或几项的一部分,那么这项叫作后面几项的母项,它构成的后面几项都是它的子项,一个母项可以产生多个子项,如图 2 所示。

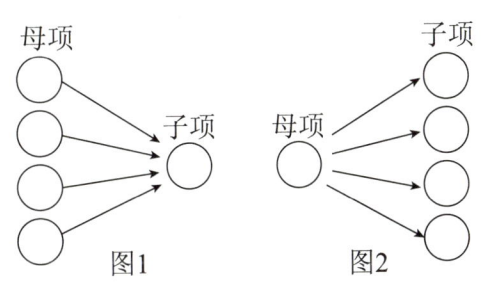

图1　图2

例题精讲

例题 1-1 五位排球运动员甲、乙、丙、丁、戊在球场上进行传球训练。开始排球在甲手上，每人可以把球传给其他任何一人，就是不能传给自己，那么经过第 5 次传球，排球又回到甲手中，这样的传球方法_____种。

答案：204

【解答】 如下表所示，传球从甲开始，到甲结束，经过 5 次传球，且自己不能传给自己。共有 204 种传球方法。

学生	开始	①	②	③	④	⑤
甲	1	0	4	12	52	204
乙	0	1	3	13	51	
丙	0	1	3	13	51	
丁	0	1	3	13	51	
戊	0	1	3	13	51	

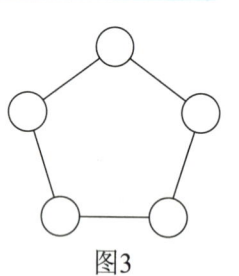

例题 1-2 如图 3 所示，用红、黄、蓝、白四种颜色给圆圈染色，每个圆圈染一种颜色，每种颜色可以染多个圆圈，每种颜色不一定全用。如果连线的圆圈不同色，那么共有_____种不同的染色方法。

答案：240

图3

【解答】 如图 4 所示，先把最上面的圆圈染成红色，然后进行 5 次传球，且自己不能传给自己，如下表所示，共有 60 种不同的染色方法。当然，也可以把开始圆圈的颜色换成其他三种颜色，传球方法相同，共有 4×60＝240 种染色方法。

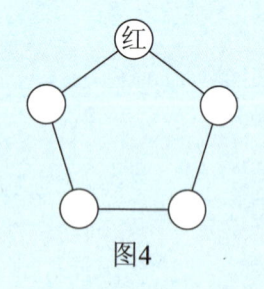

图4

颜色	开始	①	②	③	④	⑤
红	1	0	3	6	21	60
黄	0	1	2	7	20	
蓝	0	1	2	7	20	
白	0	1	2	7	20	

例题 2 用 0,1,2,8 这四个数字组成一个六位数,要求 1 与 2 不相邻,8 的后面一定是 0,那么这样的六位数共有_____个。

答案:456

【解答】 (1)如图 5 所示,列出各个数字的子项与母项。

(2)如下表所示,用列表传球法得到的六位数共有 161＋88＋88＋119＝456 个。

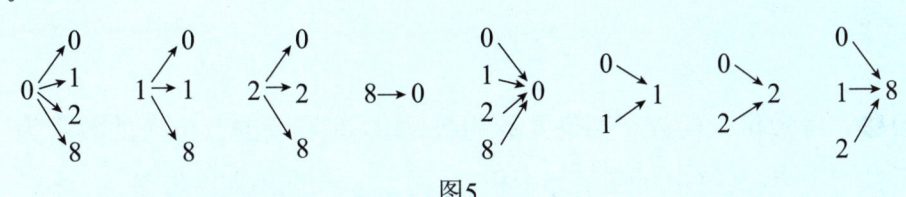

图5

数字	十万位	万位	千位	百位	十位	个位
0	0	3	7	20	57	161
1	1	1	4	11	31	88
2	1	1	4	11	31	88
8	1	2	5	15	42	119

针对性练习

练习❶ 有 A、B、C、D 四人在一起练习传球,球开始在 A 的手中,每人每次都要把球传给其他人,不能传给自己,那么经过 4 次传球后,球又传给了 A 的方法有_____种。

练习❷ 甲、乙、丙、丁四人踢毽子,从甲开始,经过 5 次,踢给了乙。每人不能把毽子踢给自己,且任何一人至少踢过一次毽子,那么毽子的踢法共有_____种。

练习❸ 如图 6 所示,用红、黄、蓝三种颜色给图中六个圆圈染色,每个圆圈染一种颜色,且连线段的圆圈不同色,那么共有_____种不同的染色方法。

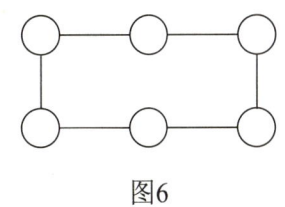

图6

练习❹ 用数字2,3,5,6,8组成一个五位数,要求数字可以重复,不必全用到,个位数字为5,且相邻两个数字不存在整倍数关系,那么这样的五位数共有_____个。

练习❺ 各数位上的数字都是6的约数,如果有连续的数位上的数字为1,则连续个数不多于3个,其他相同数字都不相邻,那么这样的五位数共有_____个。

练习❻ 由数字1和2组成一个十一位数,恰好连续的1有偶数个,连续的2有奇数个,那么这样的十一位数共有_____个。

练习参考答案

练习题号	练习1	练习2	练习3	练习4	练习5	练习6
参考答案	21	40	66	90	462	21
解答提示	传球法,母项都是其他3人	传球法,只有丙、丁可能没有踢过	不妨设从红色开始传球	找到各数字的母项	找准111的母项	传球法

JSH-11　斐波那契数列

神器内容	1. 斐波那契数列：1,1,2,3,5,8,13,21,34,55,89,144,…。 2. 斐波那契数列递推公式：$F_1=1, F_2=1, F_n=F_{n-2}+F_{n-1}(n\geq 3)$。
要点说明	斐波那契来计数，数列各项要记住。 忘了也可去递推，直观传球显神威。 经典数列应用广，能否运用自己想。

神器溯源

斐波那契数列：

1,1,2,3,5,8,13,21,34,55,89,144,233,377,610,987,…。

此数列是意大利数学家列昂纳多·斐波那契在他写的《算盘全书》(又译为《算盘书》《计算之书》等)中提出的，经常以兔子繁殖的规律给出数列实例，故又称兔子数列。

斐波那契（Leonardo Fibonacci, 约1175—1250），意大利数学家

斐波那契数列用递推公式表达：$F_1=1, F_2=1$, $F_n=F_{n-2}+F_{n-1}(n\geq 3)$。

斐波那契数列也可以用传球法来直观表达。如下表所示，小兔子数对的母项是大兔子数对的前一项，大兔子数对的母项是小兔子数对的前一项与大兔子数对的前一项的和。

$a_1=1, a_n=b_{n-1}(n\geq 2); b_1=0, b_n=a_{n-1}+b_{n-1}(n\geq 2), F_n=a_n+b_n(n\geq 1)$。

斐波那契数列的传球法，见下表。

	①	②	③	④	⑤	⑥	⑦	⑧	…
小兔子数对（a_n）	1	0	1	1	2	3	5	8	…
大兔子数对（b_n）	0	1	1	2	3	5	8	13	…
斐波那契数列（F_n）	1	1	2	3	5	8	13	21	…

一些计数问题可以转化为斐波那契数列来计数，如常见的纸片覆盖问题、跨台阶问题等。

例题精讲

例题 1 小丽妈妈在宠物店买了一对刚出生的小兔子,一个月后就会长成大兔子,再过一个月每对大兔子每月都会繁殖一对小兔子。按照这种规律计算,10 个月后,小丽家共有_____只兔子。

答案:178

【解答】 根据数列递推或者进行传球。如下表所示,10 个月后,小丽家共有 $(34+55)×2=178$ 只兔子。

分类	开始	1个月后	2个月后	3个月后	4个月后	5个月后	6个月后	7个月后	8个月后	9个月后	10个月后
小兔子 (a_n)	1	0	1	1	2	3	5	8	13	21	34
大兔子 (b_n)	0	1	1	2	3	5	8	13	21	34	55

例题 2-1 如图 1 所示,用 $1×3$ 的方格组成的长方形小纸片 10 张,贴到 $3×10$ 的方格上,无缝隙且不重叠,那么共有_____种不同的贴法。

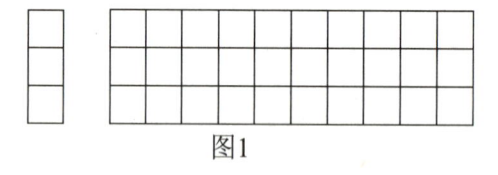

图1

答案:28

【解法一】 采用递推法。

(1)用 1 个 $1×3$ 的方格组成的长方形纸片覆盖 $3×1$ 的方格,有 1 种方法,$a_1=1$。

(2)用 2 个 $1×3$ 的方格组成的长方形纸片覆盖 $3×2$ 的方格,有 1 种方法,$a_2=1$。

(3)用 3 个 $1×3$ 的方格组成的长方形纸片覆盖 $3×3$ 的方格,有 2 种方法,$a_3=2$,如图 2 所示。

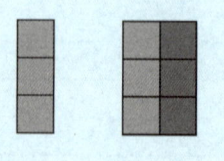

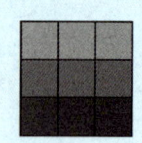

图2

(4)现在考虑$3 \times n$的长方形的覆盖有多少种?如图3所示,一种方法是$3 \times (n-1)$个长方形的后面竖着放一个1×3的长方形,故包含$3 \times (n-1)$个长方形的覆盖方法a_{n-1}种;另一种方法是$3 \times (n-3)$个长方形的后面横着放三个1×3的长方形,故包含$3 \times (n-3)$个长方形的覆盖方法a_{n-3}种。根据加法原理,得到递推公式$a_1=1, a_2=1, a_3=2, a_n=a_{n-3}+a_{n-1} (n \geq 4)$。

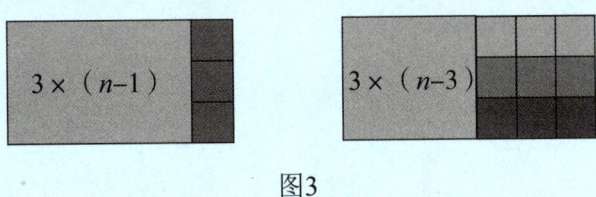

图3

根据递推公式,依次写出这个数列的前10项,得到3×10的方格共有28种覆盖方法。

1,1,2,3,4,6,9,13,19,28。

【解法二】 如下表所示,本题也可以使用传球法,得到$19+9=28$种覆盖方法。

传球	3×1	3×2	3×3	3×4	3×5	3×6	3×7	3×8	3×9	3×10
1	1	1	1	2	3	4	6	9	13	19
3	0	0	1	1	1	2	3	4	6	9

例题 2-2 从一楼到二楼共有16级台阶。开始时小明每步可以跨2级或3级台阶;到达第10级时,已经感觉太累了,只能每步跨1级或2级台阶了。其中第13级台阶坏了,不能踩踏,只能跨过去,那么小明共有_____种不同的走法。

答案:28

【解答】 采用传球法,如下表或图4所示,共有28种不同的走法。

传球	1级	2级	3级	4级	5级	6级	7级	8级	9级	10级
2	0	1	0	1	1	1	2	2	3	4
3	0	0	1	0	1	1	1	2	2	3

传球	11级	12级	13级	14级	15级	16级
1	7	7	0	0	14	14
2	0	7	0	14	0	14

图4

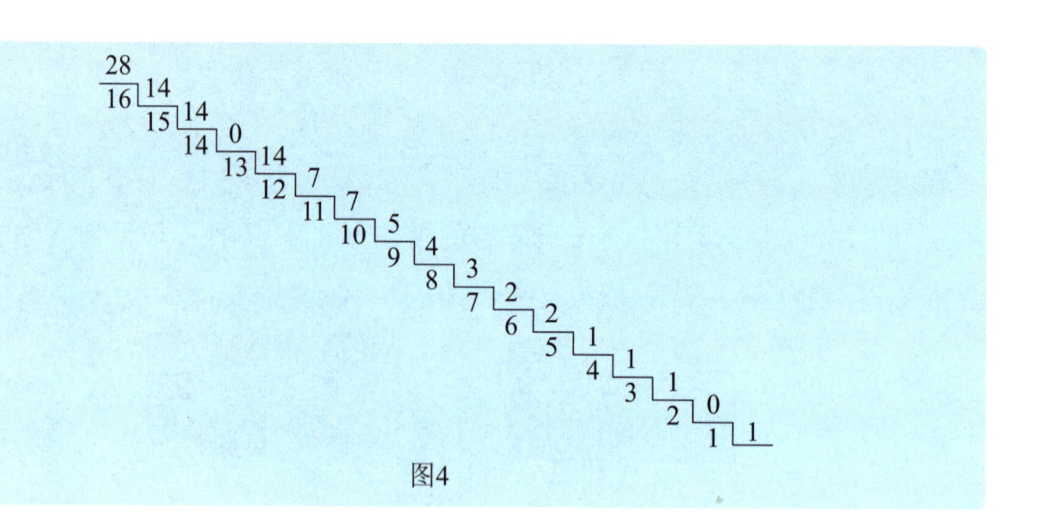

针对性练习

练习❶ 用数字 1 和 2 组成一个十位数,其中数字 2 不能相邻的有_____个。(至少有 1 个 2)

练习❷ 用数字 1 和 2 组成一个各数位上的数字和为 10 的多位数,这样的多位数共有_____个。

练习❸ 一个楼梯共有 10 级台阶,某人每步可以跨 1 级、2 级或 3 级台阶,那么走完 10 级台阶,共有_____种不同的走法。

练习❹ 如图 5 所示,用 1×2 的方格组成的长方形纸片 10 张,贴满整个图形,无缝隙且不重叠,那么共有_____种不同的贴法。

练习❺ 如图 6 所示,用 1×2 的方格组成的长方形纸片 17 张,贴满整个图形,无缝隙且不重叠,那么共有_____种不同的贴法。

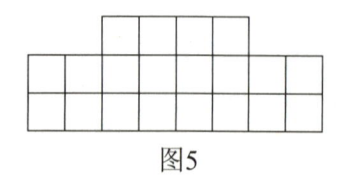

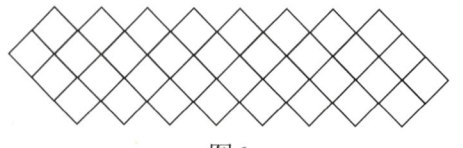

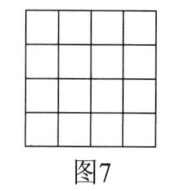

练习❻ 如图 7 所示,用 1×2 的方格组成的长方形纸片 8 张,贴满整个图形,无缝隙且不重叠,那么共有_____种不同的贴法。(不考虑旋转)

图5   图6   图7

练习❼ 如图 8 所示,用 1×3 的方格组成的长方形纸片 8 张,贴满整个图形,无缝隙且不重叠,那么共有_____种不同的贴法。

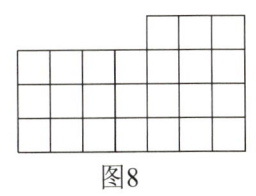

图8

练习❽ 现有一个 3×4 方格,若干个 1×2 的方格和 1×3 的方格组成的小长方形纸片。每种小长方形纸片至少用 1 个,将表格完全覆盖,既不重叠也无缝隙,那么共有_____种不同的覆盖方法。

练习❾ 一套图书共 10 册,把它们放到同一层书架上。第 1 册只能放在 1 号或 2 号位置,第 2 册只能放在 1 号、2 号或 3 号位置,第 3 册只能放在 2 号、3 号或 4 号位置,如此下去,第 n 册书只能放在 $(n-1)$ 号、n 号或 $(n+1)$ 号位置,那么这 10 册书共有_____种不同的放法。

练习❿ 如图 9 所示,在 3×3 的方格中,每个方格内填入 0 或 1,使得相邻(有公共边)的方格中的两数乘积都是 0,那么共有_____种不同的填法。

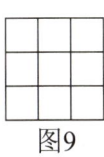

图9

练习参考答案

练习题号	练习1	练习2	练习3	练习4	练习5
参考答案	143	89	274	62	17
解答提示	递推法或传球法,排除 10 个 1	递推法或传球法	递推法或传球法	分类与斐波那契数列	递推法与斐波那契数列
练习题号	练习6	练习7	练习8	练习9	练习10
参考答案	36	12	27	89	63
解答提示	分类与斐波那契数列	分类与斐波那契数列	分类与斐波那契数列	斐波那契数列	中间格分类,34+13+16

JSH-12　乘法原理

神器内容	分步计数,使用乘法原理。
要点说明	做事要分几步,各步相乘记住。 各步都要完成,做事圆满成功。 到此未完成,后面接着"×"。 分类还是分步?仔细分析清楚。

神器溯源

做一件事情,要分成几步来完成,而每步又有多种不同的做法,那么把所有分步的所有做法相乘,得到的结果就是做这件事的所有方法,这就是乘法原理。

当然也可以这样叙述:完成一件事需要完成 n 个步骤,第 1 步有 m_1 种做法,第 2 步有 m_2 种做法,第 3 步有 m_3 种做法……第 n 步有 m_n 种做法,那么完成这件事共有 $N = m_1 m_2 m_3 \cdots m_n$ 种方法。

例题精讲

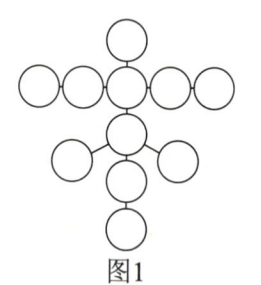

例题 1-1 如图 1 所示,用黑、蓝两种颜色来染图中的小圆圈,每个圆圈染一种颜色,使得整个图形颜色关于中间竖线左右对称,每种颜色至少使用一次,那么共有_____种不同的染色方法。

答案:254

图1

【解答】 如图 2 所示,把整个图形分成三个区域,左边区域各个圆圈染色互不影响,中间一列也互不影响,右侧染色与左侧相同即可。根据乘法原理,有 $2^3 \times 2^5 \times 1^3 = 256$ 种不同的染色方法。排除只染一种色的 2 种染法,共有 $256 - 2 = 254$ 种。图 3 所示的是一种符合条件的染色方法。

图2

图3

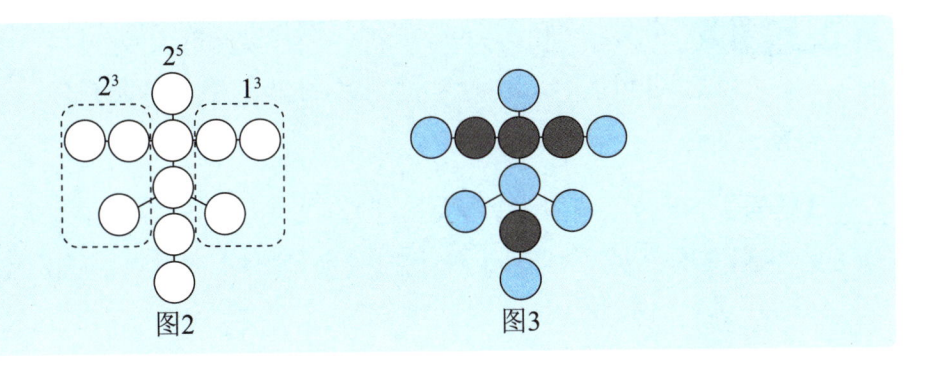

例题 1-2 一个多位数,从左到右读与从右到左读数相同,这样的多位数叫作回文数。仅修改一个数字就能变为回文数的多位数叫作"近似回文数",那么在六位数中,"近似回文数"共有_____个。

答案:24300

【解答】 (1)设六位回文数为 $\overline{abccba}$,只需修改其中一个数字,得到六位数的"近似回文数"。所以,有多少种修改数字的方法就有多少个"近似回文数"。

(2)固定六位回文数的前三位 $\overline{abc}$,共有 $9\times10\times10=900$ 种。从回文数的后三位 $\overline{cba}$ 中选择一个位置,且选定数位后,都有 9 种不同的修改方法,另外两个数字不变。共有 $3\times9\times1\times1=27$ 种方法。

(3)根据乘法原理,"近似回文数"共有 $900\times27=24300$ 个。

例题 2-1 如图 4 所示,这是一个木制的展示柜,每个格子里都可以放入一个球。现在放入 4 个相同的球,使得任意两个球不同行也不同列,那么共有_____种不同的放法。

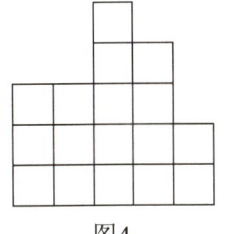

答案:68

图4

【解答】 如图 5 所示,按列进行分类,每列使用乘法原理;五类结果相加。共有 $16+16+4+8+24=68$ 种不同的放法。

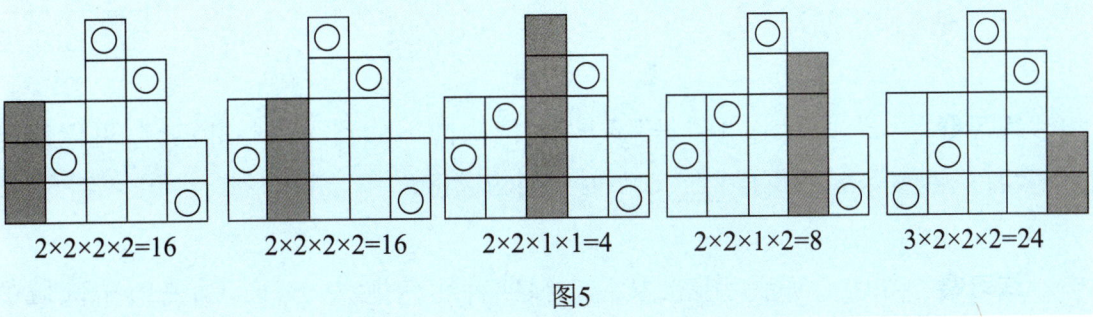

$2\times2\times2\times2=16$ $2\times2\times2\times2=16$ $2\times2\times1\times1=4$ $2\times2\times1\times2=8$ $3\times2\times2\times2=24$

图5

例题 2-2 2345 年 07 月 16 日,可以表示成不含重复数字的八位数"23450716",那么在 2000~3000 年之间,可以表示成不含重复数字的八位数的日期共有_____个。

答案:2700

【解答】 根据位数讨论,千万位上的数字是 2,千位上的数字只能是 0,十位上的数字可能是 1 或 3。(1)十位上的数字是 1 时,写数顺序如下:

年				月		日	
千万位	百万位	十万位	万位	千位	百位	十位	个位
第1步	第4步	第5步	第6步	第2步	第7步	第3步	第8步
2	3	4	5	0	7	1	6

$1 \times 7 \times 6 \times 5 \times 1 \times 4 \times 1 \times 3 = 2520$

(2)十位上的数字是 3 时,只存在 31 日的情况,考虑大小月,只有 05 月 31 日、07 月 31 日、08 月 31 日三种情况,共有 $3 \times 5 \times 4 \times 3 = 180$ 个。

所以共有 $2520 + 180 = 2700$ 个符合条件的八位数。

针对性练习

练习❶ 如图 6 所示,甲、乙、丙三座城市,在甲、乙之间有 3 条公路,甲、丙之间有 4 条公路,乙、丙之间有 3 条公路,那么从丙开车到乙的路线共有_____条。

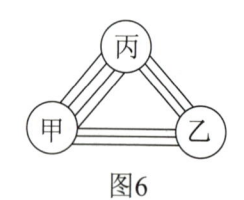

图6

练习❷ 公交车上有 7 个空座位,小明与另外两个同学上车后,每人找一个空座位坐下来,那么三人共有_____种选座方法。

练习❸ 图 7 是木制的展示柜,每个格子里都可以放入一个球。现在放入 3 个相同的球,使得任意两个球不同行也不同列,那么共有_____种不同的放法。

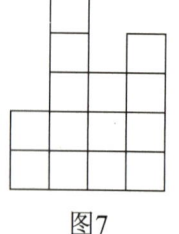

图7

练习❹ 如图 8 所示,从"奥"字开始,依次向下移到一个相邻的字,可以读出"奥数秒杀神器",那么共有_____种不同的读法。

练习❺ 如图 9 所示,用红、黄、蓝、绿四种颜色把 A, B, C, D, E 五个区域染色,每个区域染一种颜色,且相邻的区域不能使用同一种颜色,那么共有

_____种不同的染色方法。

图8

图9

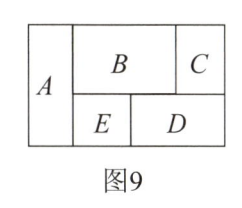

练习 6 一种电子表在 9 点 16 分 25 秒时显示为 "9:16:25",那么从 5 点到 8 点这个时段,五个数字都不相同的时刻共有_____个。

练习 7 有 5 位大学生毕业应聘到 3 个单位工作,每个单位至少聘到 1 人,那么共有_____种不同的应聘方案。

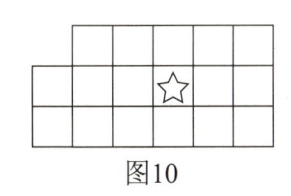

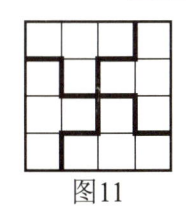

练习 8 如图 10 所示,图中包含"☆"的矩形(正方形或长方形)共有_____个。

练习 9 如图 11 所示,在 4×4 的方格内填入数字 1~4,使得每行、每列、每个粗线围成的区域(宫)都是 1,2,3,4 各出现一次,那么共有_____种不同的填法。

图10

图11

练习参考答案

练习题号	练习1	练习2	练习3	练习4	练习5
参考答案	15	210	65	32	96
解答提示	3×4+3	7×6×5	分类讨论与乘法原理	$2^5=32$	先染相邻区域最多的区域
练习题号	练习6	练习7	练习8	练习9	
参考答案	3360	150	42	96	
解答提示	对时间点分类,再用乘法原理	$3^5-3×2^5+3×1^5$	2×2×3×4−1×1×3×2	4×3×2×1×4	

43

JSH-13　数字组数

神器内容	数字入手组数与数位入手组数。
要点说明	给定数字组数题,数字多给也可以。 根据数字来分类,乘法原理用得对。 根据数位来分类,相乘心领又神会。

神器溯源

给定一些数字,组成一个多位数,可从以下两方面入手,一般都使用乘法原理。

(1)从数字入手,根据所选数字分类,然后分步填入数位完成多位数的书写。

(2)从数位入手,根据位数不同分类,分步选数填入每个数位,完成多位数的书写。

例题精讲

例题 1-1 从数字 0,1,3,6,8 中选四个数字,组成不含重复数字的四位数,那么这样的四位数共有_____个。

答案:96

【解法一】 从 5 个数字中选出 4 个数字,也就是剩下 1 个数字,共有 5 种情况,分类讨论。

(1)选数字 0、1、3、6,0、1、3、8,0、1、6、8,0、3、6、8,组成的四位数各有 $3×3×2×1=18$ 个,共有 $4×18=72$ 个。

(2)选数字 1、3、6、8,组成的四位数有 $4×3×2×1=24$ 个。

所以共有 $72+24=96$ 个符合条件的四位数。

【解法二】 从四位数的四个数位入手,根据特殊优先,首位数字不能为 0,故从首位开始填起。

千位 百位 十位 个位

填法: ③ ① ⓪ ⑧

选法: $4 × 4 × 3 × 2 = 96(个)$。

例题 1-2 从数字 0,1,2,3,4 中选出一个或几个,组成不含重复数字的偶数有 _____ 个。

答案:163

【解答】 按数位进行分类,从个位数字开始填起。

(1)一位数和 0:可以是 0,2,4,共 3 个。

(2)两位数:有 4×1+3×2=10 个。

(3)三位数:有 4×3×1+3×3×2=30 个。

(4)四位数:有 4×3×2×1+3×3×2×2=60 个。

(5)五位数:有 4×3×2×1×1+3×3×2×1×2=60 个。

共有 3+10+30+60+60=163 个。

例题 2 含数字"8",而不含数字"4"的四位数共有 _____ 个。

答案:2248

【解法一】 根据"8"的个数进行一级分类,然后再根据"8"的位置进行二级分类。同时不含数字"4",说明总共只有 9 个数字组数了。

(1)只含一个数字"8":8□□□　□8□□　□□8□　□□□8

8×8×8 + 7×8×8+7×8×8 + 7×8×8 =1856 个。

(2)只含两个数字"8":88□□　8□8□　8□□8　□88□　□8□8　□□88

8×8+8×8 + 8×8 + 7×8 + 7×8+7×8=360 个。

(3)只含三个数字"8":888□　88□8　8□88　□888

8 + 8 + 8 + 7=31 个。

(4)只含四个数字"8":8888,只有 1 个。

所以共有 1856+360+31+1=2248 个。

【解法二】 正难则反,反面排除。

(1)不含"4"的四位数共有 8×9×9×9=5832 个。

(2)不含"4",同时不含"8"的四位数共有 7×8×8×8=3584 个。

所以共有 5832-3584=2248 个。

针对性练习

练习 ❶　用 1,2,3,6,8 组成的无重复数字的四位数共有 _____ 个。

练习❷　用 0,1,2,3,6,8 组成的无重复数字的四位数共有_____个。

练习❸　用 0,1,2,3,6,8 组成的四位数共有_____个。

练习❹　用 0,1,2,4,8 组成的不含重复数字的四位数共有_____个,这些四位数之和为_____。

练习❺　奇偶数字互不相邻,且不含重复数字的六位数共有_____个。

练习❻　从数字 1~7 中选取六个互不相同的数字,组成的六位数中能被 36 整除的有_____个。

练习❼　含数字"0",而不含数字"4"的四位数共有_____个。

练习参考答案

练习题号	练习1	练习2	练习3	练习4	练习5
参考答案	120	300	1080	96　389970	6480
解答提示	数位入手	数位入手	数位入手	按数位求和	按奇偶分类
练习题号	练习6	练习7			
参考答案	192	1736			
解答提示	不选1,末两位为4的倍数	正难则反,反面排除			

二　排列　组合

JSH-14　排列

神器内容	排列:从 n 个不同对象中选出 m 个不同对象,排成一行,共有 A_n^m 种排法。
要点说明	不同对象选几个,排成一行做一做。 既选又排还有序,排列要点就这句。 排列一点不神秘,乘法原理来标记。 连续自然连乘起,最大就在下标里。 因数个数上标记,递增递减都可以。 字母大写要明白,原来是 P 现是 A。

神器溯源

排列:从 n 个不同对象中选出 $m(\leqslant n)$ 个不同对象,排成一行,形成 m 个对象的一个排列。所有排列的个数简称排列数,记作 A_n^m。

我们从 m 个位置入手计算排列数,第 1 个位置有 n 种选法,第 2 个位置有 $(n-1)$ 种选法,第 3 个位置有 $(n-2)$ 种选法……第 m 个位置有 $(n-m+1)$ 种选法,根据乘法原理,得到

$$A_n^m = n \times (n-1) \times (n-2) \times \cdots \times (n-m+1)$$

可见,排列是最标准的乘法原理的符号表达,首先是连续的自然数相乘,m 表示连续自然数的个数,n 是其中的最大的自然数。

再从排列本身的特点来看,具有以下几个特点:对象不同,既选又排,有序。

(1)备选的对象互不相同。

(2)包括两个环节:先选再排。

(3)被选中的对象也互不相同。

(4)在相同的选法中,有不同的排位方法,这就是有序。

为了对排列记号产生符号感,熟练进行表达和计算,下面给出两组练习:

练习一 用排列符号标记下列算式。

(1) $5×4×3×2=$ _____,　　(2) $9×8×7×6×5×4=$ _____,

(3) $20×19×18×17=$ _____,　　(4) $1×2×3×4=$ _____。

练习二 计算下列排列数。

(1) $A_1^1=$ _____,　　(2) $A_2^2=$ _____,　　(3) $A_3^3=$ _____,

(4) $A_4^4=$ _____,　　(5) $A_5^5=$ _____,　　(6) $A_6^6=$ _____,

(7) $A_7^7=$ _____,　　(8) $A_8^8=$ _____,　　(9) $A_9^9=$ _____。

例题精讲

例题 1-1 6名学生与3位老师站成一排照相,老师必须相邻且站在正中间的三个位置,那么共有_____种不同的站法。

答案:4320

【解答】 3位老师直接排列,6位学生直接排列。得到 $A_3^3 × A_6^6 = 6 × 720 = 4320$ 种不同的站法。

例题 1-2 不含重复数字,且相邻数字的奇偶性互不相同,那么这样的五位数有_____个。

答案:2160

【解答】 五个数字一定是3个奇数字和2个偶数字,或者是2个奇数字和3个偶数字,对奇偶性相同的数字进行排列,然后排除首位为0的情况。

共有 $A_5^3 × A_5^2 × 2 − A_4^2 × A_5^2 = 2400 − 240 = 2160$ 个。

例题 2 停车场里还有10个连号的空车位,现在有6辆轿车驶入并停在这些车位上。停车后发现,没有单独的空车位了,那么共有_____种不同的停车方法。

答案:20160

【解答】 如图1所示,把相邻的2个车位看作一个整体,如此打成两个包,两个包相同,不需要交换位置。同时把6辆车视为 A, B, C, D, E, F。把这两个包与6辆车进行排列,得到 $A_8^8 ÷ 2 = 20160$ 种不同的停车方法。

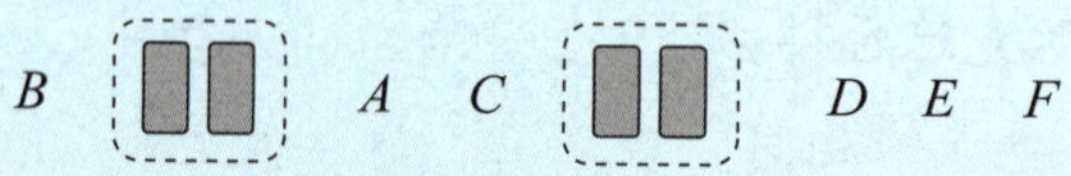

B　▢▢　A　C　▢▢　D　E　F

图1

针对性练习

练习❶ 从数字1~8中任选四个,组成一个没有重复数字的四位数,那么这样的四位数有_____个。

练习❷ 从9名班委会人员中选出3人分别担任班长、学习委员和生活委员,共有_____种不同的选法。

练习❸ 用数字0,1,2,3,5,7组成的不含重复数字的五位数共有_____个。

练习❹ 4名男生和5名女生排成一行,要求男女必须相间,那么共有_____种不同的排法。

练习❺ 有四张卡片,正、反面分别写有数字"1和2""3和4""5和6""7和8"。将这四张卡片上的数字排成四位数,这样的四位数共有_____个。

练习❻ 从1~10这十个整数中选三个不同的数,这三个数可排成的等差数列有_____个。

练习❼ 在A、B、C、D、E五人中抽取四人参加接力赛,如果抽取的有A,那么他不能跑第一棒,那么参加接力赛的人员安排有_____种方法。

练习参考答案

练习题号	练习1	练习2	练习3	练习4	练习5
参考答案	1680	504	600	2880	384
解答提示	A_8^4	A_9^3	$5A_5^4$	$A_5^5 \times A_4^4$	$2^4 \times A_4^4$
练习题号	练习6	练习7			
参考答案	40	96			
解答提示	$2A_5^2$	$A_4^4 + 3A_4^3$			

JSH-15　组合

神器内容	组合:从 n 个不同对象中选出 m 个不同对象,共有 C_n^m 种选法。
要点说明	不同对象选几个,选出方法是组合。 只选不排没有序,组合要点就这句。 组合一点不神秘,排列个数都除去。 首先按照排列做,分母不能给算错。 个数阶乘是分母,是 C 非 A 别马虎。

神器溯源

组合:从 n 个不同对象中选出 $m(\leqslant n)$ 个不同对象,只选不排,所有选取方法的个数叫作组合数,简称组合,记作 C_n^m。

组合数与排列数相关,只缺少选出的 m 个对象的排列情况,共有 A_m^m 种。每一种选法,都对应着 A_m^m 种排法,实现了 A_m^m 种对应着一种的"多变一",采用除法排除。因此

$$C_n^m = \frac{A_n^m}{A_m^m} = \frac{n \times (n-1) \times (n-2) \times \cdots \times (n-m+1)}{m \times (m-1) \times (m-2) \times \cdots \times 2 \times 1} = \frac{n!}{m!(n-m)!}$$ (其中阶乘 $n! = 1 \times 2 \times 3 \times \cdots \times n$)

可见,组合是一个分数形式的表达,约分后一定是个整数(选取的情况不可能是分数)。组合的下标是分子中的最大因数。上标起到两个作用,它既是分子中因数的个数,又是分母中的最大因数,当然,分母最小的因数一定是1,分子与分母的因数个数一定相同。

再从组合本身的特点来看,具有以下几个特点:对象不同,只选不排,无序。

(1)备选的对象互不相同。

(2)只有一个环节:只选不排(如果必须排列,排序方法也必须是 1 种)。

(3)被选中的对象互不相同。

组合的常用公式:

(1) $C_n^m = C_n^{n-m}$。

(2) $C_n^0+C_n^1+C_n^2+\cdots+C_n^n=2^n$。

(3) $C_n^{m-1}+C_n^m=C_{n+1}^m$。

为了对组合记号产生符号感,熟练进行表达和计算,下面给出两组练习。

练习一 用组合符号标记下列算式。

(1) $\dfrac{5\times 4\times 3}{3\times 2\times 1}=$ _____ ,　　(2) $\dfrac{9\times 8\times 7\times 6\times 5\times 4}{6\times 5\times 4\times 3\times 2\times 1}=$ _____ ,

(3) $\dfrac{A_8^4}{A_4^4}=$ _____ ,　　(4) $\dfrac{A_{10}^3}{A_3^3}=$ _____ 。

练习二 计算下列排列数或组合数。

(1) $C_1^0=$ _____ ,　　(2) $C_2^1=$ _____ ,　　(3) $C_3^2=$ _____ ,

(4) $C_6^3=$ _____ ,　　(5) $C_7^5=$ _____ ,　　(6) $C_9^6=$ _____ ,

(7) $C_8^6=$ _____ ,　　(8) $C_8^2=$ _____ ,　　(9) $C_{10}^3=$ _____ ,

(10) $C_{10}^7=$ _____ ,　　(11) $A_3^2\times C_3^2=$ _____ ,

(12) $3C_5^2\times C_4^2=$ _____ ,　　(13) $C_{10}^3-C_9^3=$ _____ ,

(14) $2C_8^3-3A_4^3=$ _____ ,　　(15) $C_6^0+C_6^1+C_6^2+\cdots+C_6^6=$ _____ 。

例题精讲

例题 1-1 从6名女生和5名男生中选取4人参加文艺演出,至少有1名女生选中,那么共有_____种选择方法。

答案:325

【解法一】 对被选中的4人按性别分类计数。

1女3男　2女2男　3女1男　4女0男

$C_6^1\times C_5^3$ + $C_6^2\times C_5^2$ + $C_6^3\times C_5^1$ + $C_6^4\times C_5^0$ =60+150+100+15=325(种)。

【解法二】 反面排除。

11人选出4人　　0女4男

C_{6+5}^4 − $C_6^0\times C_5^4$ =330−5=325(种)。

例题 1-2 有4个不同邮递包裹,可以从顺丰、申通、中通、圆通、韵达中选择3个快递公司寄快递。共有_____种不同的寄法。

答案:360

【解答】 要完成包裹快递,需要完成三步:

①选快递公司　②选出2个包裹打包　③包裹排列

　　C_5^3　　×　　C_4^2　　×　　$A_3^3=10\times 6\times 6=360$ 种。

例题 2-1 从 7 名战士中抽取 6 人,组成红、黄、蓝三个小队,每队 2 人。共有_____种组队方法。

答案:630

【解答】 小队有区别相当于有序,需要排列就是乘法原理。小队内 2 人没有区别,队内不用排列。共有 $C_7^2 \times C_5^2 \times C_3^2 = 21 \times 10 \times 3 = 630$ 种方法。

例题 2-2 如图 1 所示,12 颗钉子排成 3×4 的方形点阵。用一根橡皮筋套在钉子上可以套出一些三角形,那么共能套出_____个三角形。

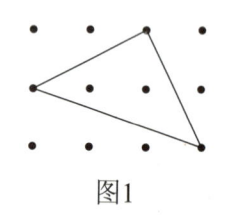

图1

答案:200

【解答】 先整体考虑,再排除四点共线和三点共线不能形成三角形的情况。四点共线的点有 3 组,三点共线的点有 8 组(留给读者自己找一下)。

所以,共有 $C_{12}^3 - 3C_4^3 - 8C_3^3 = 220 - 12 - 8 = 200$ 个三角形。

针对性练习

练习❶ 如图 2 所示,圆周上有 8 个点,以这些点为顶点,可以组成_____个三角形,_____个四边形。

图2

练习❷ 从 3 名女生和 5 名男生中,选出 3 名学生去到农场参加实践活动,至少有一名男生参加,那么共有_____种不同的选法。

练习❸ 书架上有 3 本不同的语文书,4 本不同的数学书,5 本不同的故事书。从中取 3 本书,至少有 1 本故事书,那么共有_____种不同的取法。

练习 ④ 一个五位数,其数字从左到右依次增大,且数字 5 不在正中间位置,那么这样的五位数共有_____个。

练习 ⑤ 把 7 人分成三组,第一组 2 人,第二组 2 人,第三组 3 人,那么共有_____种分组方法。

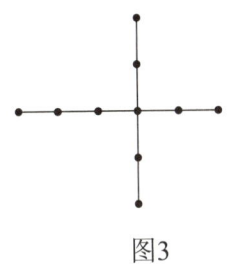

练习 ⑥ 如图 3 所示,从中选取 3 点,能组成三角形顶点的选法有_____种。

图3

练习 ⑦ 如图 4 所示,在排成 4×4 方阵的 16 个点中,中间 4 个点在某一圆内,那么任选 3 个点作为顶点,恰有一个顶点在圆内的三角形共有_____个。

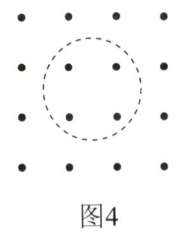

图4

练习参考答案

练习题号	练习1	练习2	练习3	练习4	练习5
参考答案	56 70	55	185	90	210
解答提示	C_8^3 C_8^4	$C_8^3 - C_3^3 \times C_5^0$	$C_{12}^3 - C_7^3 \times C_5^0$	$C_9^5 - C_4^2 \times C_4^2$	$C_7^2 \times C_5^2 \times C_3^3$
练习题号	练习6	练习7			
参考答案	90	248			
解答提示	$C_{10}^3 - C_6^3 - C_5^3$	$C_4^1 \times (C_{12}^2 - 4)$			

JSH-16　特殊优先

神器内容	在排列组合过程中,特殊对象优先考虑。
要点说明	有些对象提条件,认真对待它优先。 对象本身就特殊,特殊之处先满足。 有些孩子就爱哭,赶快给他拿奶壶。

神器溯源

在排列组合题目中,有些对象会提出苛刻要求。如排队问题,某人就要求站在排头或排尾,排队时就要先安排这个人。有些对象本身就特殊,也要优先考虑。如数字组数中的数字"0",它不能排在首位。除了排列的对象特殊以外,还会有位置特殊。如组成一个多位偶数,那么这个数的个位特殊,需要给它排上偶数字。

例题精讲

例题 1 A、B、C、D、E、F、G 七人站成一排照相,其中 A 不站在两端,那么共有_____种方法安排站位。

答案:3600

【解答】 特殊对象 A 优先安排位置,其他对象再全排列。共有 $C_5^1 \times A_6^6 = 5 \times 720 = 3600$ 种方法。

例题 2 由 2 个奇数数字和 3 个偶数数字排成的五位偶数中,数字互不相同的共有_____个。

答案:6480

【解答】 根据个位数字是否为 0 进行分类计数。
(1)含数字 0,且 0 在个位时,$C_5^2 \times C_4^2 \times A_4^4 = 1440$ 个。
(2)含数字 0,且 0 不在个位时,$C_5^2 \times C_4^2 \times C_3^1 \times C_2^1 \times A_3^3 = 2160$ 个。
(3)不含数字 0 时,$C_4^3 \times C_5^2 \times C_3^1 \times A_4^4 = 2880$ 个。
共有 1440+2160+2880=6480 个符合条件的五位数。

针对性练习

练习❶ 3名女生3名男生站成一排照相,两端必须是男生的站法有_____种。

练习❷ 从6人中选出4人参加4×100米接力赛,如果其中的甲被选中,那么甲不能跑前两棒。共有_____种安排方案。

练习❸ 用数字0,1,2,3,5组成的不含重复数字的自然数中,能被5整除的有_____个。

练习❹ 用数字1~9组成的36的倍数中,不含重复数字的七位数有_____个。

练习❺ 一个公司计划从6名员工中来安排10月1日—5日的假期值班。每人最多值班一天,每天一人值班,且员工甲不在1日值班,乙不在3日值班,那么共有_____种值班安排方法。

练习参考答案

练习题号	练习1	练习2	练习3	练习4	练习5
参考答案	144	240	114	4320	504
解答提示	$A_3^2 \times A_4^4$	$A_5^4 + A_5^3 \times C_2^1 \times A_3^3$	个位数字为0或5,位数不定	各数位上的数字和为9的倍数,末两位数码为4的倍数	对甲、乙进行分类讨论

JSH-17　特殊后处理

神器内容	在排列组合过程中,特殊对象先不管,后面再处理。
要点说明	特殊对象暂不管,没有特殊都一般。 统一排列或组合,按照一般轰一波。 大局已经先搞定,最后处理特殊情。 特殊对象后处理,这种方法也无敌。

神器溯源

在排列组合题目中,有些对象会提出苛刻要求,如排队问题,某人就要站在排头或排尾。我们先不管这个人的要求,最后把他不站在排头和排尾的情况用减法排除掉。再如含数字0的数字组数,可以把0作为一般数字处理,最后再用减法排除掉首位是0的情况。

对于特殊的对象,到底是特殊优先考虑,还是特殊后处理?具有一定的灵活性,有时两种方法都可以使用,从而提供了两种解题方法。如果是优先考虑,就是先满足,进行分类讨论;如果是后处理,就需要用减法排除不符合条件的特殊情况。

例题精讲

例题 1-1 A、B、C、D、E、F、G 七人站成一排照相,其中 A 不站在两端,那么共有 _____ 种方法安排站位。

答案:3600

【解答】　特殊对象后处理,先按 7 个对象的全排列计数,然后排除 A 在两端的情况,共有 $A_7^7 - C_2^1 \times A_6^6 = 5040 - 2 \times 720 = 3600$ 种方法。

例题 1-2 由 2 个奇数字和 3 个偶数字排成的五位数中,数字互不相同的共有 _____ 个。

答案:10560

【解答】 (1)先不考虑0的位置问题,共有 $C_5^2 \times C_5^3 \times A_5^5 = 12000$ 种。

(2)首位数字为0,2个奇数字与3偶数字组成的五位数有 $C_5^2 \times C_4^2 \times A_4^4 = 1440$ 个。

共有 $12000 - 1440 = 10560$ 个符合条件的五位数。

例题 2-1 如图1所示,两条直线上共有7个点。从中选取三点,作为三角形的顶点,可以确定_____个三角形。

答案: 30

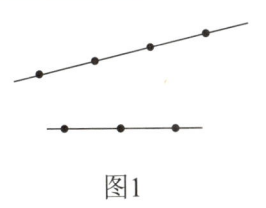

图1

【解答】 先整体考虑,排除三点共线的情况。

(1)7点选3点组合情况有 C_7^3 种。

(2)排除所取三点共线的情况,共有 $C_4^3 + C_3^3 = 5$ 种。

所以,可以确定 $C_7^3 - 5 = 30$ 个三角形。

例题 2-2 如图2所示,12颗钉子排成3×4的方形点阵。用一根橡皮筋套在钉子上可以形成一些四边形,那么共能套出_____个四边形。

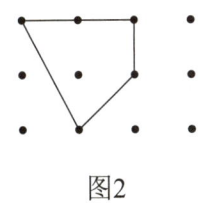

图2

答案: 324

【解答】 先整体考虑,排除四点或三点共线情况。

(1)12点选4点组合情况有 C_{12}^4 种。

(2)如图3所示,四点共线的情况有 $3C_4^4 = 3$ 种。

(3)如图4所示,三点共线,再另外选一点的组合情况有 $8 \times C_9^1 = 72$ 种。

(4)如图5所示,三点来自四点共线中的三点,另一点不在本直线上的情况,共有 $3 \times C_4^3 \times C_8^1 = 96$ 种。

所以共可以套出 $C_{12}^4 - 3 - 72 - 96 = 324$ 个四边形。

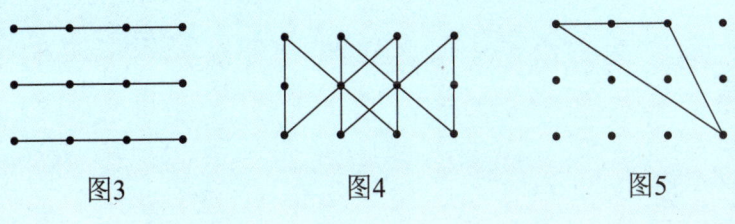

图3   图4   图5

针对性练习

练习❶ 甲、乙、丙、丁、戊、己六人站成一排照相,甲不站在正中间的两个位置,那么共有_____种站法。

练习❷ 从4男3女中选出3人参加演出活动,至少有1名女生参加,那么共有_____种不同的选法。

练习❸ 五位数的形式为"偶奇偶奇偶",且不大于80000,这样的五位数共有_____个。

练习❹ 如图6所示,10颗钉子排成方形点阵。用一根橡皮筋套在钉子上可以形成一些三角形,那么共能套出_____个三角形。

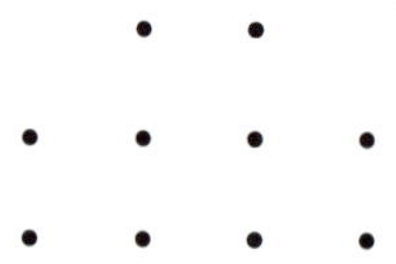

图6

练习参考答案

练习题号	练习1	练习2	练习3	练习4
参考答案	480	31	1875	108
解答提示	$A_6^6 - 2A_5^5$	$C_7^3 - C_4^3$	$5^5 - 2 \times 5^4$	$C_{10}^3 - 2C_4^3 - 4C_3^3$

JSH-18　相邻对象捆绑法

神器内容	在排列组合过程中,相邻对象可以捆在一起,作为一个对象排列,这种方法叫作捆绑法。
要点说明	捆绑法,要点抓,相邻对象就用它。 这种方法很高效,真是谁用谁知道。 间隔空格若固定,捆绑方法照样用。 相邻对象跟屁虫,时刻如影又随形。

神器溯源

当一些对象需要相对位置固定,也就是说一个对象位置确定了,那么另一个对象的位置也就固定了,另一个对象就像它的"跟屁虫",始终形影不离。常见的是两者或三者相邻或只间隔1个或2个对象的位置限制的排列问题。一般我们把这些对象捆绑在一起考虑,捆成一个"臃肿对象"参与排列,这个排列不妨叫作大排列。大排列后还要给捆在一起的对象松绑,也就是这些捆绑对象也要排列,叫作小排列,大、小排列之积就是排列总数了。如果两个对象相邻也可以在这两个对象中找一个作代表参与排列,这个对象排好后,另一个对象赶快排到它的左边或右边位置,也能解决这类问题,这种方法就是代表法。

例题精讲

例题 1-1 A、B、C、D、E、F、G、H 八人站成一排照相,A 与 B 的位置必须相邻,那么共有_____种站法。

答案:10080

【解答】 把 A、B 捆绑在一起,看作一个对象,与其他 6 人一起排列,共有 A_7^7 种站法,这就是"大排列"。同时 A、B 捆绑的包内也要排列,有 A_2^2 种站法。所以共有 $A_7^7 \times A_2^2 = 10080$ 种不同的站法。

例题 1-2 A、B、C、D、E、F、G、H 八人站成一排照相，A、B、C 三人的位置必须相邻，那么共有_____种站法。

答案：4320

【解答】 把 A、B、C 三人捆绑在一起，看作一个对象，与其他 5 人一起排列，共有 A_6^6 种站法，这就是"大排列"。同时 A、B、C 三人捆绑的包内也要排列，有 A_3^3 种站法。所以共有 $A_6^6 \times A_3^3 = 4320$ 种不同站法。

例题 2-1 A、B、C、D、E、F、G、H 八人站成一排照相，A、B 之间恰好间隔 2 人，那么共有_____种站法。

答案：7200

【解法一】 如图 1 所示，先选两人排在 A、B 两人之间，作为一个大对象参与其他 4 人的排列，同时注意 A、B 两人也可以进行排列。共有 $A_6^2 \times A_5^5 \times A_2^2 = 7200$ 种站法。

○Ⓐ○○Ⓑ ○○○

图1

【解法二】 特殊优先，先考虑 A、B 间隔 2 人的位置有 5 种，然后排 A、B 两人，剩下的 6 人全排列。共有 $5 \times A_2^2 \times A_6^6 = 7200$ 种站法。

例题 2-2 从 1～15 这十五个整数中选取 4 个数，从小到大能排成等差数列的共有_____种不同的选法。

答案：30

【解答】 先把 1～15 这十五个整数从小到大排列，从中选取 4 个对象，中间有 3 个公差限制，使用捆绑法，根据公差不同得到不同的捆绑。如图 2 所示，阴影部分对应的数为选取的四个数，此时对应的等差数列为 2,4,6,8，得到公差为 2 的等差数列有 C_9^1 种。共可以得到 $C_{12}^1 + C_9^1 + C_6^1 + C_3^1 = 12 + 9 + 6 + 3 = 30$ 个等差数列。

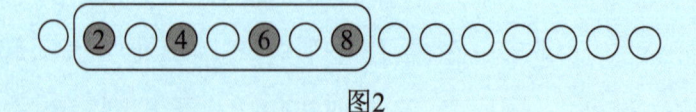

○②○④○⑥○⑧○○○○○○○

图2

针对性练习

练习 ❶ 6人站成一排,要求其中的甲与乙相邻,共有_____种不同的站法。

练习 ❷ 4名男生,3名女生,全体排成一行,所有男生相邻,所有女生也相邻的排法有_____种。

练习 ❸ 用数字0,1,2,3,4,5各一次组成一个六位数,使得1与2相邻,3与4相邻,那么这样的六位数共有_____个。

练习 ❹ 周末结伴爬山,三家都是三口之家,到半山腰一字排开坐下来休息,结果发现每家三人都相邻,那么共有_____种不同的坐法。

练习 ❺ 从数1,2,3,…,15中按从小到大的顺序取出四个数,使得最小的两个数之差为3,最大的两个数之差为4,那么这样的三个数共有_____种取法。

练习参考答案

练习题号	练习1	练习2	练习3	练习4	练习5
参考答案	240	288	72	1296	28
解答提示	$A_5^5 \times A_2^2$	$A_4^4 \times A_3^3 \times A_2^2$	$C_3^1 \times A_3^3 \times A_2^2 \times A_2^2$	$(A_3^3)^3 \times A_3^3$	C_8^2

· 61 ·

JSH-19　不相邻对象插空法

神器内容	在排列组合过程中,不相邻对象可以插入已经排好对象之间的空隙中,有时包括两端情况。
要点说明	不同对象站一行,后期插空要用上。 这种方法很高效,真是谁用谁知道。 被插对象若相同,直接组合插空中。 被插对象若不同,排列插空来提醒。

神器溯源

如果要求一些对象不相邻,可以让其他对象先排好,然后不相邻对象插到它们之间的空隙中去,但是它们不能同时插在同一个空隙中,这种方法叫作对象插空法。在插空法中,空隙个数很重要,有时只在排好的对象之间的空隙中,也有时可以插到两端的位置。插空一定是后期插空,其他对象排列好后才能产生空隙,然后把不相邻对象插入空隙中,且每个空隙最多插入一个被插入对象。

到底是组合插空？还是排列插空？取决于被插入的对象是否相同。如果被插入对象相同,可以直接找到空隙进行组合插入；如果被插入对象互不相同,那么需要先找到插入的空隙,然后排列被插入的对象。再者,这里插入的是站队的对象,而不是插入的"板子"或"符号"。

排列的对象要么相邻,要么不相邻,两者必有一个成立,已知相邻情况,在全排列中反面排除,也能得到不相邻对象的排列情况。

例题精讲

例题 1-1 A、B、C、D、E、F、G、H 八人站成一排照相,A 与 B 的位置不相邻,那么共有_____种站法。

答案:30240

【解答】 让 C、D、E、F、G、H 六人先站成一排,然后把 A、B 插入包括两端在内的 7 个位置中,由于 A、B 是不同的对象,在插入时需要排列。共有 $A_6^6 \times A_7^2 = 30240$ 种不同的站法。

例题 1-2 A、B、C、D、E、F、G、H 八人站成一排照相,A、B、C 三人的位置互不相邻,那么共有 _____ 种站法。

答案:14400

【解答】 让 D、E、F、G、H 五人先站成一排,然后把 A、B、C 插入包括两端的 6 个位置中,由于 A、B、C 是不同的对象,在插入时需要排列。共有 $A_5^5 \times A_6^3 = 14400$ 种不同的站法。

例题 2-1 道路的一侧共有 15 盏路灯,为了节省用电,需要把其中的 5 盏灯熄灭。为了不影响照明,熄灭的灯不能在两端且不能相邻,那么共有 _____ 种熄灭灯的方法。

答案:126

【解答】 路灯都相同,不需要再进行排列。直接使用插空法。在 10 盏亮着的灯之间插入 5 盏不亮的灯,可插入的空隙有 9 个,且被插入的灯也是相同的,直接组合即可。共有 $C_9^5 = 126$ 种熄灯方法。

例题 2-2 道路的一侧共有 15 盏路灯,为了庆祝节日,需要把其中的 5 盏灯换成红、黄、绿、蓝、紫色的灯各一盏,且这些彩灯互不相邻,那么共有 _____ 种更换方法。

答案:55440

【解答】 没有更换的路灯都相同,不需要再排列。使用插空法。在 10 盏未更换的灯之间插入 5 盏互不相同的彩灯,可插入的空隙有 11 个。共有 $A_{11}^5 = 55440$ 种方法。

针对性练习

练习❶ 6 人站成一排,要求其中的甲与乙不相邻,共有 _____ 种不同的站法。

练习❷ 4名男生,3名女生,全体排成一行,女生互不相邻的排法有_____种。

练习❸ 在抗击"新冠病毒"期间就餐,为了减少接触,食堂一排有12个座位,不允许相邻而坐。现在有5人坐在这排座位上就餐,相邻两人中间至少间隔一个座位,共有_____种就座安排。

练习❹ 道路的一侧共有12盏路灯,现在把其中的4盏灯更换成2盏相同的红灯、2盏相同的绿灯,且这些彩灯互不相邻,那么共有_____种更换方法。

练习❺ 用数字1,2,3,4,5,7,9各一次组成一个七位数,偶数字不在首位和末位且不相邻,那么这样的七位数共有_____个。

练习❻ 从数1,2,3,…,15中选出三个不同数,按从大到小排列后相邻两个数的差不为1,共有_____种不同的选法。

练习❼ 一类数字互不相同的十位数,要求1与2不能相邻,3和4必须相邻,那么这样的十位数共有_____个。

练习参考答案

练习题号	练习1	练习2	练习3	练习4	练习5
参考答案	480	1440	6720	756	1440
解答提示	$A_4^4 \times A_5^2$	$A_4^4 \times A_5^3$	A_8^5	$A_9^4 \div A_2^2 \div A_2^2$	$A_5^5 \times A_4^2$
练习题号	练习6	练习7			
参考答案	286	504000			
解答提示	C_{13}^3	1和2后插空,排除首位0			

JSH-20　重复对象的排列

神器内容	在局部相同对象的排列中,可以把相同对象做上标签,变为不同对象,然后再排列,称为标签法。也可以把相同对象一起选位,放入排列位置,称为孪生同时选位法。
要点说明	对象局部有相同,标签不同排列行。 相同对象似孪生,一起选位组合用。 局部相同题目多,问题实质要掌握。

神器溯源

在 n 个对象中,其中有 m 个对象相同,其他对象互不相同,把这 n 个对象排成一行,这种排列被称为重复对象排列。重复对象排列是局部相同,而不是全部相同。

做重复对象排列,有两种方法:

1. 标签法:首先,我们知道从 n 个不同对象中选出 n 个对象(全选),然后排成一行,共有 A_n^n 种。现在 n 个对象中却有 m 个相同,我们不妨把这 m 个相同对象做上记号,它们就互不相同了,就可以直接全排列为 A_n^n 种。可是,m 个记号对象之间任意排列,并不影响整个排列情况,可以把 m 个"不同"对象的排列看成 1 种,对于"多变一",使用除法排除,故有 $A_n^n \div A_m^m = \dfrac{A_n^n}{A_m^m}$ 种。

2. 孪生同时选位法(一起考虑):在 n 个对象中,这 m 个相同的对象不再分彼此,不存在先后顺序了。这些对象要一起考虑,一次性选好位置"同时放入"。就相同于选位置的情况,从而有 C_n^m 种。后面对另外 $(n-m)$ 个对象再进行排列,得到 $C_n^m \times A_{n-m}^{n-m}$ 种排法。

例题精讲

例题 1-1 用 1,1,1,2,3 这五个数字,可以组成的五位数共有_____个。

答案:20

【解法一】 通过添加标签,把 1,1,1,2,3 转化为 $1,1',1'',2,3$,这样得到的全排列为 A_5^5 种;当标签去掉时,则 $1,1',1''$ 的排列 A_3^3 种都将化为 1,1,1,仅剩下 1 种。由 A_3^3 种变为 1 种,这样的五位数共有 $A_5^5 \div A_3^3 = 20$ 个。

【解法二】 先找到三个数位填入 1(三胞胎一起选位),剩下的就是 2 和 3 的排列,共有 $C_5^3 \times A_2^2 = 20$ 个。或者先排列好 2 和 3 的位置,剩下的写入三个 1,共有 $A_5^2 \times C_3^3 = 20$ 个。

例题 1-2 有 3 个相同的红球、2 个相同的蓝球和 1 个黄球。把这 6 个球排成一行,共有_____种不同的排法。

答案:60

【解法一】 把 6 个球看成颜色互不相同的,然后除以 3 个不同球的排列和 2 个不同球的排列。共有 $A_6^6 \div A_3^3 \div A_2^2 = 60$ 种不同的排法。

【解法二】 采用孪生对象同时选位的方法,共有 $C_6^3 \times C_3^2 \times C_1^1 = 60$ 种不同的排法。

例题 2 射击赛中,把七个泥制的靶子挂成三列(如图 1 所示),第一列三个,另两列各两个。一射手按下列规则去击碎靶子:先挑选一列,然后击碎这列中尚未被击碎的靶子中最低的一个。如果每次射击都遵循这一原则,全部击碎六个靶子有_____种不同的顺序。

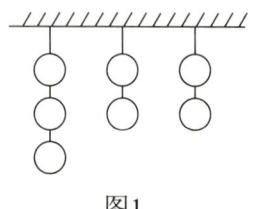

答案:210

【解答】 如图 2 所示,可以把 7 个靶子进行标记为 "1,1,1,2,2,3,3",这是重复对象的排列,共有 $A_7^7 \div A_3^3 \div A_2^2 \div A_2^2 = 210$ 种。或者有 $C_7^3 \times C_4^2 \times C_2^2 = 210$ 种。

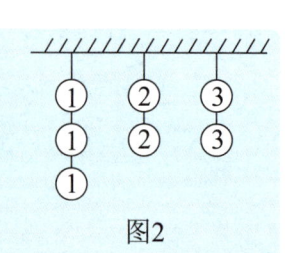

图1

图2

针对性练习

练习 ❶ 用数字 1,1,1,2,2,2 组成的六位数共有 _____ 个。

练习 ❷ 有 5 张卡片,上面分别写有 0,1,1,2,2。从中抽取 4 张排成的四位数共有 _____ 个。

练习 ❸ 把 2 本相同的语文书,2 本相同的数学书,2 本相同的英语书,2 本相同的故事书放到同一层书架上,共有 _____ 种不同的放法。

练习 ❹ 小明书写英语单词 chocolate 时,虽然单词的字母都写对了,可是单词整体字母顺序还是拼错了,那么小明拼错的单词形式共有 _____ 种。

练习 ❺ 如图 3 所示,有编号 1~7 的七个乒乓球放到两个球筒中。现在从中取出六个球,根据取球的顺序把乒乓球编号写成一个六位数,那么这样的六位数共有 _____ 个。

练习 ❻ 如图 4 所示,有 9 块砖头垒成一堆,每次只能搬走一块,且只能从每列的上部依次搬走,那么搬完全部砖头,共有 _____ 种不同的搬法。

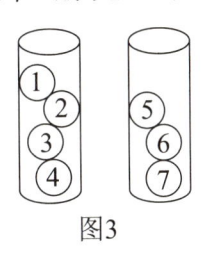

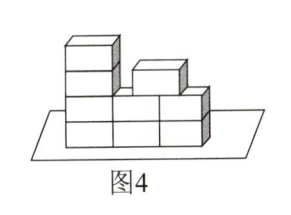

图3　　　　图4

练习参考答案

练习题号	练习1	练习2	练习3	练习4	练习5	练习6
参考答案	20	24	2520	90719	35	756
解答提示	$A_6^6 \div A_3^3 \div A_3^3$	$C_4^2 + 3C_3^1 \times 2$	$A_8^8 \div (A_2^2)^4$	$A_9^9 \div (A_2^2)^2 - 1$	$C_6^3 + C_6^2$	$C_9^5 \times C_4^2$

JSH-21　相同对象的排列

神器内容	相同对象的排列,采用隔板法。
要点说明	相同对象隔板法,这是本质要点抓。 相同对象来分组,分成几组要清楚。 如果不许组内空,使用隔板来插空。 如果允许组内空,重复排列就发生。 隔板都是自己造,理解之后不深奥。

神器溯源

把完全相同的对象排成一行,中间适当加入隔板,就可以分成不同的组,这就是相同对象的排列。相同对象排列主要使用"隔板法"。

(1)不空的隔板法。如果对象相同,分组后每组不空且组别不同,采用在对象之间插入隔板的插空法,如图1所示。一句话:组不空隔板插空,共有 $C_{对象数-1}^{组数-1}$ 种方法。

$$\bigcirc\bigcirc\bigcirc\bigcirc|\bigcirc\bigcirc|\bigcirc\bigcirc\bigcirc \Longrightarrow 4、2、3$$
图1

例如:把9本相同的书放到书柜的上、中、下三层,每层至少一本,那么共有_____种不同的放法。

解:9本书之间有8个空隙,放入2个隔板,把书分成三组,对应可以把书放到上、中、下三层,共有 $C_{9-1}^{3-1}=28$ 种不同的放法。

(2)可空的隔板法。如果对象相同,分组后每组可以空、也可以不空且组别不同,采用隔板与对象混排,转化为重复对象的排列,如图2所示。也是一句话:组可空隔板与对象混排,共有 $C_{对象数+组数-1}^{组数-1}$ 种方法。

$$\bigcirc\bigcirc\bigcirc\bigcirc\bigcirc\bigcirc||\bigcirc\bigcirc\bigcirc \Longrightarrow 6、0、3$$
图2

例如:把9本相同的书放到书柜的上、中、下三层,允许都放在一层或两层,那么共有_____种不同的放法。

解：9本书与2个隔板混排，允许隔板相邻，相邻隔板对应隔板之间的层不放，隔板相邻不相邻都可以，说明隔板没有限制，相当于9本相同的书与2个相同的隔板混排，转化为重复对象的排列，故共有 $C_{9+3-1}^{3-1}=55$ 种放法。

在相同对象排列过程中，关键是排列的对象是否相同？盘子(组)是否相同？盘子(组)是否可空？隔板数要比盘子数或组数少1。

例题精讲

例题 1-1 如图3所示，把9个相同的苹果放到4个不同的盘子里，每个盘子不能不放，那么共有_____种不同的放法。

图3

答案：56

【解答】 如图3所示，在9个相同的苹果之间放入3个隔板，使得相同的隔板不能相邻。采用隔板插空法，共有 $C_{9-1}^{4-1}=56$ 种不同的放法。

例题 1-2 把9个相同的苹果放到4个不同的盘子里，允许部分盘子不放，那么共有_____种不同的放法。

答案：220

【解答】 如图4所示，9个相同的苹果与3个相同隔板混排，可以看作 $9+3=12$ 个对象的重复排列，隔板可以相邻，也可以不相邻。共有 $C_{9+4-1}^{4-1} \times C_9^9 = C_{12}^3 \times C_9^9 = 220$ 种不同的放法，或者 $A_{12}^{12} \div A_9^9 \div A_3^3 = 220$ 种不同的放法。

图4

例题 2 把18朵相同的玫瑰花送给3位女同事，每人至少送4朵。共有_____种不同的送法。

答案：28

【解法一】 每人先送4朵，剩下 $18-4\times3=6$ 朵。转化为有些组可空的相同对象排列，然后隔板与玫瑰混排，如图5所示。共有 $C_8^2=28$ 种不同的送法。

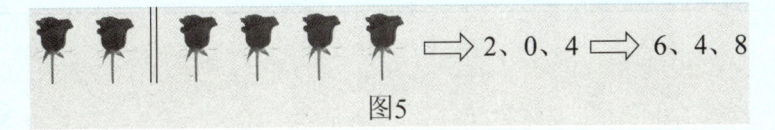

图5 $\Rightarrow 2,0,4 \Rightarrow 6,4,8$

69

【解法二】 每人先送3朵，剩下 $18-3\times3=9$ 朵。转化为每组都不空的相同对象排列，隔板插空法，如图6所示。共有 $C_8^2=28$ 种不同的送法。

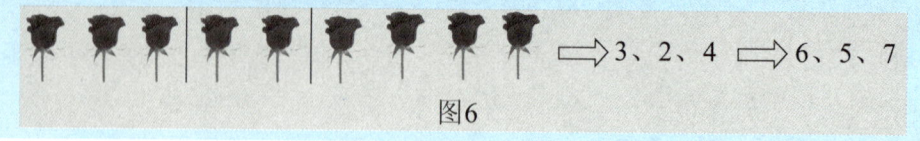

图6

针对性练习

练习❶ 把6个相同的苹果放到3个不同的盘子里，每个盘子不空，那么共有_____种不同的放法。

练习❷ 把6个相同的苹果放到3个不同的盘子里，每个盘子都可以不放，那么共有_____种不同的放法。

练习❸ 陈老师把10本相同的笔记本奖励给学习优秀的5位学生，每人至少获得一本，那么共有_____种奖励方法。

练习❹ 把20朵相同的鲜花送给5位老师，每位老师至少得到3朵鲜花，那么共有_____种不同的送法。

练习❺ 把36个相同的氢气球分别送给甲、乙、丙、丁、戊五人。要求甲至少得到2个，乙至少得到4个，丙至少得到6个，丁至少得到8个，戊至少得到10个，那么共有_____种不同的送法。

练习参考答案

练习题号	练习1	练习2	练习3	练习4	练习5
参考答案	10	28	126	126	210
解答提示	C_5^2	C_8^2	C_9^4	每人先分3朵或者2朵	先让每人满足要求，多余的再排列

JSH-22　数字和相关计数

神器内容	已知 $m(\geq 2)$ 位数的各数位上的数字和为 n，且 $1\leq n\leq 9$，则 (1) $n\geq m$ 时，不含数字 0 的 m 位数共有 C_{n-1}^{m-1} 个。 (2) 可以含数字 0 的 m 位数共有 C_{n+m-2}^{m-1} 个。 注：当各数位上的数字和 n 大于 9 时，需要排除数位上大于 9 的数的情况。
要点说明	多位数，来计数，数字之和已给出。 如果不含数字 0，直接隔板去插空。 如果数字随便来，1 和加号去混排。 首位首先放上 1，否则为 0 没有戏。 如果数字大于 9，想法排除看谁牛。

神器溯源

已知各数位上的数字和的多位数计数问题，可转化为相同对象的排列问题。

(1) 已知 $m(\geq 2)$ 位数的各数位上的数字和为 n，且 $1\leq n\leq 9$，$n\geq m$ 时，那么不含数字 0 的 m 位数共有多少个？

各数位上的数字和为 n，可以看作 n 个"1"；m 位数，相当于分成 m 个互不相同的组；可以在 1 之间放入 $(m-1)$ 个"+"，且加号不相邻。采用"+"插空法，共有 C_{n-1}^{m-1} 个 m 位数。

(2) 已知 $m(\geq 2)$ 位数的各数位上的数字和为 n，且 $1\leq n\leq 9$ 时，那么符合条件的 m 位数共有多少个？

解答如下：

第一步：先在首位上放上一个"1"，其作用能保证首位数字不为 0。

第二步：由于可以出现数字 0，对应着"+"相邻不相邻都可以，也就是"+"没有了限制。$(n-1)$ 个"1"占据 $(n-1)$ 个位置，$(m-1)$ 个"+"占据 $(m-1)$ 个位置，转化为重复对象的排列问题，共有 C_{n+m-2}^{m-1} 个 m 位数。

当某些数位的数字大于 9 时，不符合条件，这样的情况需要排除掉。

例题精讲

例题 1-1 各数位上的数字和为 9 且不含数字 0 的五位数共有 _____ 个。

答案：70

【解答】 题目相当于把 9 个 1 放到五个不同的盒子里，且每个盒子不空。在 9 个 1 之间插入隔板，替换为"＋"，且"＋"不相邻，其好处能清楚看到其数字和是多少。

1　1　1＋1＋1　1＋1＋1　1　对应为 3、1、2、1、2，

由于"＋"不能相邻，把它放到 9 个"1"之间的 8 个空隙中，对应得到五位数共有 $C_{9-1}^{5-1}=70$ 个。

例题 1-2 各数位上的数字和为 9 的五位数共有 _____ 个。

答案：495

【解答】 如图 1 所示，先在万位上放置一个"1"，接着相当于把 8 个"1"放到五个不同的盒子里，且每个盒子可空。这里可以把隔板替换为"＋"，同时"＋"可以相邻，也可以不相邻，等于没有限制了，就混排吧。

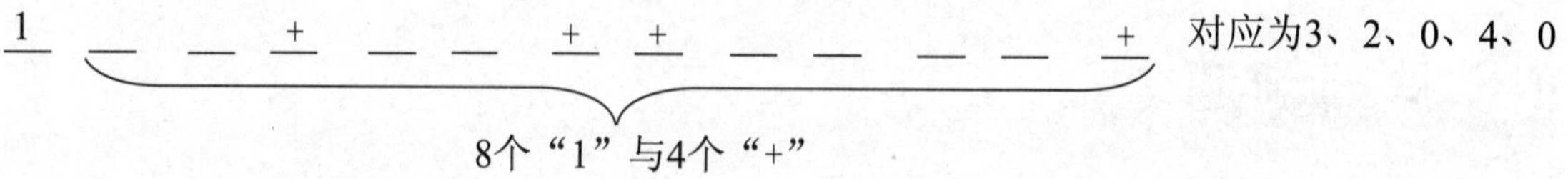

1　_ _ _ ＋ _ _ ＋ ＋ _ _ _ _ ＋　对应为 3、2、0、4、0

8个"1"与4个"＋"

图1

这样的五位数共有 $C_{12}^{4} \times C_{8}^{8} = 495$ 个。

例题 2-1 各数位上的数字和为 18 的四位数共有 _____ 个。

答案：615

【解答】 (1)如图 2 所示，先在千位上放置一个"1"，接着相当于把剩下的 17 个"1"放到四个不同的盒子里，且每个盒子可空。这里可以把隔板替换为"＋"，"＋"可以相邻，也可以不相邻，都没有限制了。

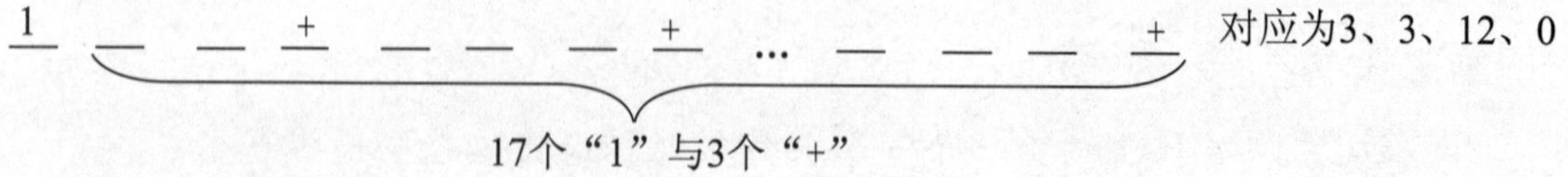

1　_ _ ＋ _ _ _ ＋ … _ _ _ ＋　对应为 3、3、12、0

17个"1"与3个"＋"

图2

这样的"四位数"(有数位上的数字可能大于 9)共有 $C_{20}^{3} \times C_{17}^{17} = 1140$ 个。

(2)如图 3 所示，仍在首位上放上 1，再在某个数位上放上"10"，这样的"四位数"都不符合条件，需要排除。如

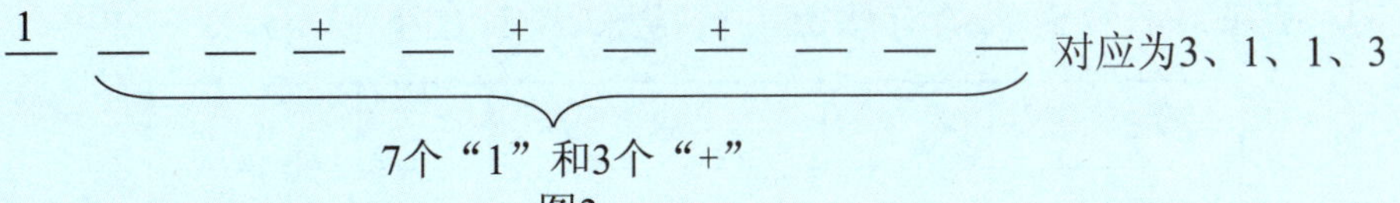

$$\underbrace{1\ \_\ \_\ \_\ +\ \_\ \_\ +\ \_\ \_\ +\ \_\ \_\ \_}_{7\text{个 "1" 和}3\text{个 "+"}}\qquad \text{对应为}3、1、1、3$$

图3

这样的"四位数"共有 $C_4^1 \times C_{10}^3 \times C_7^7 = 480$ 个。

(3) 再排除 $\overline{(10)\square\square\square}$,这样的"四位数"共有 $C_{10}^2 \times C_8^8 = 45$ 个。

所以,各数位上的数字和为 18 的四位数共有 $1140 - 480 - 45 = 615$ 个。

例题 2-2 在 1～2000 中,各数位上的数字和能被 4 整除的自然数共有_____个。

答案:497

【解法一】 (1) 因为 $n - 9 \equiv n - 1 \pmod 4$,所以当进位 1 次在个位发生时,其数字和被 4 除的余数减少 1;当进位 2 次在十位、个位发生时,各数位上的数字和被 4 除的余数减少 2;当发生 3 次进位时,各数位上的数字和被 4 除的余数减少 3,且都是以 4 次为一周期,具体见下表。

连续自然数	x	$x+1$	$x+2$	$x+3$
进位前数字和模 4 余数	1	2	3	0
进位 1 次	0	1	2	3
进位 2 次	3	0	1	2
进位 3 次	2	3	0	1

(2) 考虑 0～1999 的自然数的进位情况:只进位 1 次发生 $199 - 19 = 180$ 次,整周期不影响各数位上的数字和;只进位 2 次发生 $19 - 1 = 18$ 次,各数位上的数字和是 4 的倍数的减少 1 个;进位 3 次发生 1 次,减少 1 个。所以 0～1999 中的自然数的各数位上的数字和为 4 的倍数的有 $2000 \div 4 - 1 - 1 = 498$ 个,再排除一个 0,得到 $498 - 1 = 497$ 个符合条件的多位数,其数字和为 4 的倍数。

(3) 又知 2000 的各数位上的数字和为 2,不是 4 的倍数,故 1～2000 中各数位上的数字和能被 4 整除的自然数有 497 个。

【解法二】 (1) 被 4 整除的数字有 0,4,8,共 3 个;被 4 除余 1 的数字有 1,5,9,共 3 个;被 4 除余 2 的数字有 2,6,共 2 个;被 4 除余 3 的数字有 3,7,共 2 个。

（2）从 0 开始不同余数的自然数进行传球，统计如下表所示。

模 4 余数	0	1	2	3
个位	$a_0=3$	$a_1=3$	$a_2=2$	$a_3=2$
十位	$b_0=25$	$b_1=26$	$b_2=25$	$b_3=24$
百位	$c_0=249$	$c_1=251$	$c_2=251$	$c_3=249$

以上传球具体过程：

$b_0=3a_0+2a_1+2a_2+3a_3=3\times3+2\times3+2\times2+3\times2=25$；

$b_1=3a_0+3a_1+2a_2+2a_3=3\times3+3\times3+2\times2+2\times2=26$；

$b_2=2a_0+3a_1+3a_2+2a_3=2\times3+3\times3+3\times2+2\times2=25$；

$b_3=2a_0+2a_1+3a_2+3a_3=2\times3+2\times3+3\times2+3\times2=24$。

也可以矩阵算法：

$$(3\ \ 3\ \ 2\ \ 2)\times\begin{pmatrix}3&3&2&2\\2&3&3&2\\2&2&3&3\\3&2&2&3\end{pmatrix}=(25\ \ 26\ \ 25\ \ 24),$$

$$(25\ \ 26\ \ 25\ \ 24)\times\begin{pmatrix}3&3&2&2\\2&3&3&2\\2&2&3&3\\3&2&2&3\end{pmatrix}=(249\ \ 251\ \ 251\ \ 249).$$

（3）下面统计各数位上的数字和能被 4 整除的自然数的个数。

0～999：有 $c_0=249$ 个；

1000～1999：$(1+c_3)$ 能被 4 整除，共有 $c_3=249$ 个。

由于 0 能被 4 整除，需排除。所以，在 1～2000 之间的自然数中，共有 $249+249-1=497$ 个能被 4 整除的自然数。

针对性练习

练习❶ 不含数字 0，各数位上的数字和为 7 的三位数共有_____个。

练习❷ 各数位上的数字和为 7 的三位数共有_____个。

练习 3 数字和为 15 的五位数共有 _____ 个。

练习 4 一个五位数,其个位数字等于前四位上的数字之和,那么这样的五位数共有 _____ 个。

练习 5 各数位上的数字和为 30 的四位数共有 _____ 个。

练习 6 不定方程 $x_1+x_2+x_3+x_4=12$ 的正整数解共有 _____ 个。

练习 7 在 1~5000 中,各数位上的数字和能被 5 整除的自然数有 _____ 个。

练习参考答案

练习题号	练习1	练习2	练习3	练习4	练习5
参考答案	15	28	2654	495	84
解答提示	C_6^2	C_8^2	$C_{18}^4-5C_8^4-C_8^3$	C_{9-1+4}^4	C_9^3
练习题号	练习6	练习7			
参考答案	165	1000			
解答提示	C_{11}^3	进位一次,模 5 的余数增加 1			

JSH-23 容斥原理,韦恩图

神器内容	如图1所示,已知集合 A,B,则 $A\cup B = A+B-A\cap B$。
要点说明	一些对象放一起,构成集合成集体。 确定无序又互异,三个条件都具备。 放在一起是并集,重复元素保留一。 公共元素放一起,集合取名是交集。 感觉还是不清楚,赶快画出韦恩图。

神器溯源

把一些确定的对象放在一起,就可以组成一个集合,集合一般用大写字母 A, B, C 等表示。构成集合的这些确定的对象,叫作集合的元素,一般用小写字母 a, b, c 等表示,这些小写字母可以表示数,也可以表示其他事物。如集合 $A=\{1,2,3,4,5\}$,$B=\{$锅,碗,勺子,筷子$\}$,$C=\{$甲,乙,丙$\}$。

集合中的元素具有下面的性质:

(1)确定性:每个对象要么属于这个集合,要么不属于这个集合。

(2)互异性:在一个集合中,如果出现两个或多个相同的元素,只保留1个。

(3)无序性:只要两个集合的元素相同,而顺序不同,视为同一个集合,如 $\{1,2,3\}=\{2,3,1\}$。

集合的元素与元素的关系:相等"="或不相等"≠"。如 $a=a$,$a\neq b$。

集合与元素的关系:属于"$\in$"或不属于"$\notin$"。如 $1\in\{1,2,3\}$,$4\notin\{1,2,3\}$。

集合与集合的关系:包含于($\subseteq$),包含($\supseteq$),真包含于($\subset$ 或 $\subsetneq$),真包含($\supset$ 或 $\supsetneq$)或不包含于($\not\subset$)。$\{1,2\}\subset\{1,2,3\}$,$\{1,2\}\not\subset\{2,3,4\}$。

规定:没有元素的集合叫作空集,记作 $\varnothing$。

对于两个集合A,B,若有$A\subseteq B$,则称A为B的子集。如$\{1,2,3\}$的子集为$\varnothing,\{1\},\{2\},\{3\},\{1,2\},\{1,3\},\{2,3\},\{1,2,3\}$。

对于集合,除了用大写字母,或者把元素放在大括号内表示以外,还经常可以把元素放在一个圆或椭圆中,圈内的对象是这个集合的元素,圈外的对象都不是这个集合的元素,这种表示集合的方法叫作韦恩图法。如图2所示,这就是自然数集合的韦恩图表示。

对于两个集合,如果它们之间没有公共的元素,则称这两个集合互斥,如图3所示;如果它们之间有公共元素(至少1个),则称这两个集合相容,如图4所示。

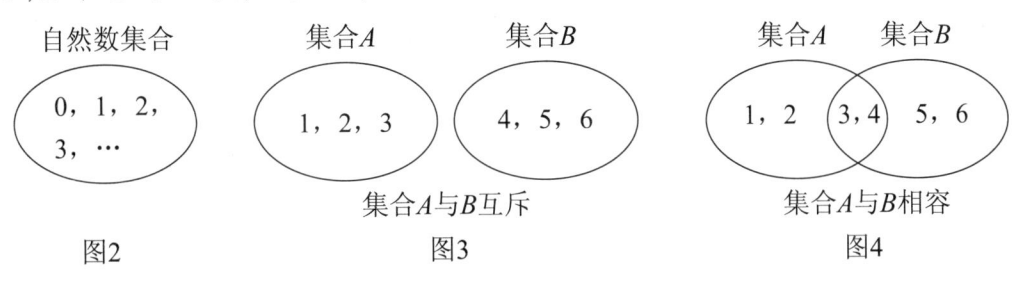

自然数集合
$(0, 1, 2, 3, \cdots)$

集合A 集合B
$(1, 2, 3)$ $(4, 5, 6)$
集合A与B互斥

集合A 集合B
$(1, 2\; 3,4\; 5, 6)$
集合A与B相容

图2   图3   图4

在集合A,B相容时,元素3和4是集合A,B的共同元素,也就是两集合的公共部分。所有公共元素组成的集合叫作集合A,B的交集,记作:$A\cap B=\{3,4\}$。不管元素原来在哪个集合中,所有元素放在一起组成的集合叫作集合A,B的并集,记作:$A\cup B=\{1,2,3,4,5,6\}$。特别在相容的关系中,$A\cup B$并不等于$\{1,2,3,4,3,4,5,6\}$,一定要排除重复的元素,不然会与元素的互异性相矛盾。

在相容或互斥的过程中,经常需要求出每个集合的元素的个数,以及几个集合元素个数之间的关系式,从而产生容斥问题。

如图5所示,当集合A,B互斥,则A,B的并集元素个数为A,B的元素个数之和:$A\cup B=A+B$;

如图6所示,当集合A,B相容,则A,B的并集元素个数为A,B的元素个数之和减去交集元素个数:$A\cup B=A+B-A\cap B$;

如图7所示,三个集合的并集元素个数:$A\cup B\cup C=A+B+C-A\cap B-B\cap C-A\cap C+A\cap B\cap C$。

对于韦恩图(如图7所示),可以想象成"贴膜"的情况:三个集合对应于三个圆,只有一个圆盖住的区域是1层覆盖,恰有两个圆盖住的区域是2层覆盖,三个圆同时盖住的区域是3层覆盖。求三个集合的并集元素个数,相当于求三个圆盖住区域的"总面积",当然都是按1层统计,原来2层的要去掉1层,原来3层的要去掉2层。

图5　　　　　　图6　　　　　图7

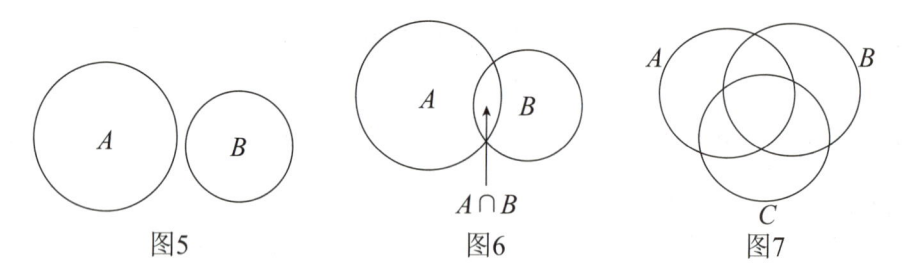

有时候，一些集合都在一个规定的、已知的大集合中，经常把这个规定范围的大集合叫作全集，在韦恩图的画法中，常用长方形来表示。

补充说明一下：对于符号 $A \cup B$，如果没有特殊说明，其表示集合的并集运算，有时候也指该并集的元素个数。有些书上还用 $card(A \cup B)$ 或 $|A \cup B|$ 来表示并集 $A \cup B$ 的元素个数。

例题精讲

例题 1-1 已知集合 $A=\{1,2,3,4,5,6\}$，集合 $B=\{2,4,6,8,10\}$，则 $A \cup B - A \cap B =$ _____。

答案：$\{1,3,5,8,10\}$

【解答】 $A \cup B = \{1,2,3,4,5,6,8,10\}$，$A \cap B = \{2,4,6\}$，
$A \cup B - A \cap B = \{1,2,3,4,5,6,8,10\} - \{2,4,6\} = \{1,3,5,8,10\}$。

例题 1-2 五年级 45 人，大家踊跃报名参加语文和数学兴趣小组。其中报名语文小组的 26 人，报名数学小组的 29 人，两个小组都没有报名的还有 5 人，那么两个小组都报名的有_____人。

答案：15

【解答】 如图 8 所示，采用容斥原理，$29+26-(45-5)=15$ 人。

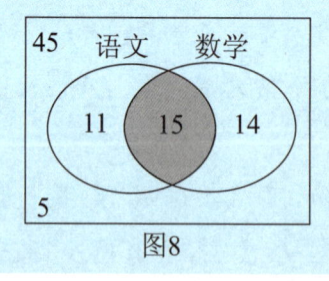

图8

例题 2-1 100 位战士面向南站成一个方阵，编号为 1～100。教官一声令下：编号为 3 的倍数的战士向后转；再一声令下：编号为 4 的倍数的战士向后转；最后又一声令下：编号为 5 的倍数的同学向后转，那么现在面向南的战士还有_____人。

答案：56

【解答】 根据题意画韦恩图,如图 9 所示。不转动或转动 2 次的战士才能面向南,共计 40+4+5+7=56 人。

或者使用容斥原理算式,没有转动的有 $100-\left[\dfrac{100}{3}\right]-\left[\dfrac{100}{4}\right]-\left[\dfrac{100}{5}\right]+\left[\dfrac{100}{12}\right]+\left[\dfrac{100}{15}\right]+\left[\dfrac{100}{20}\right]-\left[\dfrac{100}{60}\right]=40$ 人,转动 2 次的战士有 $\left[\dfrac{100}{12}\right]+\left[\dfrac{100}{15}\right]+\left[\dfrac{100}{20}\right]-3\times\left[\dfrac{100}{60}\right]=16$ 人,共有 40+16=56 名战士面向南。

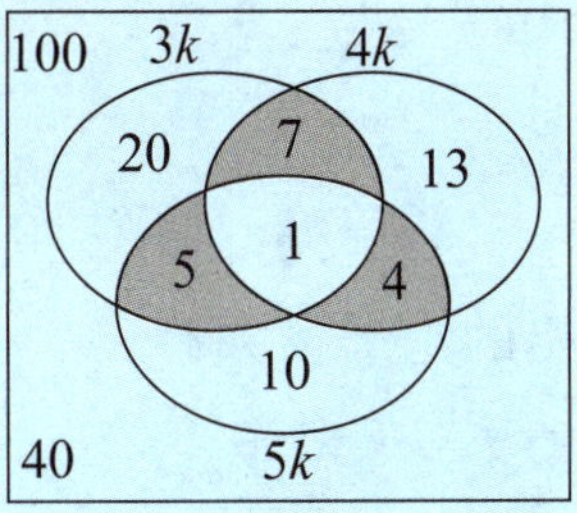

图9

例题 2-2 某班举行一次智力竞赛,共 A、B、C 三道题。每题得满分或者得 0 分,其中题 A 满分 20 分,题 B 满分 25 分、题 C 满分 30 分。统计竞赛结果发现:每个学生至少答对了一题,三题全答对的有 1 人,只答对其中两道题的有 15 人。答对题 A 的人数与答对题 B 的人数之和为 29,答对题 A 的人数与答对题 C 的人数之和为 25,答对题 B 的人数与答对题 C 的人数之和为 20,这次竞赛的平均分为_____分。

答案:44

【解答】 设答对题目 A、B、C 的人数分别为 a 人、b 人、c 人,则
$\begin{cases}a+b=29\\b+c=20\\c+a=25\end{cases}$,解得 $\begin{cases}a=17\\b=12\\c=8\end{cases}$,共有 17+12+8-15-2×1=20 人。

所以,这次竞赛平均分为 (17×20+12×25+8×30)÷20=44 分。

针对性练习

练习❶ 已知集合 $A=\{1,3,5,7,9,11,13,15\}$,集合 $B=\{1,4,7,10,13,16,19\}$,则 $|A\cup B|-|A\cap B|=$_____。

练习❷ 有 45 名学生参加数学和语文考试,其中语文得 100 分的有 12 人,数学得 100 分的有 15 人,两科都没得 100 分的有 23 人,那么两科都得 100 分的有_____人。

练习❸ 100 盏亮着的电灯,各有一个拉线的奇偶开关控制着。先按其顺序编号为 1,2,3,…,100,然后将编号为 2 的倍数的灯线拉一次,再将编号为 3 的倍数的灯线拉一次,最后将编号为 5 的倍数的灯线拉一次,那么三次拉完之后,亮着的灯

· 79 ·

还有_____盏。

练习 ④ 如图10所示,在4×5的方格中,有两个灰色方格,那么包含灰色方格的矩形格共有_____个。

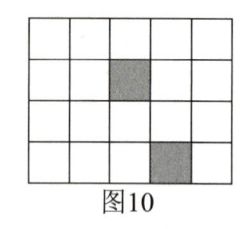

图10

练习 ⑤ 7人站成一排照相,甲不站在两端,乙、丙都不站在正中间,那么共有_____种不同的站法。

练习 ⑥ 对于数字2,4,8,至少含有一个的四位数共有_____个。(2204算,1357不算)

练习 ⑦ "十一"国庆节联欢晚会上,共有100人参加,把从1~100号的抽奖号码放到抽奖箱子里,每人无放回地抽出一个号码。抽出的编号是5的倍数获一等奖,抽出的编号是4的倍数获二等奖,抽出的编号是3的倍数获三等奖。每人只要符合条件可以重复领奖,不符合条件的都获得鼓励奖。每个一等奖价值300元,二等奖价值200元,三等奖价值100元,鼓励奖价值80元,那么这次晚会需要发奖品共价值_____元。

练习参考答案

练习题号	练习1	练习2	练习3	练习4	练习5
参考答案	9	5	49	74	2640
解答提示	12−3=9	12+15−(45−23)=5	没有拉动或拉动2次的亮	54+32−12=74	$A_7^7 - 2 \times A_6^6 - 2 \times A_6^6 + 2 \times 2 \times A_5^5$

练习题号	练习6	练习7			
参考答案	6942	17500			
解答提示	反面排除,画韦恩图	韦恩图求鼓励奖人数			

JSH-24　正难则反,减法排除

神器内容	正面计数比较难,或者分类较多,都可以从反面考虑,整体个数减去反面不符合条件的个数。
要点说明	正面计数真是难,分类较多想不全。 可以反面来排除,转换思路变通途。 最多最少最常见,反面排除减法算。

神器溯源

在计数问题中,如果遇到正面无从下手,或者只能枚举或分类较多的情况,可以考虑"正难则反、减法排除",从整体个数中排除不符合条件的个数。经常出现"最多""最少""至多""至少"等关键词。

例题精讲

例题 1 某班语文小组有 6 人,数学小组有 8 人,并且没有人同时参加两个小组。从中抽取 5 人并组成英语小组,每个小组至少一人参加,那么共有_____种抽取方法。

答案:1940

【解答】 正面分类较多,减法排除。共有 $C_{6+8}^5 - C_6^5 - C_8^5 = 2002 - 6 - 56 = 1940$ 种抽取方法。

例题 2 含数字"8"或者含有数字"6"的五位数共有_____个。

答案:61328

【解答】 在所有五位数中,需要排除不含数字"8",同时不含数字"6"的五位数。符合条件的五位数共有 $9 \times 10^4 - 7 \times 8^4 = 61328$ 个。

· 81 ·

针对性练习

练习❶ 含数字"8"的四位数共有_____个。

练习❷ 在小于 2000 的自然数中,含有数字"0"的共有_____个。

练习❸ 同时含有数字"8"和"0"的四位数共有_____个。

练习❹ 从 6 男 4 女中选派 4 人参加研学活动,男女都要有,那么共有_____种选派方法。

练习❺ 如图 1 所示,不包含阴影方格的矩形(正方形或长方形)共有_____个。

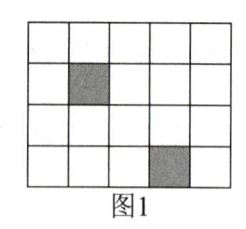

图1

练习参考答案

练习题号	练习1	练习2	练习3	练习4	练习5
参考答案	3168	452	703	194	78
解答提示	$9\times10^3-8\times9^3$	$1+9+(900-9^3)+(1000-9^3)$	$9000-8\times9^3-9^4+8^4$	$C_{10}^4-C_6^4-C_4^4$	$150-48-32+8$

JSH-25　不同元素的分组

神器内容	不同元素的分组： (1)组外有序,组合选取再相乘。 (2)组外无序,先视为有序,再除以组的排列。或者每组固定一个元素,再选组员。
要点说明	不同元素来分组,组的关系看清楚。 如果组外有顺序,先选再乘要谨记。 如果组外无顺序,转化有序是必须。 不忘除以组间排,这样解法才正确。 也可固定一元素,挑选组员真是酷!

神器溯源

把一些不同元素分成几组,可能是组与组之间有区别的情况,叫作组外有序;也可能是组与组之间无区别的情况,叫作组外无序。同时判断组内元素是否有序。组内元素若有序,再组内元素排列。

组内元素个数不同,相当于组外有序;组内元素相同,组有标记也相当于组外有序。两种都可以组合选取元素后,再使用乘法原理。

组与组之间无序,除了最后除以组之间的排列以外,也可以采用"固定法"。先随便固定一个元素,然后挑选其他组员。

例题精讲

例题1 把 A,B,C,D,E,F,G,H 这八个字母进行分组。

(1)平均分成四组,每组两个字母,分别记为第一、二、三、四组。共有_____种不同的分组方法。

(2)平均分成四组,每组两个字母,组与组之间无区别。共有_____种不同的分组方法。

(3)平均分成三组,其中两组各有3个字母,另外一组只有2个字母。共有_____种不同的分组方法。

答案:(1)2520 (2)105 (3)280

【解答】 (1)组与组之间有顺序,表示有区别,则有 $C_8^2 \times C_6^2 \times C_4^2 \times C_2^2 = 2520$ 种不同的分组方法。

(A B) (C D) (E F) (G H)
C_8^2 × C_6^2 × C_4^2 × C_2^2

(2)组与组之间无顺序,可以在组与组之间有顺序的基础上除以4个组之间的排列数 A_4^4,共有 $2520 \div A_4^4 = 105$ 种不同的分组方法。

或者采用固定法:$C_7^1 \times C_5^1 \times C_3^1 \times C_1^1 = 105$ 种。

(A <u>B</u>) (C <u>D</u>) (E <u>F</u>) (G <u>H</u>)
C_7^1 × C_5^1 × C_3^1 × C_1^1

(3)3个元素的组无区别(无序),2个元素的组与3个元素的组之间有顺序。共有 $C_8^3 \times C_5^3 \times C_2^2 \div A_2^2 = 280$ 种不同的分组方法。

例题 2 现在有红、橙、黄、绿、青、蓝、紫色的小球。其中有2个相同的红色小球,其他颜色的小球各一个。

(1)把这些小球放到 A、B、C、D 四个不同的盒子里,每个盒子里恰有2个小球。共有_____种不同的放法。

(2)把这些小球放到四个相同的盒子里,每个盒子里恰有两个小球,且2个红色小球不能在同一个盒子里。共有_____种不同的放法。

答案:(1)1440 (2)45

【解答】 (1)这是局部相同的对象分组问题。考虑2个红球同组或不同组的情况,则有 $C_4^1 \times C_6^2 \times C_4^2 \times C_2^2 + C_4^2 \times C_6^1 \times C_5^1 \times C_4^2 \times C_2^2 = 360 + 1080 = 1440$ 种。

(2)采用固定法,两个红球占据两组,然后选组员,注意最后两组含红球的要除以组排,得到 $C_6^1 \times C_5^1 \times C_3^1 \times C_1^1 \div A_2^2 = 45$ 种不同的放法。

(红 橙) (红 黄) (绿 青) (蓝 紫) 含红的组排
C_6^1 × C_5^1 × C_3^1 × C_1^1 ÷ A_2^2

针对性练习

练习 ❶ 把字母 A、B、C、D、E、F 分成两组，每组 3 个字母，那么共有_____种不同的分组方式。

练习 ❷ 把字母 A、B、C、D、E、F 分成三组，每组 2 个字母，那么共有_____种不同的分组方式。

练习 ❸ 把七人分成三组，其中学习组 3 人，督查组 2 人，预备组 2 个人，那么共有_____种不同的分组方式。

练习 ❹ 8 名学生和 4 名老师进行拔河比赛，组成红、蓝两队，每队各有 4 名学生和 2 名老师。共有_____种不同的组队方法。

练习 ❺ 某班有 10 名战士（不包括正、副班长），正、副班长各带 2 名战士组成巡逻队，剩下的 6 名战士也组成两支巡逻队，每队 3 名战士，那么共有_____种不同的组队方法。

练习 ❻ 如图 1 所示，把数字 0~9 填入下面的圆圈内，使得上下连线的圆圈中，上方的数比下方的数大；左右连线的圆圈中，左边的数比右边的数大，那么共有_____种不同的填法。

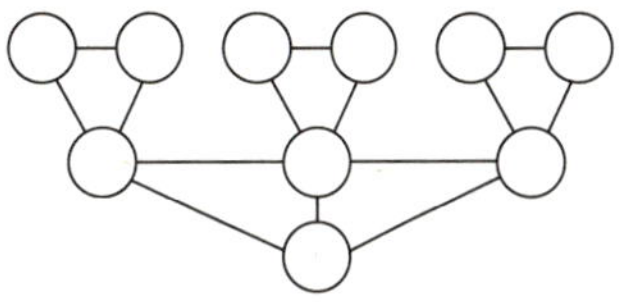

图1

练习 7 8支足球队参加比赛，分成四组进行单循环淘汰赛。四组胜者再分成两组再进行比赛，然后这两组的胜者再进行冠亚军决赛，淘汰方式如图2所示，那么在比赛前进行抽签分组时，共有_____种实质不同的比赛安排。

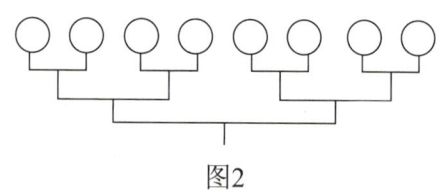

图2

练习 8 四对双胞胎分成4组，每组2人，那么每对双胞胎都不在同一组的分组方法共有_____种。

练习参考答案

练习题号	练习1	练习2	练习3	练习4
参考答案	10	15	210	420
解答提示	$C_6^3 \div A_2^2$	$C_6^2 \times C_4^2 \div A_3^3$	$C_7^3 \times C_4^2$	$C_8^4 \times C_4^2$
练习题号	练习5	练习6	练习7	练习8
参考答案	12600	280	315	60
解答提示	$C_{10}^2 \times C_8^2 \times C_6^3 \div 2$	$C_9^3 \times C_6^3 \div A_3^3$	$7 \times 5 \times 3 \times 1 \times 3 \times 1 \times 1$	先无序排，再容斥排除 $7!! - C_4^1 \times 5!! + C_4^2 \times 3!! - C_4^3 \times 1!! + C_4^4 \times 1$

JSH-26　部分元素有序的排列

神器内容	对于 n 个不同对象进行排列,要求 A 排在 B 的前面,B 排在 C 的前面,则此排列共有 $C_n^3 \times A_{n-3}^{n-3}$ 种。
要点说明	排列出现新要求,A 在前来 B 在后。 先后顺序已确定,选好位置就别动。 三个对象有顺序,六种排列都变一。

神器溯源

把 n 个不同对象排成一排,要求 A 排在 B 的前面,B 排在 C 的前面,共有多少种不同的排列方法?

题目要求"A 排在 B 的前面,B 排在 C 的前面",这说明三者已经有先后顺序,但不一定相邻,可以记作:"A→B→C"。只需从 n 个排列位置中找到三个位置依次来安排 A、B、C,其他对象任意排列,故有 $C_n^3 \times A_{n-3}^{n-3}$ 种。或者可以考虑 n 个不同对象的全排列,从中排除 A、B、C 的排列情况,A_3^3 种变成 1 种,从而有 $A_n^n \div A_3^3$ 种。

例题精讲

例题 1 五(1)班在欢度"六一"儿童节班级联欢会上,共安排 8 个节目:A、B、C、D、E、F、G、H。要求第一个节目必须是 A 或 B,同时 B 排在 C 的前面,C 排在 D 的前面,E 排在 F 的前面,那么共有_____种不同的节目安排顺序。

答案:1680

【解答】 根据要求,按第一个节目进行分类,同时注意 B→C→D,E→F,它们仅是先后顺序关系,不一定相邻。

(1)若第一个节目为 A,则

A　　B→C→D,　E→F,　G,H

1　×　　C_7^3　×　C_4^2　×　A_2^2 = 420 种。

(2)若第一个节目为 B,则

B　　C→D,　　E→F,　　A、G、H
1　×　C_7^2　×　C_5^2　×　A_3^3＝1260 种。

所以共有 420＋1260＝1680 种。

例题 2-1 如图 1 所示,7 个乒乓球都写有编号,放在两个球筒里,每次从中取出一个乒乓球,把 7 个乒乓球的编号按照取球顺序可以排成七位数,那么这样的七位数共有_____个。

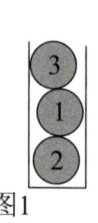

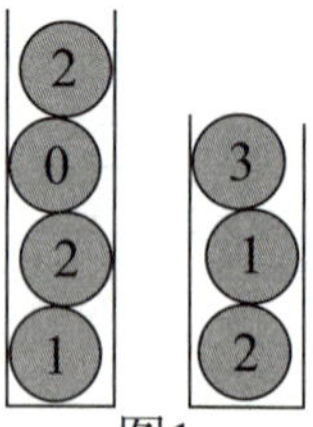

答案: 24

【解答】 (1)每个球筒里的球的顺序已经确定,七个球的取法有 $C_7^4 \times C_3^3 =$ 35 种。

(2)只有不同组的相同编号的球相邻取时,排列数会 2 变 1 情况,如 3122021,2302112 都需要排除 1 种,如图 2 所示。

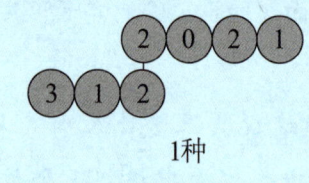

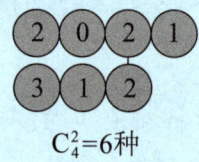

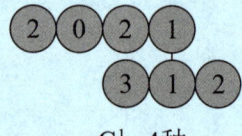

图2

所以,七位数共有 35－1－6－4＝24 个。

例题 2-2 如图 3 所示,由 8 块砖头垒成一堆,每次只能搬走一块,且只能从每列的上部依次搬动,那么搬完全部砖头,共有_____种不同的搬砖顺序。

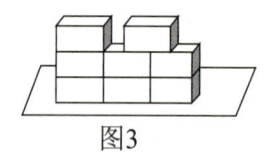

图3

答案: 336

【解答】 如图 4 所示,右侧的 5 块砖头整体有序搬动,且 2 号下面的砖头在 2 号后面搬动,两列也有序。相当于用 1,1,1,2,3,3,4,4 排成八位数,且 2 在 3 和 4 的前面。可以让 2,3,3,4,4 打成一包,参与排列,同时包内也要排列,共有 $C_8^5 \times C_4^2 \times C_2^2 \times C_3^3 =$ 336 种。

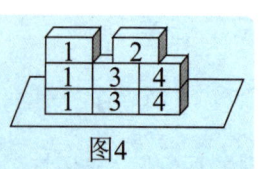

· 88 ·

针对性练习

练习 ❶ 把 3 本新购入的不同数学书插到书柜的中层,原来书柜中层有 7 本书,那么新书共有_____种不同的插法。

练习 ❷ 射击比赛中把 7 个泥制的靶子挂成三列,如图 5 所示。射手按下列规则去击碎靶子:先挑选一列,然后击碎这列中尚未被击碎的靶子中最下面的一个。若每次射击都遵循这一原则,击碎全部 7 个靶子可以有_____种不同的次序。

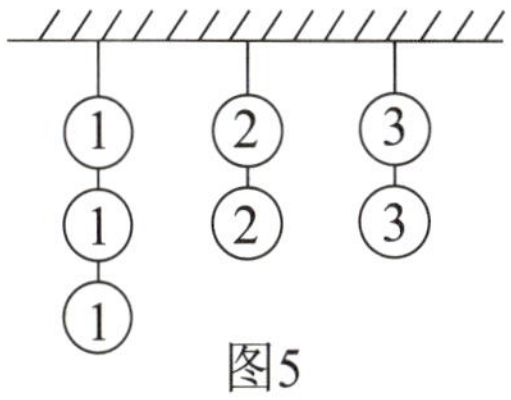

练习 ❸ 一类六位数的数字互不相同,且万位数字不超过 6,万位数字＞百位数字＞十位数字,那么这样的六位数共有_____个。

练习 ❹ 两集电视剧之间插播 7 条广告,其中要求广告 A 在广告 B 的前面播放,广告 C 也在广告 B 的前面播放,广告 D 在广告 E 的前面播放,广告 E 在广告 F 的前面播放,那么共有_____种不同的广告顺序。

练习 ❺ 如图 6 所示,有 8 块积木,每个积木上写有一个数字。每次从其中一堆的最上面取走一块,把积木按所取顺序排成一行,形成的八位数共有_____个。

练习 ❻ 如图 7 所示,由 8 块砖头垒成一堆,每次只能搬走一块,且只能从每列的上部依次搬走,那么搬完砖头,共有_____种不同的顺序。

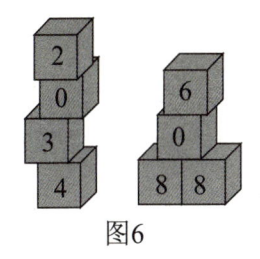

图6

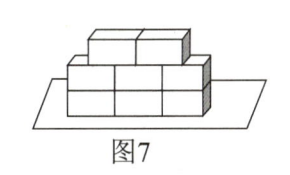

图7

练习参考答案

练习题号	练习1	练习2	练习3	练习4	练习5	练习6
参考答案	720	210	6750	280	58	252
解答提示	A_{10}^3	$C_7^3 \times C_4^2$	$C_7^3 \times A_7^3 - C_6^3 \times A_5^2$	$C_7^3 \times 2 \times C_4^3$	$C_8^4 - A_2^2 \times C_4^2$	$C_2^1 \times C_7^5 \times C_4^2$

JSH-27　相邻元素受限

神器内容	把一些对象进行排列,相邻对象有特殊的限制,一般可以考虑捆绑打包或者转化为最短路线进行标数。
要点说明	相邻要打包,位置细推敲。 是否能转化?标数方法高!

神器溯源

把一些对象进行排列时,相邻对象有相同个数限制时,可以采用捆绑法进行插空,也可以对应于最短路线的条数进行标数即可。在标数之前,除了构图有要求外,标数时母项的选取也尤其重要。当然,相邻元素受限情况也可以使用传球法。

例题精讲

例题 1-1 计算机中的数据一般都用二进制表达。一个八位二进制数串(0 可以在首位)由 4 个 0 和 4 个 1 组成,且每个数字相邻的数字不全与它自身相同。这种二进制数串共有_____个。

答案:34

【解法一】 把 0 对应成"—",把 1 对应成"|",转化为由 8 条线段组成的从 A 点到 B 点的最短路线标数。注意不能相同的线段连续出现 3 次及 3 次以上,共有 34 种符合条件的最短路线,对应成二进制数有 34 个,如图 1 所示。

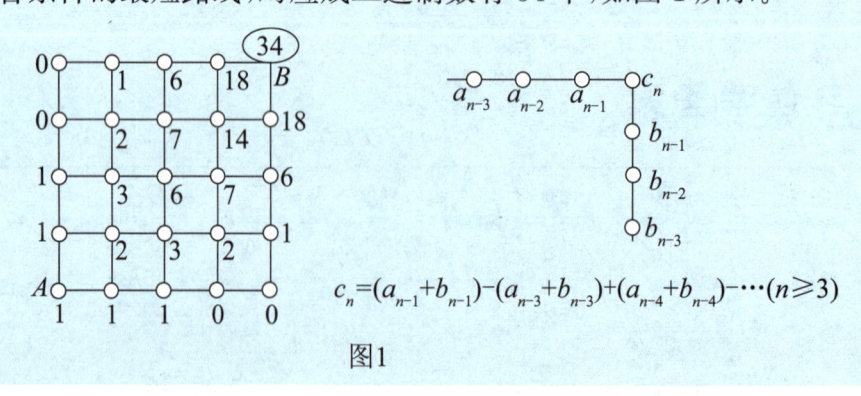

$$c_n = (a_{n-1} + b_{n-1}) - (a_{n-3} + b_{n-3}) + (a_{n-4} + b_{n-4}) - \cdots (n \geq 3)$$

图1

【解法二】 让 4 个 0 和 4 个 1 进行互插,破坏对方的三个相邻的情况。首先把数字"1"进行处理,让一部分仍是数字"1",另一部分 2 个"1"打成一包。这样"1"和打包的"11"就不能相邻了,打成的包"11"也不能相邻。对于数字"0"也同样处理。分类计数如下:

(1) 4 个数字 0,与 4 个数字 1,或者 2 个数字 1 和 1 个包,或者 2 个包。各自插入,共有 2+3+0=5 种。

  0 0 0 0 1 1 1 1   有 2 种。

  0 0 0 0 (1 1) 1 1   有 3 种。

  0 0 0 0 (1 1)(1 1)   有 0 种。

(2) 2 个数字 0 和 1 个包,与 4 个数字 1,或者 2 个数字 1 和 1 个包,或者 2 个包。各自插入,共有 3+18+3=24 种。

  (0 0) 0 0 1 1 1 1   有 $C_3^1=3$ 种。

  (0 0) 0 0 (1 1) 1 1   有 $2×C_3^1×C_3^1=18$ 种。

  (0 0) 0 0 (1 1)(1 1)   有 $C_3^1=3$ 种。

(3) 2 个包,与 2 个数字 1 和 1 个包,或者 2 个包。各自插入,共有 3+2=5 种。

  (0 0)(0 0) 1 1 1 1   有 $C_3^1=3$ 种。

  (0 0)(0 0)(1 1)(1 1)   有 2 种。

综上所述,共计 5+24+5=34 种。

例题 1-2 各数位上的数字和为 12 的多位数,都是由数字 1 和 2 组成的,且数字 2 不能相邻,数字 1 最多两个连续,那么这样的多位数共有_____个。

答案:13

【解法一】 如图 2 所示,把 1 对应成"|",把 2 对应成"—",通过标数法得到 0+0+5+8+0+0+0=13 个多位数。

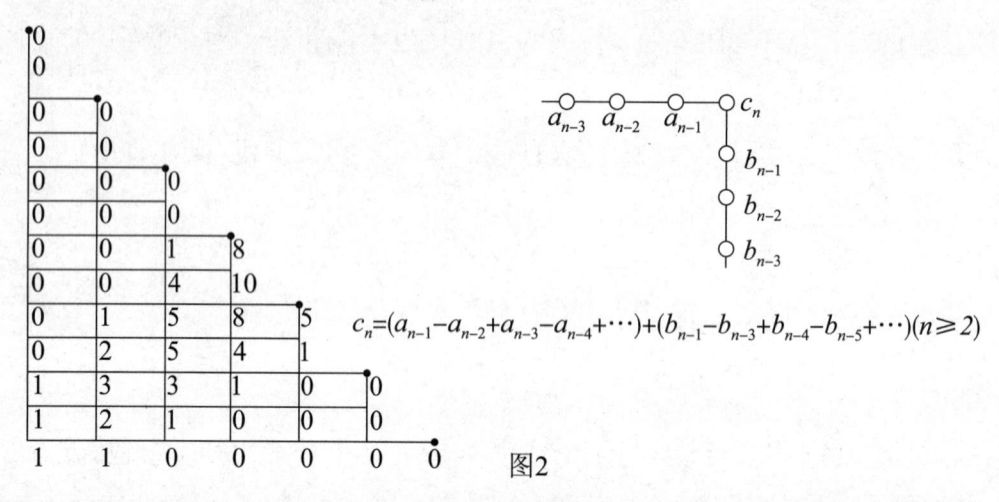

```
0
0
0 0
0 0
0 0 0
0 0 0
0 0 1 8
0 0 4 10
0 1 5 8 5
0 2 5 4 0
1 3 3 1 0 0
1 2 1 0 0 0
1 1 0 0 0 0 0
```

图2

$c_n = (a_{n-1} - a_{n-2} + a_{n-3} - a_{n-4} + \cdots) + (b_{n-1} - b_{n-3} + b_{n-4} - b_{n-5} + \cdots)(n \geq 2)$

【解法二】 由于数字"2"不能相邻,需要在"2"之间用"1"插空,而数字"1"最多两个连续,也需要用"2"插空破坏连续。想办法找到一种互相插空,破坏相邻的情况的数字插法,对应着符合各数位上的数字和为 12 的多位数。

(1) 4 个数字 2,与 4 个数字 1,各自插入,共有 2+3=5 个。

2 2 2 2 1 1 1 1   有 2 个。
2 2 2 2 ①① 1 1   有 3 个。

(2) 3 个数字 2 与 6 个 1。各自插入,共有 6+2=8 个。

2 2 2 ①①①① 1 1   有 $C_4^2 = 6$ 个。
2 2 2 ①①①①①①   有 2 个。

综上所述,共计 5+8=13 个。

【解法三】 列表递推传球法,末位数字为 1 的记作 a_n,末位数字为 2 的记作 b_n,则有 $a_1=1, a_2=1, a_n=b_{n-2}+b_{n-1}(n \geq 3)$,$b_1=0, b_2=1, b_n=a_{n-2}(n \geq 3)$,得到 8+5=13 个多位数。

数学和	1	2	3	4	5	6	7	8	9	10	11	12
1	1	1	1	2	2	2	3	4	4	5	7	8
2	0	1	1	1	1	2	2	2	3	4	4	5

例题 2 把 1~2020 都化成二进制数,其中不出现数串"000",也不出现数串"1111"的数有_____个。

答案:702

【解答】 采用传球法。因为 $2048=1\times 2^{11}=100\ 000\ 000\ 000_{(2)}$，$28=11100_{(2)}$，那么 2048 减去 1~28 这些数，在二进制表示中，从左到右第 6~11 位上一定为数串"111 111"，故 2021~2048 都不符合条件。

下面对二进制数(11 位)采用传球法，最多出现"00"且最多出现"111"，得到下表。

位数	1	2	3	4	5	6	7	8	9	10	11
0	0	1	2	3	5	9	16	27	47	82	142
1	1	1	2	3	6	10	17	30	52	90	156
合计	1	2	4	6	11	19	33	57	99	172	298

所以，在 1~2048 中，有 $1+2+4+6+11+19+33+57+99+172+298=702$ 个符合条件，也相当于在 1~2020 中有 702 个符合条件。

另外，传球规律可以递推如下：末位为 0 的 n 位数，符合条件的个数记为 a_n，末位为 1 的 n 位数，符合条件的个数记为 b_n，则有 $a_1=0, a_2=1, a_3=2$；$b_1=1, b_2=1, b_3=2$；$\begin{cases} a_n=b_{n-2}+b_{n-1} \\ b_n=a_{n-3}+a_{n-2}+a_{n-1} \end{cases}$ $(n\geqslant 4)$。

针对性练习

练习❶ 某气象观察员发现，最近一周的天气共有 3 天在下雨，没有连续 3 天晴天，也没有连续三天下雨，那么这周的天气情况共有_____种可能。

练习❷ 把 1~2025 的自然数化成二进制数，其中不出现数串"000"，也不出现数串"111"的数有_____个。

练习❸ 各数位上的数字和为 15 的多位数，都是由数字 1 和 2 组成的，且数字 2 不能相邻，数字 1 最多两个连续，那么这样的多位数共有_____个。

练习 ❹ 一个五位数,由数字 0,1,2,3 组成(不需要都出现),且 1 不能连续,2 最多 2 个连续,3 最多 3 个连续,那么这样的五位数共有_____个。

练习 ❺ 如图 3-1 所示,科技兴趣班里有一种大颗粒儿童玩具,在一个插板上有 5 个孔,每个孔可以插柱子,也可以插插头。要求柱子最多 2 个连续,插头不能相邻,插板与插板之间也算相邻孔,如图 3-2 所示,给出 2 个插板符合条件的一个实例。如图 3-3 所示,如果把 7 个这样的插板排成一行,每个孔都插上柱子或插头,且不能把两个插板用插头连成一体,那么共有_____种不同的插法。

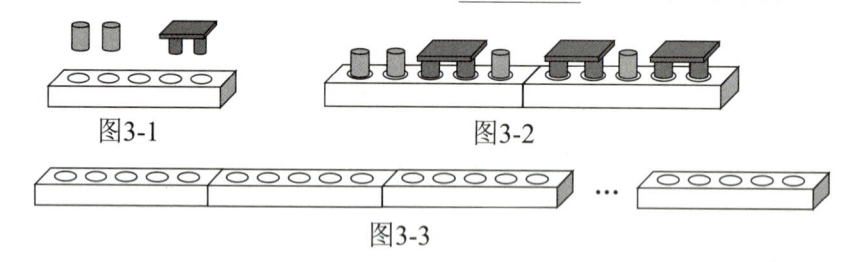

图3-1　　　　图3-2

图3-3

练习参考答案

练习题号	练习1	练习2	练习3	练习4	练习5
参考答案	18	375	24	559	55
解答提示	打包互插	传球法	传球法	列表传球	传球法

JSH-28　新书上架插空法

神器内容	把新购入的图书放到原有图书的书架上,根据新书是否相同、是否相邻,可以分为四类进行插空。 (1)新书相同、不相邻。　(2)新书相同、可相邻。 (3)新书不同、不相邻。　(4)新书不同、可相邻。
要点说明	新书买来上书架,原书不动缝里插。 要想知道用啥法,我问条件你来答。 新书是否不相同? 新书相邻行不行? 相同可邻去组合,相同不邻插空做。 不同可邻去排列,不同不邻空里排。

神器溯源

把购入的新书放到原有图书的书架上,根据新书是否相同、是否相邻:新书相同不用排,直接选空插入用组合;新书不同要对新书排列;新书可以相邻,整体位置选择;新书不能相邻,选空插入。所以,得到四类情形。

设原有图书 n 本,新购图书 $m(m \leqslant n+1)$ 本,则

(1)新书相同、不相邻:在 $(n+1)$ 个空隙中选 m 个空隙,插入 m 本新书,有 C_{n+1}^m 种放法。

(2)新书相同、可相邻:在 $(n+m)$ 个位置中,选 m 位置放上新书,有 C_{n+m}^m 种放法。

(3)新书不同、不相邻:在 $(n+1)$ 个空隙中选 m 个空隙排列新书,有 A_{n+1}^m 种放法。

(4)新书不同、可相邻:在 $(n+m)$ 个位置中,选 m 位置排列新书,有 A_{n+m}^m 种放法。

例题精讲

例题 1-1 书架上原有 7 本书,放入新买的 3 本互不相同的数学书,且新书互不相邻,那么共有_____种放法。

答案:336

【解法一】 7本书之间和两端共产生8个空隙,从中选3个空隙排列新书,共有 $A_8^3=336$ 种放法。

【解法二】 分步插入新书,设新书为A、B、C,则A的放法有8种,B的放法有7种,C的放法有6种,共计 $8×7×6=336$ 种放法。

例题 1-2 书架上原有7本书,放入新买的3本互不相同的数学书,那么共有_____种放法。

答案:720

【解法一】 书架上共有 $7+3=10$ 本书,对应有10个位置,先选3个位置排列新书,然后把原来的书不改变原来的从左至右的顺序插入,共有 $A_{10}^3×C_7^7=720$ 种放法。

【解法二】 分步插入新书,设新书为A、B、C,则A的放法有8种;此时包括两端共有9个位置可以放入B,所以B的放法有9种;进一步C的放法有10种,共计 $8×9×10=720$ 种放法。

【解法三】 把10本书进行全排列 A_{10}^{10},然后把原来的7本书的排列方法 A_7^7 种都调整成原来的顺序(只有1种),共有 $A_{10}^{10}÷A_7^7=720$ 种放法。

例题 2-1 书架上原有7本书,放入新买的3本相同的数学书,且新书互不相邻,那么共有_____种放法。

答案:56

【解答】 7本书之间和两端共产生8个空隙,从中选3个空隙放入新书,共有 $C_8^3=56$ 种放法。

例题 2-2 书架上原有7本书,放入新买的3本相同的数学书,那么共有_____种放法。

答案:120

【解答】 书架上共有 $7+3=10$ 本书,对应有10个位置,先选3个位置放入新书,然后把原来的书不改变原来的从左至右的顺序插入,共有 $C_{10}^3×C_7^7=120$ 种放法。

针对性练习

练习❶ 6名男生已经站成一排,现在把4名女生插入队伍中去,且女生互不相邻,那么共有_____种不同的站法。

96

练习❷ 6名男生已经站成一排,现在把4名女生插入队伍中去,那么共有_____种不同的站法。

练习❸ 马路一侧有12盏路灯,为了节省用电,关掉其中的4盏,那么共有_____种关法。

练习❹ 马路一侧有12盏路灯,为了节省用电关掉其中的4盏,且被关掉的路灯不相邻且不在两端,那么共有_____种关法。

练习❺ 马路一侧有12盏路灯,为了庆祝节日,把其中4盏换上红、黄、蓝、绿彩灯各一盏,那么共有_____种更换方法。

练习❻ 马路一侧有12盏路灯,为了庆祝节日,把其中4盏换上红、黄、蓝、绿彩灯各一盏,且彩灯互不相邻,那么共有_____种更换方法。

练习❼ 书架上原有8本书,现在把新购入的"奥数经典500例丛书"中的《几何》《数论》《计数》《计算》各1本,《小学奥数教练员手册》2本放到这个书架上。要求"奥数经典500例丛书"的4本书放在一起,2本《小学奥数教练员手册》不能相邻,那么共有_____种上架方法。

练习参考答案

练习题号	练习1	练习2	练习3	练习4	练习5
参考答案	840	5040	495	35	11880
解答提示	A_7^4	A_{10}^4	C_{12}^4	C_7^4	A_{12}^4
练习题号	练习6	练习7			
参考答案	3024	9720			
解答提示	A_9^4	$C_9^1 \times A_4^4 \times C_{10}^2$			

JSH-29 4个盘子与8个仙桃

神器内容	把8个仙桃放到4个盘子中,根据盘子是否相同,盘子是否可空,仙桃是否相同,可以分成8种基本计数类型。
要点说明	几个仙桃放入盘,计数问题比较难。 看清条件是关键,八种类型要熟练。 桃少就用枚举法,探索规律要点抓。 仙桃是否都相同?盘子是否可以空? 盘子相同放仙桃,盘子排列要除掉。 盘子仙桃要加深,赶快请教斯特林。

神器溯源

如图1所示,把几个桃子放到盘子里,需要找准题目条件:

(1)盘子是否相同?
(2)每个盘子是否可以不放?
(3)仙桃是否相同?

共计得到 $2\times2\times2=8$ 种基本类型的计数问题。如果仙桃数较少可以采用枚举法,在仙桃数比较多时,就需要探索解题规律。总的来说,仙桃不同需要先选后放,仙桃相同可以采用隔板法进行分组。盘子相同可以按盘子不同进行计数,然后除以盘子之间的排列。

图1

八种基本类型,处理方法如下表所示。

序号	类型 仙桃	类型 盘子		解题思路	相关理论
1	相同	不同	不空	转化为相同对象的排列,使用隔板插空法	隔板法
2	相同	不同	可空	转化为相同对象的排列,使用仙桃与隔板混排或重复对象排列	隔板法
3	相同	相同	不空	转化为上升数枚举	费雷斯图
4	相同	相同	可空	转化为上升数(首位可为0)枚举	费雷斯图

(续表)

序号	类型 仙桃	类型 盘子		解题思路	相关理论
5	不同	不同	不空	容斥原理后，排除含有空盘的情况	$m!S(n,m)$
6	不同	不同	可空	对每个仙桃的放法使用乘法原理	m^n
7	不同	相同	不空	按照不相同盘子处理，然后使用容斥原理排除掉空盘情况，最后除以盘子的排列数	$S(n,m)$
8	不同	相同	可空	对空盘子个数进行分类计数，每类都转化为上一种情况	$S(n,1)+S(n,2)+\cdots+S(n,m)$

仙桃相同，盘子相同，且盘子不空的放法数，相当于对正整数分拆，除了上升数枚举以外，还可利用费雷斯（Ferrers）图。把 n 个点或方格，排成左对齐的 $m(m\leqslant n)$ 行点阵或方格图，从上到下点数或方格数不减少，这样的图叫作费雷斯图。把费雷斯图的行列互换，得到共轭费雷斯图，这样就可以把 n 的 m 个数的分拆，转化为最大数为 m 的分拆。如图 2 所示，$10=4+2+2+1+1=5+3+1+1$。如果继续深入学习，将在"构造论证篇"中利用生成多项式研究。

图2

仙桃不同，盘子相同，且盘子不空的放法数，就是第二类斯特林（Stirling）数，n 个不同的仙桃，放到 m 个相同的盘子里，且每个盘子不空，仙桃的放法数叫作斯特林数，记作 $S(n,m)$。斯特林数有如下递推公式：

$S(n,m)=S(n-1,m-1)+mS(n-1,m)$，$(n\geqslant m)$。

只需对第 n 个仙桃的放法进行分类讨论：

(1)当第 n 个仙桃独自在 1 个盘子里，则所有放法数等于 $(n-1)$ 个仙桃放到 $(m-1)$ 个盘子的放法数。

詹姆斯·斯特林
（1692—1770），苏格兰数学家

(2)当第 n 个仙桃自己不单独放 1 个盘子里，则第 n 个仙桃有 m 个盘子可放，共有 $mS(n-1,m)$ 种放法数。

$$S(n,m)=\frac{C_m^m\times m^n-C_m^{m-1}\times(m-1)^n+C_m^{m-2}\times(m-2)^n+\cdots+(-1)^{m-1}\times C_m^1\times 1^n}{m!}。$$

例题精讲

例题 1-1 把 8 个相同的仙桃放到 4 个不同的盘子里，每个盘子至少放 1 个仙桃。共有_____种不同的放法。

答案：35

【解答】 把 8 个仙桃排成一行,在空隙中插入 3 个隔板,把仙桃分成 4 组,依次放入 4 个不同的盘子即可。如图 3 所示,就相当于四个排好顺序的盘子里分别放有 2,1,2,3 个仙桃。共有 $C_7^3=35$ 种不同的放法。

图3 ⟹ 2,1,2,3

一般地,仙桃相同、盘子不同且不空,共有 $C_{仙桃数-1}^{盘子数-1}$ 种放法。

例题 1-2 把 8 个相同的仙桃放到 4 个不同的盘子里,可以一部分盘子不放。共有_____种不同的放法。

答案：165

【解答】 8 个相同相当于 8 个"0",3 个隔板相当于 3 个"1",在隔板相邻时,就会出现隔板间对应的盘子里不放仙桃,转化为局部相同的重复对象排列。如图 4 所示,就相当于四个排好顺序的盘子里分别放有 2,3,0,3 个仙桃。共有 $C_{11}^3 \times C_8^8=165$ 种不同的放法。

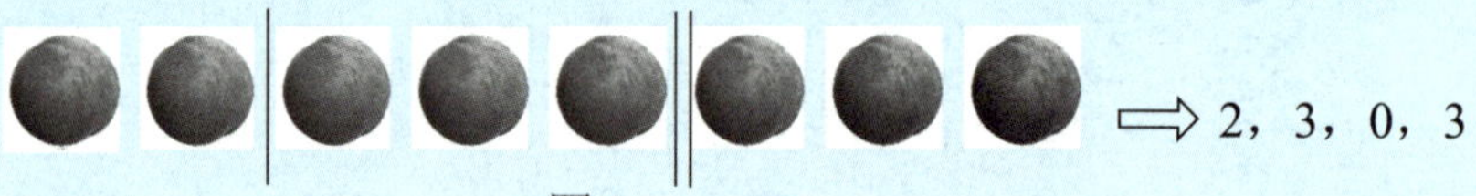

图4 ⟹ 2,3,0,3

一般地,仙桃相同、盘子不同且可空,共有 $C_{仙桃数+盘子数-1}^{盘子数-1}$ 种放法。也可以先在每个盘子里放入 1 个仙桃转化为盘子不空的情况,进行隔板不相邻插空解题。

例题 2-1 把 8 个不同的仙桃放到 4 个相同的盘子里,每个盘子至少放 1 个仙桃。共有_____种不同的放法。

答案：1701

【解答】 相同盘子按照不同盘子处理,然后排除空 1 个盘子、2 个盘子、3 个盘子的情况,最后除以 4 个盘子的排列数。共有 $\dfrac{4^8-C_4^3\times 3^8+C_4^2\times 2^8-C_4^1\times 1^8}{A_4^4}=1701$ 种不同的放法。

例题 2-2 把 8 个不同的仙桃放到 4 个相同的盘子里,可以一部分盘子不放。共有_____种不同的放法。

答案：2795

【解答】 按放有仙桃的盘子个数分类,同时把相同的盘子按照不同盘子处理,然后除以盘子的排列。

(1)恰放入 1 个盘子,只有 1 种不同的放法。

(2)恰放入 2 个盘子,共有 $\dfrac{2^8-C_2^1\times 1^8}{A_2^2}=127$ 种不同的放法。

(3)恰放入 3 个盘子,共有 $\dfrac{3^8-C_3^2\times 2^8+C_3^1\times 1^8}{A_3^3}=966$ 种不同的放法。

(4)恰放入 4 个盘子,共有 $\dfrac{4^8-C_4^3\times 3^8+C_4^2\times 2^8-C_4^1\times 1^8}{A_4^4}=1701$ 种不同的放法。

所以共有 1+127+966+1701=2795 种不同的放法。

针对性练习

练习❶ 把 8 个相同的仙桃放到 4 个相同的盘子里,每个盘子至少放 1 个。共有_____种不同的放法。

练习❷ 把 8 个相同的仙桃放到 4 个相同的盘子里,可以一部分盘子不放。共有_____种不同的放法。

练习❸ 把 8 个不同的仙桃放到 4 个相同的盘子里,可以一部分盘子不放。共有_____种不同的放法。

练习❹ 把 8 个不同的仙桃放到 4 个不同的盘子里,每个盘子至少放 1 个。共有_____种不同的放法。

练习❺ 有 4 只猴子,共采了 9 个相同的桃子,每个猴子最多采 5 个桃子。共有_____种不同的采法。

练习❻ 把 8 个不同的苹果放到 4 个不同的盘子里,每个盘子至少放 1 个,至多放 4 个。共有_____种不同的放法。

练习参考答案

练习题号	练习1	练习2	练习3	练习4	练习5	练习6
参考答案	5	15	65536	40824	140	39480
解答提示	枚举法	枚举法	4^8	$4^8-C_4^3\times 3^8+C_4^2\times 2^8-C_4^1\times 1^8$	$C_{12}^3-C_4^1\times C_6^3$	分类计数

JSH-30　约定插板法

神器内容	把板子插到不同数之间的空隙中,约定取板子前面的数。当插板相邻时,同时取插板前面的数,几个插板相邻,它们前面的数就被取几次,当然首位不能放插板。
要点说明	几个数来排一行,从中取数有良方。 所取之数若不同,直接组合就可行。 所取之数有相同,约定插板来搞定。 首位不能放插板,前面无数很明显。 重复排列接着用,对应之数看约定。

神器溯源

为了从一个数列中取到一些数(可以相同),我们可以在数列的空隙中插入一个板子,约定取到的数就是板子前面的数。当插板相邻时,同时取插板前面的数,也就是几个插板相邻,它们前面的数就被取到几次。当然,插板不能插在第一位,否则插板前面无数可取,后面就是几个相同的插板与原有数列的项的局部有序重复排列。如图1所示,此时选取的四个数是 6,6,1,8。

⑤ ⑥ ‖ ⓪ ① │ ③ ⑧ │ ② ⑦ ⑨ ⟹ 6618

图1

需要说明的是,这个插板法与一般的隔板法是有所不同的,一般隔板法使用于对象分组,而这里插板法是约定取数,且所取数可以相同。

例题精讲

例题1 从数字1~8中选出四个数字(可以重复),排成一个从左至右的上升数。如 1234,2578 都是上升数,2336,3388,6666 也都算上升数,这样的四位数共有 _____ 个。

答案:330

【解法一】 把数字 1~8 排成一行,在其空隙中插入 4 个插板,依次取每个插板前面的数字,从小到大排成四位数个数就是数字 2~8 与 4 个相同插板的重复对象排列,且数字 2~8 的顺序不变。如图 2 所示,根据插板位置,得到的四位数是 2448。这样的四位数共有 $C_{8-1+4}^4 = 330$ 个。

①　②　|　③　④　||　⑤　⑥　⑦　⑧　| ⇒ 2448

图2

【解法二】 按数字重复情况分类。

(1) abcd 型:上升数有 $C_8^4 = 70$ 个。

(2) abcc 型:上升数有 $C_8^3 \times C_3^1 = 168$ 个。

(3) aabb 型:上升数有 $C_8^2 = 28$ 个。

(4) aaab 型:上升数有 $C_8^2 \times C_2^1 = 56$ 个。

(5) aaaa 型:上升数有 $C_8^1 = 8$ 个。

所以,上升数共有 70+168+28+56+8=330 个。

例题 2 一副扑克牌去掉大、小王,共有 52 张,从中选出 4 张扑克牌。如果不考虑花色的差别,只考虑扑克牌的数字大小,那么选出的扑克牌共有_____种不同的结果。

答案:1820

【解答】 把扑克牌对应成数列:1,2,3,4,…,13,在 1 的后面插入四个相同的可相邻的插板,共有 $C_{13-1+4}^4 = 1820$ 种不同的结果。

针对性练习

练习❶ 从数字 1~8 中选取 3 个数字,同一个数字可以多次选取,那么共有_____种不同的选法。

练习❷ 书柜的上层放有 6 种不同的图书各 3 本,那么从中取出 3 本图书,共有_____种不同的取法。

103

练习❸ 从 1～10 这十个整数中选出四个,可以编制一道"凑 24 点"的题目。如选取"2,5,6,8",可以得到 $8×(2+6-5)=24,2×5+6+8=24,5×6+2-8=24,(8-5)×(2+6)=24$。如果不考虑是否能凑出算式,那么共可以出_____道"凑 24 点"的题目。

练习❹ 有 A、B、C、D、E、F 六名新歌手。安排其中的几个人把《同一首歌》独唱 5 次,每人最多唱 3 次,那么共有_____种安排方法。

练习❺ 某台球娱乐中心,有 16 个盒子,除了最后一个盒子放着 3 个白球以外,其他盒子里都放有 4 个相同号码的球,分别是 1 号到 15 号(如图 3 所示)。从这些球中取出 4 个球,共有_____种不同的取法(取出的球不排序)。

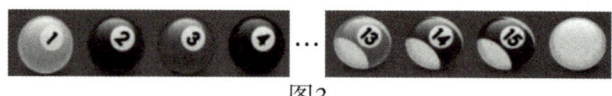

图3

练习参考答案

练习题号	练习1	练习2	练习3	练习4	练习5
参考答案	120	56	715	204	3875
解答提示	C_{8-1+3}^{3}	C_{6-1+3}^{3}	C_{10-1+4}^{4}	$C_{10}^{5}-C_{6}^{1}-A_{7}^{2}$	$C_{15+4}^{4}-1$

JSH-31　组合法求最短路线

神器内容	对于沿矩形格线或立方体框架棱爬行的最短路线问题,可以把横、竖、斜线段看成重复对象的排列,进行组合计数。
要点说明	矩形之中找两点,起点终点爬最短。 多条横竖斜线段,排成一行算一算。 横竖线段可组合,标签孪生都学过。

神器溯源

矩形格线中的最短路线是由横、竖线段连接而成的最短折线段,把最短折线段看成横、竖基本线段的组合问题,采用重复对象的标签法或孪生一起组合法。

在立方体的框架中,其两顶点之间的最短路线,也可以看作横、竖、斜基本线段的组合问题。

例题精讲

例题 1-1 如图1所示,在 3×4 的方格中,从点 A 沿着格线走到点 B 的最短路线共有_____条。

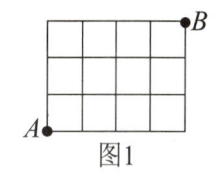

答案:35

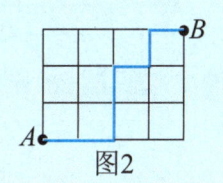

【解答】 矩形中从 A 点到 B 点的最短路线是由4条横线段"—"和3条竖线段"|"排列而成的。如7条线段排列为"—,—,|,|,—,|,—",则对应着图2中的最短路线。7条线段排列,占有7个位置,可以选4个位置放横线段"—",再选3个位置放竖线段"|"。这样就得到最短路线有 $C_7^4\times C_3^3=35$ 条。

例题 1-2 如图 3 所示,在 A 点有一枚棋子,沿着格线可以向右、向上移动,那么这枚棋子从 A 点到 B 点且途中不经过 C 点的路线有_____条。

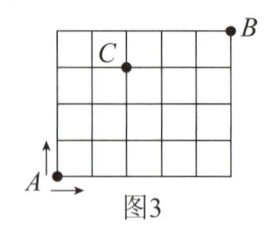

图3

答案:86

【解答】 (1)根据移动方向,相当于走从 A 点到 B 点的最短路线,路线由 5 个横线段"—"和 4 条竖线段"|"排列而成的,且不经过 C 点。可以先不考虑 C 点的要求,然后排除从 A 点到 C 点再到 B 点的最短路线条数。

(2)把 9 条线段排列为"—,—,|,|,—,|,—,|,—",则对应着图 4 中的最短路线,从 A 点到 B 点的最短路线有 $C_9^4=126$ 条。

(3)如图 5 所示,从 A 点到 C 点再到 B 点的路线分别有 $C_5^2 \times C_4^1=40$ 条。所以,从 A 点到 B 点且不经过 C 点的最短路线有 $126-40=86$ 条。

综合算式:$C_9^4 - C_5^2 \times C_4^1 = 126 - 40 = 86$ 条。

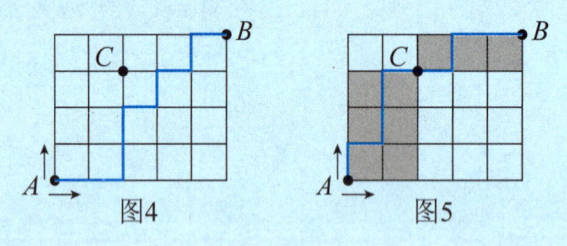

图4　　图5

例题 2 如图 6 所示,一只蚂蚁从 A 点沿着立体图形的棱爬行到 B 点的最短路线共有_____条。

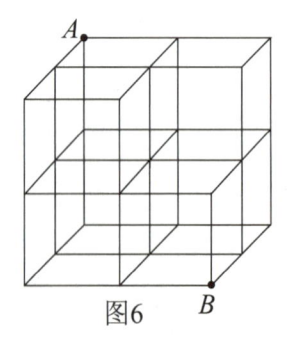

图6

答案:84

【解答】 蚂蚁爬行的最短路线由 2 个横线段"—"、2 个斜线段"/"和 2 条竖线段"|"排列而成的。先考虑图 7 的最短爬行路线条数,然后再排除经过 C 点的最短路线,得到如图 8 所示的最短爬行路线。共有 $C_6^2 \times C_4^2 \times C_2^2 - C_4^2 \times C_2^2 \times C_1^1 =$ 90－6＝84 条。

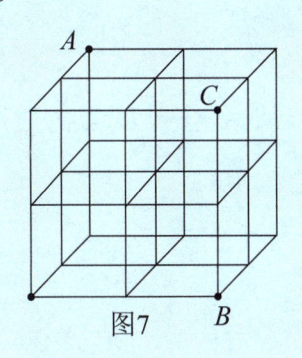

图7

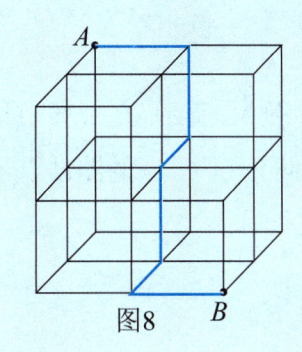

图8

针对性练习

练习❶ 如图 9 所示,在 3×3 的方格中,从 A 点到 B 点的最短路线有_____条。

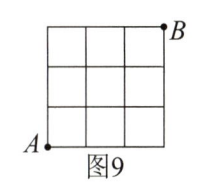

图9

练习❷ 如图 10 所示,一只蚂蚁按照向右或向上沿着方格线从 A 点爬到 B 点,且通过 C 点。共有_____条不同的爬行路线。

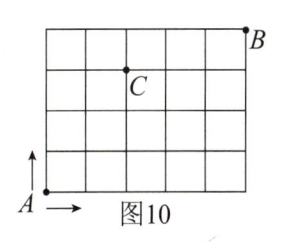

图10

练习❸ 如图 11 所示,从 A 点到 B 点的最短路线共有_____条。

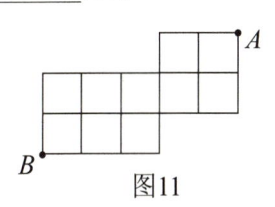

图11

练习❹ 如图 12 所示,从 A 点到 B 点的最短路线共有_____条。

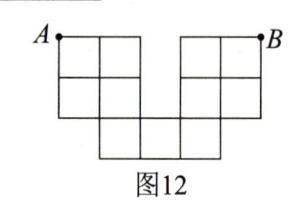

图12

练习❺ 如图 13 所示,在 3×5 的方格中,从 A 点到 D 点的最短路线中,且中途先经过 B 点,再经过 C 点的路线共有_____条。

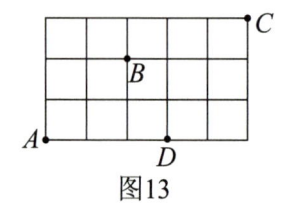

图13

练习❻ 如图 14 所示,一只蚂蚁从 A 点出发,沿着铁丝扎成的立体框架的棱爬行到 B 点的最短路线共有_____条。

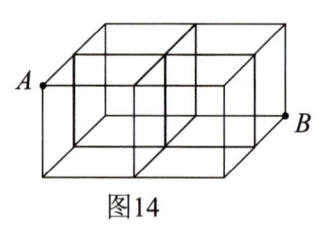

图14

练习❼ 如图 15 所示,每个正方体的棱长均为 2 厘米,那么以 A 点、B 点为端点的折线段长为 12 厘米,这样的线段共有_____条。

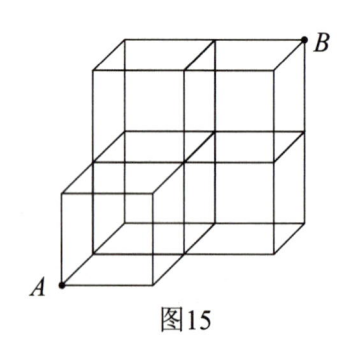

图15

练习❽ 如图16所示,一只甲虫从 A 点到 B 点沿着立体框架的棱爬行的最短路线共有_____条。

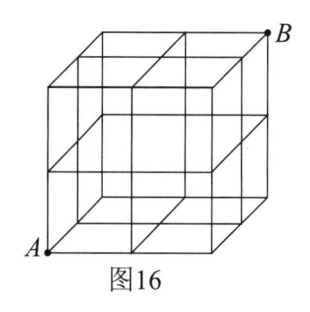

图16

练习参考答案

练习题号	练习1	练习2	练习3	练习4	练习5
参考答案	35	40	42	36	240
解答提示	C_7^3	$C_5^2 \times C_4^1$	$C_5^2 \times C_3^1 + C_4^1 \times C_4^2 - C_4^1 \times C_3^1$	$C_4^2 \times C_4^2$	$C_4^2 \times C_4^1 \times C_5^2$
练习题号	练习6	练习7	练习8		
参考答案	30	66	54		
解答提示	$C_5^2 \times C_3^2$	$C_5^2 \times C_3^1 + 2C_4^2 \times C_2^1 + 2A_3^3$	$C_6^2 \times C_4^2 - A_3^3 \times A_3^3$		

JSH-32　阶梯型最短路线

神器内容	如图1所示,在阶梯型方格图中,沿格线从 A 点到 B 点的最短路线有 $C_{m+n}^n - C_{m+n}^{n-1}$ $(m \geqslant n)$ 条。
要点说明	最短路线阶梯型,基本标数就搞定。 其实最快组合做,理解公式别用错。 矩形最短路线求,准备去角你最牛。 学会线段去对应,横变竖来竖变横。

图1

神器溯源

阶梯型求最短路线的图形就相当于楼梯的台阶,它比矩形少了一角,如何去掉经过此角的最短路线呢？可以考虑横、竖线段的转化。下面以具体例题加以说明。

如图2所示,从 A 点到 B 点沿着格线移动的最短路线共有_____条。

解:(1)如图3所示,它是在图2的基础上补充完整的矩形最短路线图,从 A 点到 B 点的最短路线有 $C_{7+5}^5 = 792$ 条。

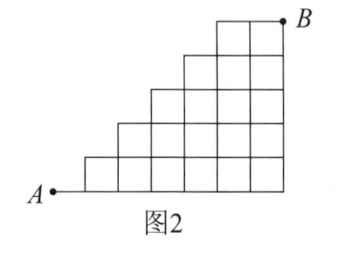

(2)如图4所示,穿过粗斜线的最短路线都是需要排除的。为了保证路线是穿过斜线的最短路线,把穿过斜线的第一条线段保留,其他的横线段换成竖线段,把竖线段换成横线段,如图5所示。所以穿过粗斜线的不符合条件的路线转化为从 A 点到 C 点的最短路线有 $C_{8+4}^4 = 495$ 条。

图3　　　　图4　　　　图5

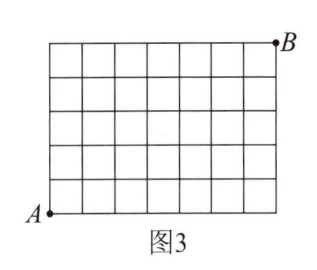

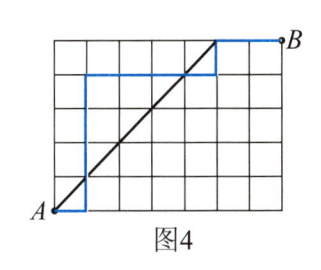

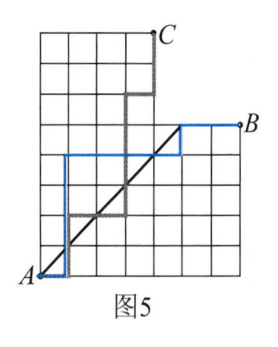

(3)如图2所示的阶梯型从 A 点到 B 点的最短路线有 $792-495=297$ 条。

一般地,对于如图1所示的阶梯型从 A 到 B 的最短路线,共有 $(C_{m+n}^{n}-C_{m+n}^{n-1})$ 条,其中 $m \geq n$。

例题精讲

例题 1-1 如图6所示,沿着格线从 A 点到 B 点的最短路线共有_____条。

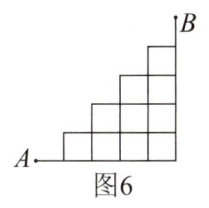

图6

答案:42

【解答】　从 A 点到 B 点的最短路线是由5条横线段和5条竖线段组成,又是无平台的阶梯形状,所以最短路线共有 $C_{5+5}^{5}-C_{5+5}^{4}=252-210=42$ 条。

例题 1-2 如图7所示,一只蚂蚁从 A 点出发,每次只能向右或向上沿着格线爬行,那么到达 B 点的最短爬行路线共有_____条。

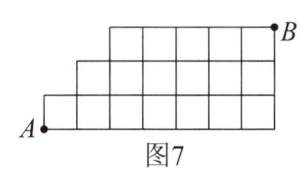

图7

答案:110

【解答】　如图8所示,把 A 点向左移动一格,从 A 点到 B 点的最短路线是由8条横线段和3条竖线段组成,共计 $C_{8+3}^{3}-C_{8+3}^{2}=165-55=110$ 条。

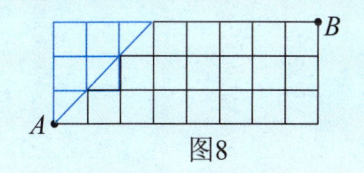

图8

· 111 ·

例题 2 英格兰足球队与法国足球队进行一场比赛,结果法国足球队以 6∶4 获胜。在比赛过程中,法国队进球数始终领先,那么这场比赛的进球顺序共有_____种可能。

答案:42

【解答】 法国足球队进球一个记横线段"—",英格兰足球队进球一个记竖线段"|",进球顺序就是由 6 条横线段与 4 条竖线段组成的折线段,且在画线段过程中,始终横线段条数多于竖线段条数,构造出如图 9 所示的阶梯型方格图,进球顺序对应着从 A 点到 B 点的最短路线有 $C_{5+4}^4 - C_{5+4}^3 = 126 - 84 = 42$ 条,进球顺序就有 42 种。

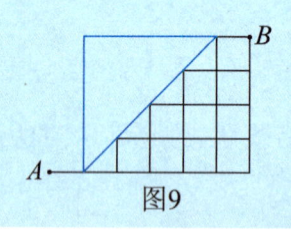

图9

针对性练习

练习 ❶ 如图 10 所示,沿着格线从 A 点到 B 点的最短路线共有_____条。

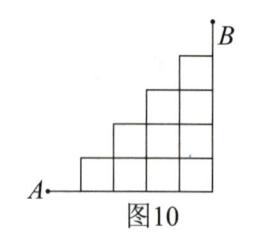

图10

练习 ❷ 如图 11 所示,沿着格线从 A 点到 B 点的最短路线共有_____条。

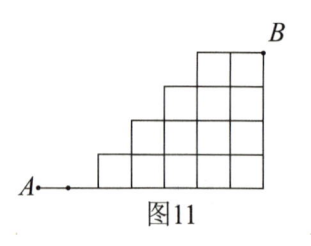

图11

练习 ❸ 如图 12 所示,沿着格线从 A 点到 B 点的最短路线共有_____条。

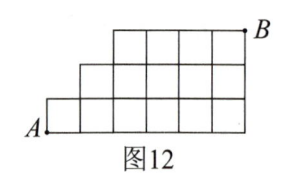

图12

练习 ④ 两名国际象棋选手进行 10 场比赛，结果甲以 6∶4 战胜了乙。在比赛过程中，乙始终没有领先过，那么这场比赛获胜的顺序共有_____种可能。

练习 ⑤ 小明与小亮竞选班长，在班委会 9 人的投票中，小明始终领先小亮的票数。结果小明得 6 票，小亮得到 3 票，那么投票的顺序共有_____种。

练习 ⑥ 如图 13 所示，一只蚂蚁沿着格线从 A 点经过 B 点再到达 C 点的最短路线共有_____条。

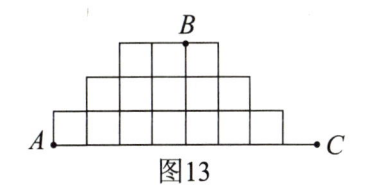

图13

练习参考答案

练习题号	练习1	练习2	练习3	练习4	练习5
参考答案	42	90	75	90	28
解答提示	$C_{10}^5-C_{10}^4$	$C_{10}^4-C_{10}^3$	$C_{10}^3-C_{10}^2$	$C_{10}^4-C_{10}^3$	$C_8^3-C_8^2$

练习题号	练习6
参考答案	392
解答提示	$(C_8^3-C_8^2)(C_7^3-C_7^2)$

JSH-33　卡特兰数列

神器内容	卡特兰数列：1,1,2,5,14,42,132,…。
要点说明	首先给你一个1,倒序相乘它是几？ 构成数列倒序乘,不忘求和要记清。 一二五是前三项,最前一个是a_0。 数列名称卡特兰,计数问题常常见。

神器溯源

数列：1,1,2,5,14,42,132,429,1430,…,

叫作卡特兰数列,它的每一项又称卡塔兰数。特别提醒：这个数列的第1项记为$c_0=1$,第2项记为$c_1=1$,第3项记为$c_2=2$,…,这样方便后面卡特兰数的推导。

卡特兰数列在计数问题中经常出现,用比利时数学家欧仁·查理·卡特兰的名字命名。

对于卡特兰数列的递推公式如下：

对于一个数列：$a_0, a_1, a_2, \cdots, a_{n-1}$,

其逆序数列为$a_{n-1}, a_{n-2}, a_{n-3}, \cdots, a_0$。

对应项相乘得到n个乘积,把这n个乘积相加得到的和叫作逆序乘积之和,简称逆序和。记作：

卡特兰（Catalan, 1814—1894）,比利时数学家

$a_n = a_0 \times a_{n-1} + a_1 \times a_{n-2} + a_2 \times a_{n-3} + \cdots + a_{n-2} \times a_1 + a_{n-1} \times a_0$。

当$a_0=1$时,则

$a_1 = a_0 \times a_0 = 1 \times 1 = 1$

$a_2 = a_0 \times a_1 + a_1 \times a_0 = 1 \times 1 + 1 \times 1 = 2$

$a_3 = a_0 \times a_2 + a_1 \times a_1 + a_2 \times a_0 = 1 \times 2 + 1 \times 1 + 2 \times 1 = 5$

$a_4 = a_0 \times a_3 + a_1 \times a_2 + a_2 \times a_1 + a_3 \times a_0 = 1 \times 5 + 1 \times 2 + 2 \times 1 + 5 \times 1 = 14$

$a_5 = a_0 \times a_4 + a_1 \times a_3 + a_2 \times a_2 + a_3 \times a_1 + a_4 \times a_0 = 1 \times 14 + 1 \times 5 + 2 \times 2 + 5 \times 1 + 14 \times 1 = 42$

......

如此,得到卡特兰数列为 $1,1,2,5,14,42,132,\cdots$。

卡特兰数的另一种表示方法为 $c_n=\dfrac{1}{n+1}C_{2n}^n(n\geqslant 1)$。

如图 1 所示,卡特兰数与"无平台"的阶梯型图形中的最短路线一一对应,因此卡特兰数又可以表示为 $c_n=C_{2n}^n-C_{2n}^{n-1}(n\geqslant 1)$。

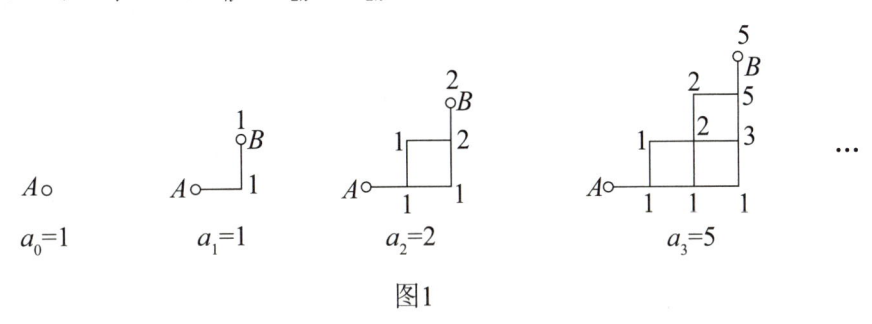

图1

一般地,n 个 a,n 个 b 排成一个 $2n$ 个字母串中,从左至右统计,a 的个数不少于 b 的个数的字母串个数为 $c_n=C_{2n}^n-C_{2n}^{n-1}=\dfrac{1}{n+1}C_{2n}^n=\dfrac{(2n)!}{n!\times(n+1)!}$;

n 个 a,n 个 b,n 个 c 排成一个 $3n$ 个字母串中,从左至右 a 的个数不少于 b 的个数,且 b 的个数不少于 c 的个数的字母串个数为 $c_n=\dfrac{2\times(3n)!}{n!\times(n+1)!\times(n+2)!}$。

例题精讲

例题 1 由 5 个 1 和 5 个 0 组成的十位数中,从左到右逐步统计 1 和 0 的个数,发现 1 的个数始终不少于 0 的个数,那么这样的十位数共有_____个。

答案:42

【解答】 数字 1 用横线段"—"表示,数字 0 用竖线段"|"表示。根据条件构造图 2,这样的十位数的个数对应于从 A 点到 B 点的最短路线的条数。最短路线标数、卡特兰数列、阶梯型最短路线组合公式都可以得到十位数共有 42 个。

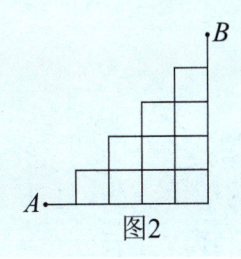

图2

例题 2 把数字 1~9 填入 3×3 的方格中,使得每一行左边的数小于右边的数,每一列上面的数都小于下面的数,那么共有_____种不同填法。

答案：42

【解法一】 利用三维卡特兰数公式，当 $n=3$ 时，

则有 $c_3 = \dfrac{2\times(3n)!}{n!\times(n+1)!\times(n+2)!} = \dfrac{2\times(3\times3)!}{3!\times4!\times5!} = 42$ 种。

【解法二】 构造三维立体图形进行标数。如图 3 所示，从 A 点到 B 点的最短路线有 42 条，对应着方格的填法有 42 种，其中加色的路径对应图 4 的填法。

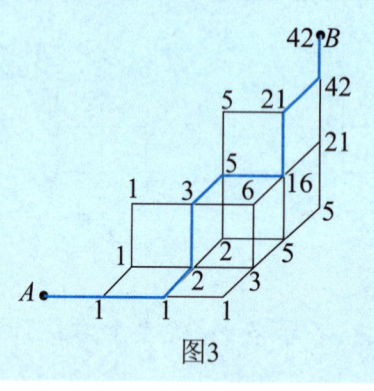

图3

1	2	6
3	5	8
4	7	9

图4

针对性练习

练习 ❶ 用数字 1 和 2 各四个排成一个八位数，从左至右观察，始终 1 的个数不少于 2 的个数，那么这样的八位数共有_____个。

练习 ❷ 甲、乙两个足球队进行一场比赛，结果 5∶5 打平。比赛过程中甲队进球数不少于乙队进球数，那么进球的顺序共有_____种。

练习 ❸ 12 个高矮不同的人，排成两排六列。每排必须是从矮到高排列，而且第二排的人比同列的第一排的人高，那么共有_____种不同的排法。

练习 ❹ 游乐园门票 5 元一张，每人限购一张。现在有 8 个小朋友排队购票，其中 4 个小朋友每人只有 10 元的纸币一张，另外 4 个小朋友每人只有 5 元的纸币一张。如果售票员没有准备零钱，那么共有_____种排队方法，使售票员总能找得开零钱。

练习 5 姐妹两人一起配合洗 6 个不同的盘子。姐姐每次洗一个盘子,并把洗好的盘子摞在一起,每次都把刚洗好的盘子放在最上面。妹妹从最上面把洗好的盘子一个一个放到碗柜中,那么姐姐与妹妹洗盘子和摞盘子共有_____种不同的顺序。

练习 6 一个凸七边形纸片,连接不在七边形内部相交的对角线,然后沿连好的对角线全部剪成三角形纸片。共有_____种不同的剪法。

练习 7 把 5 个左括号"("和 5 个右括号")"排成一行,能形成 5 对括号的排法共有_____种。(左括号在左边,同时右括号在右边才能形成一对,小括号允许嵌套。如(())(()()。)

练习参考答案

练习题号	练习 1	练习 2	练习 3	练习 4	练习 5
参考答案	14	42	132	8064	132
解答提示	卡特兰数列第 5 项	$\frac{1}{6}C_{10}^{5}$	$\frac{1}{7}C_{12}^{6}$	$14\times 4!\times 4!$	$\frac{1}{7}C_{12}^{6}$
练习题号	练习 6	练习 7			
参考答案	42	42			
解答提示	$\frac{1}{6}C_{10}^{5}$	$\frac{1}{6}C_{10}^{5}$			

JSH-34　波形数列

神器内容	把 1~n 排成一行,中间的每个数要么比相邻的两个数都小,要么比相邻的两个数都大,此数列称为波形数列: 1,1,2,5,16,61,272,1385,…。
要点说明	几个数,都不同,排列形状像波形。相邻大小已判定,最大最小在当中。此种数列常应用,递推方法写过程。

神器溯源

把 1~n 排成一行,中间的每个数要么比相邻的两个数都小,要么比相邻的两个数都大,排成的形状酷似波浪线,故称此数列为波形数列。

1,1,2,5,16,61,272,1385,…。

对于波形数列。一旦第 1 个数与第 2 个数的大小关系已确定,整个数列的大小关系就确定了。如果是"小大"排列下去,则称 M 形;如果是"大小"排列下去,则称 W 形。由于两者上下对称,故两者排列个数相同。

采用递推法,波形数列推导如下表及图 1、图 2 所示。

波形数列	1	1~2	1~3	1~4
M 形	①	②①	③	④○○④
推导过程	$M_1=1$	$M_2=1$	$M_3=C_2^1 \times M_1^2=2$	$M_4=C_3^1 \times M_1 \times M_2+M_3=5$
W 形	①	②①	①	①○○①
推导过程	$W_1=1$	$W_2=1$	$W_3=C_2^1 \times W_1^2=2$	$W_4=C_3^1 \times W_1 \times W_2+W_3=5$

$1\sim 5$，M 形：如图 1 所示，$M_5 = C_2^1 \times C_4^1 \times M_1 \times M_3 = 2 \times 4 \times 1 \times 2 = 16$。

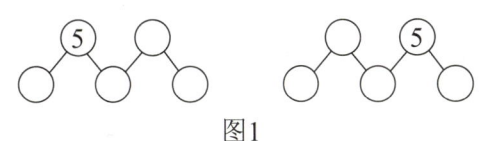

图1

$1\sim 6$，M 形：如图 2 所示，$M_6 = C_5^1 \times M_1 \times M_4 + C_5^3 \times M_2 \times M_3 + M_5 = 5 \times 1 \times 5 + 10 \times 1 \times 2 + 16 = 61$。

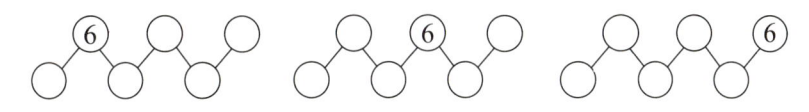

图2

$1\sim 7$，M 形：$M_7 = C_6^1 \times M_1 \times M_5 + C_6^3 \times M_3 \times M_3 + C_6^5 \times M_5 \times M_1 = 6 \times 1 \times 16 + 20 \times 2 \times 2 + 6 \times 16 \times 1 = 272$。

……

一般地，$1\sim n$，M 形：

当 n 为奇数时，$M_n = C_{n-1}^1 \times M_1 \times M_{n-2} + C_{n-1}^3 \times M_3 \times M_{n-4} + \cdots + C_{n-1}^{n-2} \times M_{n-1} \times M_1$。

当 n 为偶数时，$M_n = C_{n-1}^1 \times M_1 \times M_{n-2} + C_{n-1}^3 \times M_3 \times M_{n-4} + \cdots + C_{n-1}^{n-3} \times M_{n-3} \times M_3 + M_{n-1}$。

例题精讲

例题 1-1 从数字 1~6 中选出五个互不相同的数字填入图 3 的方框内，使得每个阴影方框内的数字都比相邻的数字大，那么这样的五位数共有_____个。

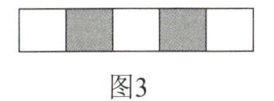

图3

答案：96

【解答】 (1)从数字 1~6 中选出五个不同数字的选法有 C_6^5 种。

(2)选出的 5 不同数字的填法，是波形数列 M 形的第 5 项，$M_5 = 16$。

故五位数共有 $C_6^5 \times M_5 = 6 \times 16 = 96$ 个。

例题 1-2 从数字 1~8 中选出六个互不相同的数字组成六位数，使得中间每个数字不是比相邻数字都大，就是比相邻数字都小。如 152836，517342 都是符合条件的六位数，那么这样的六位数共有_____个。

答案：3416

【解答】 首先从数字 1~8 中选出六不同数字,组成六位数的个数是波形数列的 M 形或 W 形,这样的六位数共有 $2 \times C_8^6 \times M_6 = 2 \times 28 \times 61 = 3416$ 个。

例题 2 把数字 1~9 填入图 4 的圆圈内,使得连线的圆圈内,上面圆圈内的数字比下面圆圈内的数字大,那么共有_____种不同的填法。

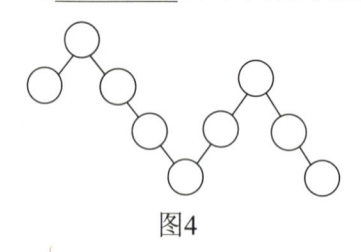

图4

答案: 1100

【解答】 对最下面拐弯处的数字进行分类讨论,此处可以填数字 1~4。

(1) 如图 5 所示,最下面填 1,则另外 8 个数字分成两组,共有 $C_8^4 \times C_3^1 \times C_3^1 = 70 \times 3 \times 3 = 630$ 种。

(2) 如图 6 所示,最下面填 2,1 的位置有 2 种情况,则有 $C_7^3 \times C_3^1 + C_7^4 \times C_3^1 \times C_2^1 = 105 + 210 = 315$ 种。

(3) 如图 7 所示,最下面填 3,1 和 2 的位置有 3 种情况,则有 $C_6^4 \times C_3^1 + C_2^1 \times C_6^3 \times C_2^1 = 45 + 80 = 125$ 种。

(4) 如图 8 所示,最下面填 4,1,2 和 3 的位置有 3 种情况,则有 $C_3^1 \times C_5^3 = 30$ 种。

所以共有 $630 + 315 + 125 + 30 = 1100$ 种。

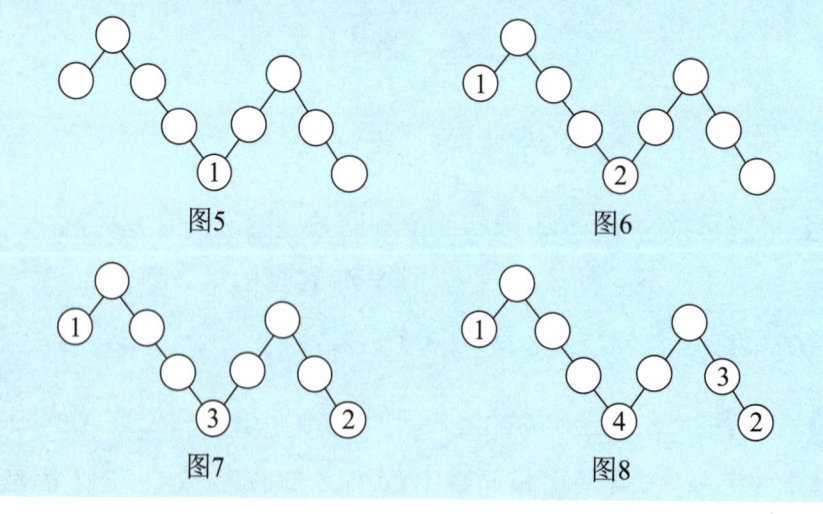

图5   图6

图7   图8

针对性练习

练习 ❶ 数字 1~6 各一次填入图 9 的方格内,其中灰色方格内数都比相邻的白格的数字小,那么从左至右形成的六位数共有_____个。

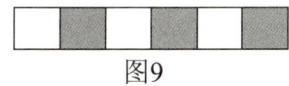

图9

练习 ❷ 从数字 1~7 中选出六个互不相同的数字组成六位数,使得中间每个数字不是比相邻数字都大,就是比相邻数字都小。如 152436,517362 都是符合条件的六位数,那么这样的六位数共有_____个。

练习 ❸ 把 1,2,2,3,5,6,9 这七个数字填入如图 10 所示的圆圈内,使得连线段的圆圈内上面的数字大于下面的数字,那么共有_____种不同的填法。

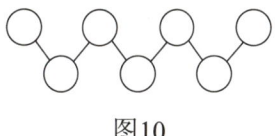

图10

练习 ❹ 把数字 1~8 各一次填入图 11 的圆圈内,使得"<"和">"成立,那么共有_____种不同的填法。

○<○<○>○<○<○<○>○

图11

练习 ❺ 如图 12 所示,在 2×3 的方格内填入数字 1~6 各一次,使得灰色方格内的数都比它相邻白格的数字大,那么共有_____种不同的填法。

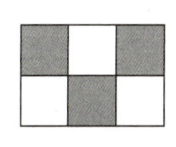

图12

练习 ⑥ 8个人的身高互不相同,其中一人负责给其他7人照相。7人如图13所示进行占位,前面3人,后面4人,且后面每人都不能被他前面的挡住,所以后排中间每人都要比他前面相邻的2人高,后排两端的人都比他前面相邻的1人高,那么他们照相的站法共有_____种。

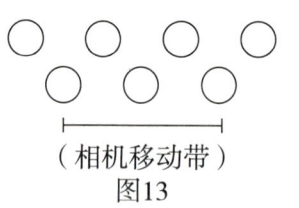

（相机移动带）
图13

练习参考答案

练习题号	练习1	练习2	练习3	练习4	练习5
参考答案	61	854	104	217	44
解答提示	W_6	$C_7^6 \times (W_6 + M_6)$	$C_3^1 \times A_4^4 + 2 \times W_5$	对第四个圆圈填数,讨论数字1~4	按4为较大数或较小数讨论,36+8

练习题号	练习6				
参考答案	2176				
解答提示	$C_8^1 \times W_7$				

JSH-35　复杂递推★

神器内容	一个递推数列,已知数列的前几项,后面每项在递推关系中都与它前面所有项或部分项(至少4项)有关,这样的递推称为复杂递推。
要点说明	奠基项,比较多,多项相关很难说。 前面各项有贡献,递推公式不一般。 看看波形卡特兰,递归迭代去溯源。 冒泡排序有怨言,直接查表省时间。 从小递推大递归,掌握此法有神威。

神器溯源

复杂递推,如前面学过的卡特兰数列、波形数列中的每一项都可以用它前面的所有项表达出来。

已知 $a_1, a_2, a_3, \cdots, a_{n-1}$,则 $a_n = f(a_1, a_2, a_3, \cdots, a_{n-1})(n \geq 2)$。

由数字 $1 \sim n(n \leq 9$,本节同) 各一次,可以排出许多不含重复数字的 n 位数。如果相邻两个数字"大小"排列,那么就把这两个数字变换一次位置变为"小大",最终经过多次位置交换都能形成 n 位数"$\overline{123\cdots n}$"。

也可以这样理解:一个不含重复数字的 n 位数,对于每个数字来说,如果这个数字前面有 $m(0 \leq m < n)$ 个大于这个数字的数字,这个数字就产生 m 次"怨言"。所有数字的"怨言"之和称为这个 n 位数的"怨言数"。

我们把经过 m 次变换位置形成"$\overline{123\cdots n}$"的 n 位数个数记作 $f_m(n)$,也可以把"怨言数"为 m 的 n 位数个数记作 $f_m(n)$。下面推导"怨言数"表。

由数字 $1 \sim n$ 各一次组成 n 位数,"怨言数"m 最小为 0,"怨言数"m 最大为 $1+2+3+\cdots+(n-1) = \dfrac{n(n-1)}{2}$[如 $\overline{n(n-1)(n-2)\cdots 321}$]。所以,当 $m > \dfrac{n(n-1)}{2}$ 时,可设 $f_m(n) = 0$。

数字 n 的位置,确定 n 位数的"怨言数"与 $(n-1)$ 位数的"怨言数"的关系:

$\overline{\square\square\cdots\square\square n}, f_m(n) = f_m(n-1);$

$\overline{\square\square\cdots\square n\square}, f_m(n) = f_{m-1}(n-1) + 1;$

$\overline{\square\square\cdots n\square\square}$，$f_m(n)=f_{m-2}(n-1)+2$；

……

$\overline{\square\square\cdots n\cdots\square\square}$（$n$ 居从右至左的第 k 位），$f_m(n)=f_{m-k+1}(n-1)+k-1$。

根据"怨言数"递推关系，则有

$f_m(n)=$

$\begin{cases} f_0(n-1)+f_1(n-1)+f_2(n-1)+\cdots+f_m(n-1),(m\leqslant n-1) \\ f_{m-n+1}(n-1)+f_{m-n+2}(n-1)+f_{m-n+3}(n-1)+\cdots+f_m(n-1),(m>n-1) \end{cases}$

具体如下：

$f_0(1)=1$；

$f_0(2)=f_0(1)=1$，$f_1(2)=f_0(1)+f_1(1)=1+0=1$；

$f_0(3)=f_0(2)=1$，$f_1(3)=f_0(2)+f_1(2)=1+1=2$，$f_2(3)=f_0(2)+f_1(2)+f_2(2)=1+1+0=2$；

$f_3(3)=f_1(2)+f_2(2)+f_3(2)=1+0+0=1$；

……

"怨言数"表如下表所示。

怨言数 n 取值	0	1	2	3	4	5	6	7	8	9	10	…
1	1	0	0	0	0	0	0	0	0	0	0	…
2	1	1	0	0	0	0	0	0	0	0	0	…
3	1	2	2	1	0	0	0	0	0	0	0	…
4	1	3	5	6	5	3	1	0	0	0	0	…
5	1	4	9	15	20	22	20	15	9	4	1	…
6	1	5	14	29	49	71	90	101	101	90	71	…
7	1	6	20	49	98	169	259	359	455	531	573	…
8	1	7	27	76	174	343	602	961	1415	1940	2493	…
9	1	8	35	111	285	628	1230	2191	3606	5545	8031	…

"怨言数"有如下性质：$f_0(n)+f_1(n)+f_2(n)+f_3(n)+\cdots+f_{\frac{n(n-1)}{2}}(n)=n!$。

所有 n 位数的所有怨言数总和记作 $N(n)$，递推如下：

$N(1)=0$；

$N(2)=2\times N(1)+(0+1)\times 1!=2\times 0+1\times 1=1$；

$N(3)=3\times N(2)+(0+1+2)\times 2!=3\times 1+3\times 2=9$；

$N(4)=4\times N(3)+(0+1+2+3)\times 3!=4\times 9+6\times 6=72$；

……

$N(n) = n \times N(n-1) + (0+1+2+\cdots+n-1) \times (n-1)!$。

例题精讲

例题 1-1 5人进行足球传球练习,从甲开始,经过 5 次传球又回到甲,每人每次传球都不能自己传给自己,那么共有_____种不同的传球方法。

答案:204

【解法一】 每次传球都可以传给其他 4 人,经过 5 次传球后又回到甲,共有 4^4 种传球方法,当然需要排除第 4 次传给甲的情况(这里如果第 4 是甲,那么第 5 次就是甲传给了自己,需要排除掉)。再继续重复上面的排除,得到"溯源迭代",递归至开始状态。

$a_5 = 4^4 - a_4, a_4 = 4^3 - a_3, a_3 = 4^2 - a_2, a_2 = 4^1 - a_1, a_1 = 0$。

$a_5 = 4^4 - a_4 = 4^4 - (4^3 - a_3) = 4^4 - [4^3 - (4^2 - a_2)] = 4^4 - \{4^3 - (4^2 - [4^1 - a_1])\} = 4^4 - 4^3 + 4^2 - 4^1 = 204$。

【解法二】 从开始状态出发,进行"目标递推",直至得到第 5 次传球状态。

$a_1 = 0$,

$a_2 = 4^1 - a_1 = 4^1 - 0 = 4$,

$a_3 = 4^2 - a_2 = 4^2 - 4 = 12$,

$a_4 = 4^3 - a_3 = 4^3 - 12 = 52$,

$a_5 = 4^4 - a_4 = 4^4 - 52 = 204$。

【解法三】 传球法,参见本书第 32 页例题 1-1 的"解答"。

例题 1-2 九连环是流传在中国民间的智力玩具。如图 1 所示,它由九个圆环相连成串,以解下九个环为胜。以图 2 的三连环为例,把一个环卸下或套上手柄为一步,卸下三连环步骤:

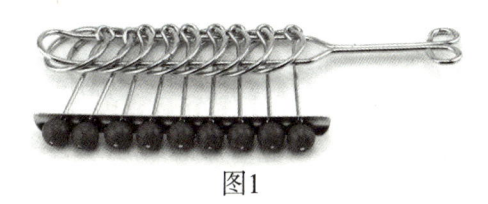

1环下,3环下,1环上,2环下,1环下,共计 5 步。

可见解九连环要点:每个环被卸下或者套上,有且只有它前面的那一个环在手柄上。

(1)卸下一环需 1 步,卸下二连环需 2 步,卸下三连环需 5 步。如果把九个环全部卸下,在不出现循环的情况下需要_____步。

(2)其实,九连环的第 1 环和第 2 环可以一起卸下或装上,卸下一环需 1 步,卸下二连环需 1 步,卸下三连环需 4 步。如果用这种优化方法把九连环全部卸下,在不出现循环的情况需要_____步。

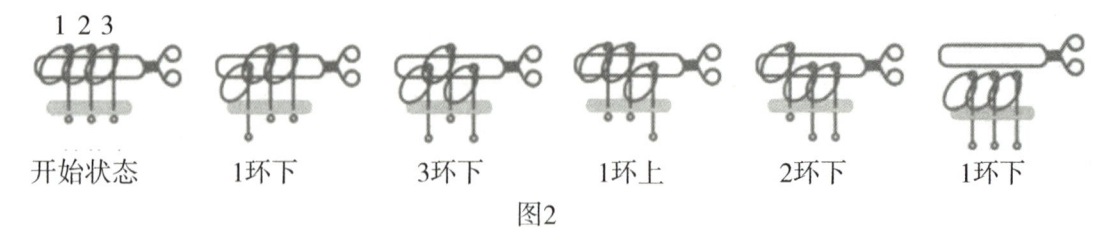

| 1 2 3 开始状态 | 1环下 | 3环下 | 1环上 | 2环下 | 1环下 |

图2

答案:(1)341　(2)256

【解答】　设卸下 n 连环需要 a_n 步,从一环开始进行归纳递推。

(1)由题意,$a_1=1,a_2=2,a_3=5$,根据解九连环要点,要卸下第 n 环,必须有且仅有第 $(n-1)$ 环在手柄上,因此分成四步:

①卸下 $(n-2)$ 连环(用 a_{n-2} 步);

②卸下第 n 环(用 1 步);

③装上 $(n-2)$ 连环(用 a_{n-2} 步);

④卸下 $(n-1)$ 连环(用 a_{n-1} 步)。

由此,得到解 n 连环的递推公式:$a_1=1,a_2=2,a_n=2a_{n-2}+a_{n-1}+1(n\geq 3)$。

$a_1=1,a_2=2,$　　　　　　　　$a_3=2\times 1+2+1=5,$

$a_4=2\times 2+5+1=10,$　　　　$a_5=2\times 5+10+1=21,$

$a_6=2\times 10+21+1=42,$　　　$a_7=2\times 21+42+1=85,$

$a_8=2\times 42+85+1=170,$　　$a_9=2\times 85+170+1=341。$

所以,卸下九连环需要 341 步。

(2)由于第 1 环和第 2 环可以一起卸下或套上手柄,可以得到优化的解 n 连环的递推公式:

$a_1=1,a_2=1,a_n=2a_{n-2}+a_{n-1}+1(n\geq 3)$。

$a_1=1,a_2=1,$　　　　　　　　$a_3=2\times 1+1+1=4,$

$a_4=2\times 1+4+1=7,$　　　　$a_5=2\times 4+7+1=16,$

$a_6=2\times 7+16+1=31,$　　　$a_7=2\times 16+31+1=64,$

$a_8=2\times 31+64+1=127,$　　$a_9=2\times 64+127+1=256。$

所以,用这种优化方法卸下九连环需要 256 步。

例题 2-1 连接一个八边形的一些对角线,除了端点外,对角线没有公共点,那么这些对角线把八边形分成三角形区域,共有_____种不同的分法。

答案:132

【解答】 把八边形需要连接 5 条对角线,才能分割成三角形区域。从三角形开始进行递推。

(1)如图 3 所示,三角形本身就是三角形区域,故 $a_3=1$。

(2)如图 4 所示,四边形分割成三角形,$a_4=2$。

(3)如图 5 所示,对五边形分割进行递推,$a_5=a_4+a_3 \cdot a_3+a_4=2+1 \times 1+2=5$。

(4)如图 6 所示,$a_6=a_5+a_4 \cdot a_3+a_3 \cdot a_4+a_5=5+2 \times 1+1 \times 2+5=14$。

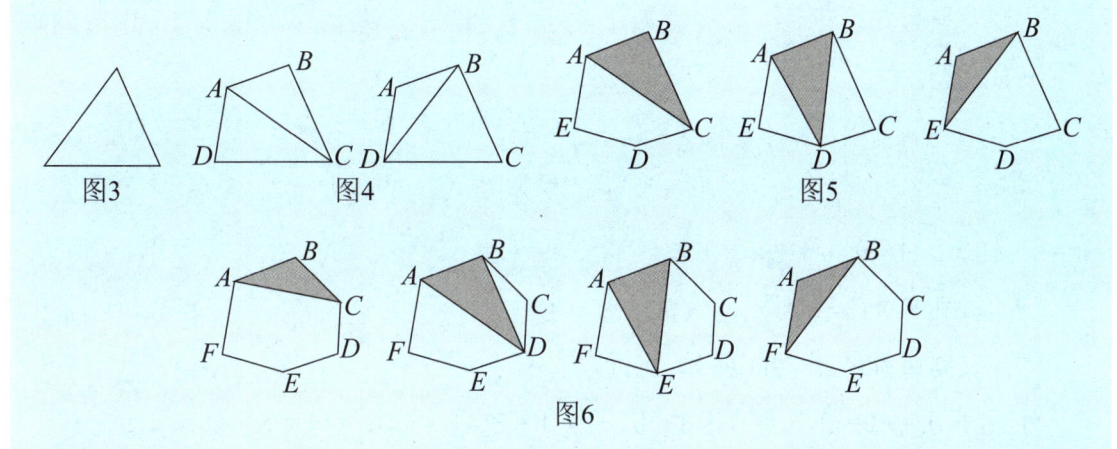

图3   图4   图5

图6

(5)$a_7=a_6+a_5 \cdot a_3+a_4 \cdot a_4+a_3 \cdot a_5+a_6=14+5 \times 1+2 \times 2+1 \times 5+14=42$。

(6)$a_8=a_7+a_6 \cdot a_3+a_5 \cdot a_4+a_4 \cdot a_5+a_3 \cdot a_6+a_6=42+14 \times 1+5 \times 2+2 \times 5+1 \times 14+42=132$。

至此,你会发现多边形通过对角线的三角形分割,得到的分割方法数就是卡特兰数列:1,2,5,14,42,132,…。

例题 2-2 有五个质量分别为 1 克、2 克、4 克、8 克、16 克的砝码,通过 5 步操作逐个将所有砝码放到天平上。每一步操作都是从尚未放上天平的砝码中选择一个砝码,将其放到天平的左边或右边,直至所有砝码都被放上天平。要使在操作过程中,总是左边的质量超过右边的质量,那么共有_____种不同的操作过程。

答案:945

【解答】 从 1 个砝码开始进行归纳递推。

(1)当只有 1 个砝码,其质量为 1 克,放法 $a_1=1$。

(2)当只有2个砝码,其质量为1克和2克,按2克放的顺序,分为两类:"2□"和"□2"。$a_2=2^1+a_1=2+1=3$。

(3)当只有3个砝码,其质量为1克、2克和4克,按4克放的顺序,分为三类:4□□,□4□,□□4。$a_3=A_2^2\times 2^2+C_2^1\times a_1\times 2^1+a_2=8+4+3=15$。

(4)当只有4个砝码,其质量为1克、2克、4克和8克,按8克放的顺序,分为四类:

8□□□,□8□□,□□8□,□□□8。

$a_4=A_3^3\times 2^3+C_3^1\times a_1\times A_2^2\times 2^2+C_3^2\times a_2\times A_1^1\times 2^1+a_3=48+24+18+15=105$。

(5)当只有5个砝码,其质量为1克、2克、4克、8克和16克,按16克放的顺序,分为五类:

(16)□□□□,□(16)□□□,□□(16)□□,□□□(16)□,□□□□(16)。

$a_5=A_4^4\times 2^4+C_4^1\times a_1\times A_3^3\times 2^3+C_4^2\times a_2\times A_2^2\times 2^2+C_4^3\times a_3\times A_1^1\times 2^1+a_4=384+192+144+120+105=945$。

所以,共有945种不同的放法。

注:根据递推结果,可以归纳出通项公式:

$a_1=1, a_2=1\times 3, a_3=1\times 3\times 5, a_4=1\times 3\times 5\times 7, a_5=1\times 3\times 5\times 7\times 9, \cdots$,
$a_n=1\times 3\times 5\times\cdots\times(2n-1)=(2n-1)!!$。

例题 2-3 有6名身高互不相同且戴着帽子的小朋友站成一个队。在每个小朋友的帽子上写有站在他前面且比他高的小朋友的人数。假如6人如图7所示站队,帽子上依次所写数为0,1,1,3,0,1,六顶帽子上所写数总和为0+1+1+3+0+1=6,那么帽子上所写的数字总和为6的站队方法_____种。

图7

答案: 90

128

【解答】 从人数进行归纳递推，归纳的结果做成下表（也可查"怨言数"表），得到 6 人情况下怨言数为 6 的有 90 种。

怨言数 n 取值	0	1	2	3	4	5	6
1	1	0	0	0	0	0	0
2	1	1	0	0	0	0	0
3	1	2	2	1	0	0	0
4	1	3	5	6	5	3	1
5	1	4	9	15	20	22	20
6	1	5	14	29	49	71	90

针对性练习

练习 ❶ 四人进行足球传球练习，从甲开始，经过 5 次传球又回到甲，每人每次不能自己传给自己，那么共有_____种不同的传球方法。

练习 ❷ 五人进行排球传球练习，从甲开始，经过 5 次传球后到了乙手中。每人每次不能自己传给自己，那么共有_____种不同的传球方法。

练习 ❸ 对五边形的五个顶点进行染色，每个顶点可以染红、黄、蓝、绿四色之一，且相邻的两个顶点不同色，那么共有_____种不同的染色方法。

练习 ❹ 圆周上有 8 个点，连接 4 条互不相交线段，把圆分成 5 部分。共有_____种不同的连线方法。

练习 ❺ 把一个七边形通过连接 4 条对角线分成 5 个三角形区域，对角线除端点外，互不交叉，那么共有_____种不同的分法。

练习 ❻ 把数字 1～7 各一次排成一些七位数，观察每个数字发现：它前面的所有数字要么都小于它，要么都大于它，那么这样的七位数共有_____个。

练习❼　有四个质量分别为 1 克、2 克、3 克、8 克的砝码,通过 4 步操作逐个将砝码都放到天平上。每一步操作都是从尚未放上天平的砝码中选择一个砝码,将其放到天平的左边或右边,直至所有砝码都被放上天平。要使在操作过程中,总是左边的质量超过右边的质量,那么共有_____种不同的操作过程。

练习❽　由数字 1~8 组成不含重复数字的八位数。如果相邻数字为"大小",那么这两个数字交换一次位置,那么交换 7 次位置能形成"12345678"的八位数共有_____个。

练习参考答案

练习题号	练习 1	练习 2	练习 3	练习 4	练习 5
参考答案	60	205	240	14	42
解答提示	递推迭代法或传球法	递推法或传球法	迭代法或传球法	递推法	递推法
练习题号	练习 6	练习 7	练习 8		
参考答案	64	103	961		
解答提示	归纳法 1,1,2,4,8,16,32,64	先考虑 1,2,4,8,再排除换成 3 的情况	递推法或查"怨言数"表		

JSH-36　立体图形中的递推★

神器内容	在小正方体组合体中使用递推法,可以得到其组合方法。
要点说明	立体图形垒一堆,除了分类还递推。 递推之中有兔子,事半功倍似吹灰。

神器溯源

在小正方体搭建或粘贴的组合体中,可以使用分类或斐波那契数列的规律进行组合计数。这就是超级兔子或斐波那契数列在立体图形中的运用。

例题精讲

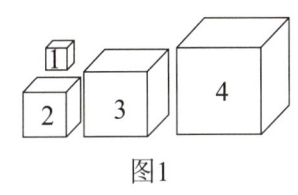

例题 1 如图 1 所示,用棱长为 1 分米、2 分米、3 分米、4 分米的小正方体组合成 $4 \times 5 \times 6$ 的长方体,接触面每平方分米需用 2 毫升胶水黏合,那么最少需要_____毫升胶水。

图1

答案:188

【解答】 每平方分米接触面用 2 毫升胶水,相当于组合体内部有多少平方分米接触面就用多少毫升胶水。

(1)如图 2 所示,用 1 个棱长为 4 分米,4 个棱长为 2 分米,24 个棱长为 1 分米的正方体时。使用胶水 $(4^2 \times 1 + 2^2 \times 4 + 1^2 \times 24) \times 6 - 2(4 \times 5 + 5 \times 6 + 6 \times 4) =$ 188 毫升。

(2)如图 3 所示,用 2 个棱长为 3 分米,6 个棱长为 2 分米,18 个棱长为 1 分米的正方体时。使用胶水 $(3^2 \times 2 + 2^2 \times 6 + 1^2 \times 18) \times 6 - 2(4 \times 5 + 5 \times 6 + 6 \times 4) =$ 212 毫升。

(3)如图 4 所示,用 12 个棱长为 2 分米,24 个棱长为 1 分米的正方体时。使用胶水$(2^2×12+1^2×24)×6-2(4×5+5×6+6×4)=284$ 毫升。

综上所述,最少需要胶水 188 毫升。

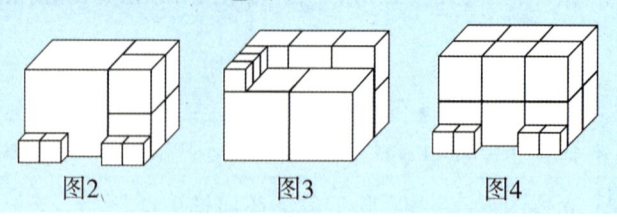

图2　　　图3　　　图4

例题 2 如图 5 所示,把 10 根 $1×1×2$ 的金砖放入 $2×2×5$ 的保险盒中,并且能把保险盒的盖子合上,那么共有_____种不同的放法。

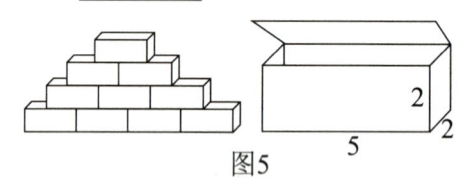

图5

答案: 450

【解答】 如图 6 所示,采用递推法。

(1)如图 6 所示,2 块金砖放入 $2×2×1$ 的盒子里,$a_1=2$。

(2)如图 7 所示,4 块金砖放入 $2×2×2$ 的盒子里,$a_2=9$。

(3)如图 8 所示,6 块金砖放入 $2×2×3$ 的盒子里,$a_3=32$。

(4)如图 9 所示,8 块金砖放入 $2×2×4$ 的盒子里,$a_4=121$。

(5)根据递推规律,10 块金砖放入 $2×2×5$ 的盒子里,则 $b_5=a_2+a_1+1$,$a_5=a_1a_4+5a_3+4b_5=2×121+5×32+4×(9+2+1)=450$。

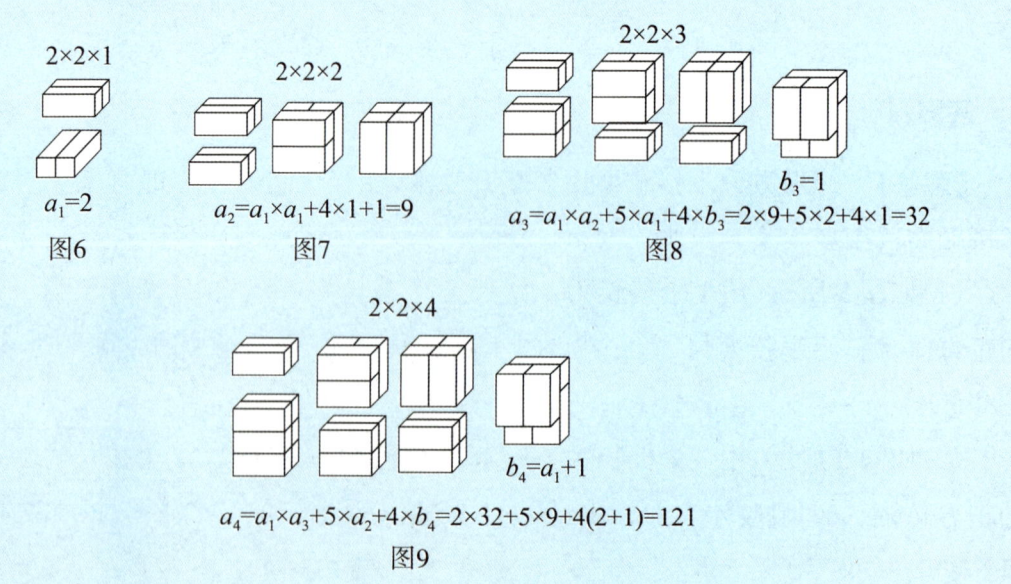

$2×2×1$
$a_1=2$
图6

$2×2×2$
$a_2=a_1×a_1+4×1+1=9$
图7

$2×2×3$
$b_3=1$
$a_3=a_1×a_2+5×a_1+4×b_3=2×9+5×2+4×1=32$
图8

$2×2×4$
$b_4=a_1+1$
$a_4=a_1×a_3+5×a_2+4×b_4=2×32+5×9+4(2+1)=121$
图9

针对性练习

练习 ❶ 在用棱长为 1,2,3 的小正方体组合成 3×4×5 的实心长方体。至少需要_____块小正方体。

练习 ❷ 把 8 根 1×1×2 的木块放入 2×2×4 的长方体盒子中,那么共有_____种不同的放法。

练习 ❸ 用 3 根 1×1×2 的木条和 4 根 1×1×3 的木条,搭建成 3×3×2 的长方体,那么共有_____种不同的搭建法。

练习 ❹ 把 12 根 1×1×3 的长方体金属棒,放入 3×3×4 的长方体盒子里,那么共有_____种不同的放法。

练习参考答案

练习题号	练习 1	练习 2	练习 3	练习 4
参考答案	20	121	66	80
解答提示	尽量用棱长大的正方体	递推	3×4×2×2+3×(4+2)=66	$a_1=2, a_2=4,$ $a_3=2×4+6+6+1=21$

JSH-37　对应转化计数

神器内容	对事件 A 计数,转化为对事件 B 计数,需要在 A、B 之间建立一一对应。
要点说明	计数题目真麻烦,对应转化算一算。 一定找到其对应,一一对应才可行。 去多补少常运用,物数转化多发生。

神器溯源

当对事件 A 计数时,往往无从下手,可以转化为对事件 B 的计数问题。需要 A、B 之间建立一一对应,但往往不是多一些就是少一些,注意整体对应下的去多补少的小调整。

在计数问题中,经常把一些"物"的计数问题,对应转化为"数"的计数问题。把原来比较麻烦的对"物"计数,转化为数或数码的计数问题,既方便书写,又便于计算,但是,需要找到"物"与"数"之间的对应规律或方法。

例题精讲

例题 1-1 把 3 个相同的红球、3 个相同的蓝球、3 个相同的黄球排成一行,且黄球互不相邻。共有_____种不同的排法。

答案:700

【解答】　(1)把红球用"1"表示,蓝球用"2"表示,黄球用"3"表示,则转化为 3 个 1,3 个 2,3 个 3 排成的九位数,且数字 3 互不相邻。

(2)先对 3 个 1 和 3 个 2 进行重复对象的排列,共有 $C_6^3 \times C_3^3 = 20$ 种不同的排法。

___1___2___2___1___2___1___

(3)把 3 个 3 插到已经排好的数字的空隙中,包括两端,共有 7 个位置,不相邻的插法有 $C_7^3 = 35$ 种。

所以共有 $20 \times 35 = 700$ 种不同的排法。

例题 1-2 把 15 个相同的苹果放到 A、B、C、D 四个盒子里,要求每个盒子里最多放 12 个苹果,且允许部分盒子不放,那么共有_____种不同的放法。

答案:776

【解答】 (1)本题可以对应转化为十三进制的四位数码共有多少个？A 盒子里苹果对应千位数字,B 盒子苹果对应百位数字,C 盒子苹果对应十位数字,D 盒子里苹果对应个位数字。

(2)采用相同对象的隔板法,每个数位上数字最大为 15,共有 $C_{15+3}^{3}=816$ 个十三进制的四位数码。

(3)排除某数位上为 15 的情况,有 $C_4^1=4$ 个;某数位上为 14 的情况,有 $C_4^1\times C_{1+2}^2=12$ 个;某数位上为 13 的情况,有 $C_4^1\times C_{2+2}^2=24$ 个。共计排除 $4+12+24=40$ 个。

所以,不同的放法有 $816-40=776$ 种。

例题 2-1 各数位上的数字和大于 40 的五位数共有_____个。

答案:126

【解答】 (1)如图 1 所示,各数位上的数字和最大的五位数为 99999,减去每个要求的五位数,得到的差为各数位上的数字和小于 5 的五位数码(首位数字可以为 0)。有多少个各数位上的数字和小于 5 的五位数,就对应着有多少个各数位上的数字和大于 40 的五位数。

(2)如图 2 所示,在原来五位数的基础上添加十万位,得到一个六位数码,每个数位都可以为 0。采用相同对象的排列隔板法,各数位上的数字和为 4 的六位数码有 $C_{4+5}^5=126$ 个,对应着各数位上的数字和大于 40 的五位数共有 126 个。

```
  9 9 9 9 9  (45)
- 9 8 9 7 8  (41)
  ─────────
  0 1 0 2 1  (4)
      图1
```

十万位 万位 千位 百位 十位 个位
| 1 | 1 | 0 | 1 | 0 | 1 | ⇨ 110101 ⇨ 10101 ⇨ 89898

图2

当然,也可以对各数位上的数字和小于 5 的五位数码进行分类,得到 $C_4^4+C_5^4+C_6^4+C_7^4+C_8^4=126$ 个。

注:本题使用了两次"一对一"对应转化。

例题 2-2 有许多卡片,每张卡片上写有 6,7,8,10 其中的一个数,且每种卡片足够多。从中选取几张卡片,和为 106 比和为 100 的选取方法多_____种。

答案:13

135

【解答】 每种各数位上的数字和为 100 的卡片取法,再添上 1 张写有 6 的卡片,得到 1 种和为 106 的取法。两者取法相差之处,就是和为 106 的取法中不含卡片 6 的情况。问题转化为用卡片 7,8,10 组成和为 106 的选取方法有多少种?

设卡片 7,8,10 分别取 a,b,c 张,则

$7a+8b+10c=106$

当 $c=0$ 时,$7a+8b=106$,$b\equiv 1\pmod 7$,$b=1,8$,共 2 种;

当 $c=1$ 时,$7a+8b=96$,$b\equiv 5\pmod 7$,$b=5,12$,共 2 种;

当 $c=2$ 时,$7a+8b=86$,$b\equiv 2\pmod 7$,$b=2,9$,共 2 种;

当 $c=3$ 时,$7a+8b=76$,$b\equiv 6\pmod 7$,$b=6$,共 1 种;

当 $c=4$ 时,$7a+8b=66$,$b\equiv 3\pmod 7$,$b=3$,共 1 种;

当 $c=5$ 时,$7a+8b=56$,$b\equiv 0\pmod 7$,$b=0,7$,共 2 种;

当 $c=6$ 时,$7a+8b=46$,$b\equiv 4\pmod 7$,$b=4$,共 1 种;

当 $c=7$ 时,$7a+8b=36$,$b\equiv 1\pmod 7$,$b=1$,共 1 种;

当 $c=8$ 时,$7a+8b=26$,$b\equiv 5\pmod 7$,不满足条件;

当 $c=9$ 时,$7a+8b=16$,$b\equiv 2\pmod 7$,$b=2$,共 1 种;

当 $c=10$ 时,$7a+8b=6$,$b\equiv 6\pmod 7$,不满足条件。

综上所述,两者取法共计相差 13 种。

针对性练习

练习❶ 2 面相同的黄旗,3 面相同的蓝旗,3 面红旗是大、中、小号各一面。现在把这 8 面旗帜排成一行,共有_____种不同的排法。

练习❷ 3 面相同的黄旗,3 面相同的蓝旗,3 面红旗是大、中、小号各一面。现在把这 9 面旗帜排成一行,且红旗互不相邻,共有_____种不同的排法。

练习❸ 四位小朋友到书店各买了一本 10 元的图书,结果没有人借钱付款,四人共有 50 元钱,那么四人所有钱数为整数元的情况共有_____种。

练习 ❹ 各数位上的数字和不大于 10,且不含数字 0 的四位数共有_____个。

练习 ❺ 各数位上的数字和不大于 10 的四位数共有_____个。

练习 ❻ 含有 2 个"0",各数位上的数字和为 10 的五位数共有_____个。

练习 ❼ 不定方程 $a+b+c+d+6e=20$ 的正整数解有_____个。

练习 ❽ 一个七进制的四位数,其各数位上的数字和大于十进制数 17,那么这样的七进制四位数共有_____个。

练习 ❾ 一类四位数,千位数字等于其他三位数字之和,那么这样的四位数共有_____个。

练习参考答案

练习题号	练习 1	练习 2	练习 3	练习 4	练习 5
参考答案	3360	4200	286	210	714
解答提示	$A_8^3 \times C_5^3$	$C_6^3 \times A_7^3$	C_{10+3}^3	C_{10}^4	$C_{13}^4 - 1$
练习题号	练习 6	练习 7	练习 8	练习 9	
参考答案	216	321	209	219	
解答提示	$C_9^2 \times C_4^2$	$C_{13}^3 + C_7^3$	$C_{10}^4 - 1$	$C_{12}^3 - 1$	

三　几何图形计数

JSH-38　数线段

神器内容	给定 n 个不同的点,最多可以连出 $(n-1)+(n-2)+(n-3)+\cdots+2+1=C_n^2$ 条线段。
要点说明	数线段,去打枪,千万不能回头望。 打枪法,数线段,一定不能回头看。 基本线段来相加,做题基本都秒杀。 线段到底咋形成？两个端点能确定。 两点组合是多少？组合计数有技巧。

神器溯源

在一条直线上,两点及其之间的部分叫作线段。线段有两个端点,没有方向。在连接两点的所有线形中,线段是最短的,简称"两点之间,线段最短"。在同一条直线上,相邻两点连成的线段叫作基本线段。数线段的方法有适合低年级的打枪法（从一点出发,向一个方向连线段）、基本线段相加法,也有根据两点确定一条线段的组合法等。

如图1所示,这是打枪法和基本线段相加法示意图。如图2所示,图中有 n 点（可以不在同一平面内）,每个点最多连 $(n-1)$ 条线段,n 个点可以连 $n(n-1)$ 条线段。由于同一条线段被统计了2次,实际有 $n(n-1)\div 2$ 条线段。或者在 n 个点中直接选取两点,作为线段的两个端点,共有 C_n^2 条线段。

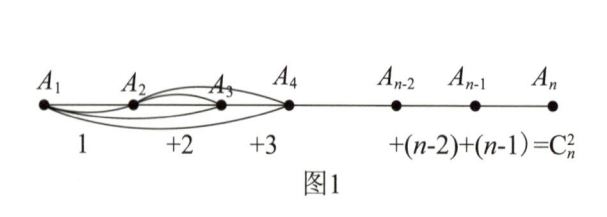

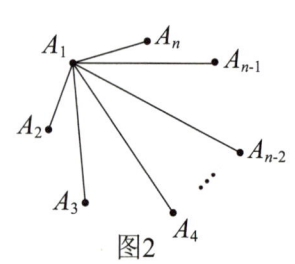

例题精讲

例题 1-1 如图 3 所示,图中有 10 个点,最多可以连_____条线段。

A B C D E F G H I J
图3

答案:45

【解答】 如图 4 所示,图中共有基本线段 9 条,根据基本线段相加法,得到 $1+2+3+\cdots+9=45$ 条线段。或者从 10 点选取两点作为线段的端点,共有 $C_{10}^2=45$ 条线段。

A B C D E F G H I J
1 +2 +3 +4 +5 +6 +7 +8 +9 =45(条)
图4

例题 1-2 如图 5 所示,这个"钻石"形状的图形中共有_____条线段。

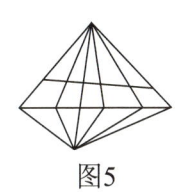

图5

答案:56

【解答】 上下分开数线段,然后再考虑上下在一起形成的线段条数。
共有 $(1+2)\times 6+(1+2+3+4+5)\times 2+6+1\times 2=56$ 条线段。
也可以列式 $(1+2)\times 5+(1+2+3+4+5)\times 2+(1+2+3)+5=56$ 条线段。

例题 2 在一条水平直线上有 15 个点,从左向右相邻两点之间的距离依次为 1 厘米、2 厘米、3 厘米……14 厘米,那么图中所有线段的长度之和为_____厘米。

答案:4200

【解答】 如图 6 所示,基本线段的长度分别为 1 厘米、2 厘米、3 厘米……14 厘米,各自在 $C_{15}^2=105$ 条线段长度求和的贡献不同,依次贡献了 1×14 次,2×13 次,3×12 次……14×1 次。

1 2 3 4 ⋯
图6

所以 105 条线段长度之和为
$1^2\times 14+2^2\times 13+3^2\times 12+4^2\times 11+\cdots+14^2\times 1$
$=1^2\times(15-1)+2^2\times(15-2)+3^2\times(15-3)+4^2\times(15-4)+\cdots+14^2\times(15-14)$
$=(1^2+2^2+3^2+\cdots+14^2)\times 15-(1^3+2^3+3^3+\cdots+14^3)$

$$=\frac{14\times15\times29}{6}\times15-\frac{14^2\times15^2}{4}$$
$$=\frac{14\times15^2}{12}\times(29\times2-14\times3)$$
$$=4200$$

针对性练习

练习❶ 给定平面内 9 个不同的点,任意两点都连成一条线段,那么共可连 _____ 条线段。

练习❷ 如图 7 所示,以长方体的顶点为端点,除了棱以外,还能连出 _____ 条线段。

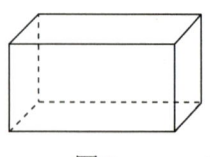

图7

练习❸ 如图 8-1 所示,有线段 _____ 条;如图 8-2 所示,有 _____ 条线段。

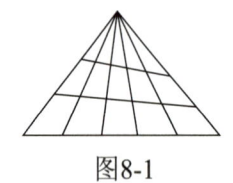

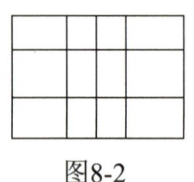

图8-1　　图8-2

练习❹ 如图 9 所示,在一条直线上有 12 个点,相邻两点之间的距离都是 5 厘米,那么图中所有线段长度之和为 _____ 厘米。

图9

练习❺ 平面内有 20 点,任意三点不共线。以这些点为端点连线段,没有任意三条线段首尾相接形成三角形,那么最多连 _____ 条线段。

练习参考答案

练习题号	练习1	练习2	练习3	练习4	练习5
参考答案	36	16	81　70	1430	100
解答提示	基本线段相加法	$C_8^2-3\times4$	分类进行基本线段相加法	$5\times C_{13}^3$	把点分成两组连线段

140

JSH-39　数直线

神器内容	给定空间内 n 个不同的点,任意三点不共线,最多可以连出 C_n^2 条直线。
要点说明	任意三点不共线,连成直线算一算。 选取两点来组合,统计直线总条数。 三点共线少 2 条,这个一定要知晓。 四点共线少几条,最好提前给算好。

神器溯源

从一个点出发,向正、反两个方向无限延伸得到的图形叫作直线。直线没有端点,只有两个方向。如图 1 所示,直线可以用上面的两点(大写英文字母)确定,直线 AB 或直线 BA,也可以用一个小写的英文字母表示,直线 l。直线本身是无限长的,在作图中不需要说明延长直线,根据需要画多长都可以。

两点确定一条直线,这是直线公理。如图 2 所示,如果三点在一条直线上,或者两点确定的直线经过第三个点,则称三点共线;如图 3 所示,如果三条直线经过同一个点,或者第三条直线经过原来两条直线的交点,则称三线共点。

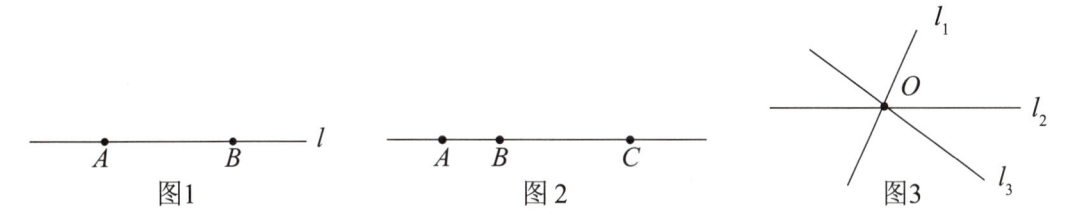

图1　　图2　　图3

在一个平面内,两条直线的位置关系有平行和相交。如图 4 所示,直线 l_1 与直线 l_2 平行,记作 $l_1 // l_2$。如图 5 所示,直线 l_3 与直线 l_4 交于 O 点,记作 $l_3 \cap l_4 = O$。

如果在空间内,直线的位置关系还有异面直线,如图 6 所示,长方体的棱 AB 所在直线与棱 CG,DH,EH,FG 都是异面直线。

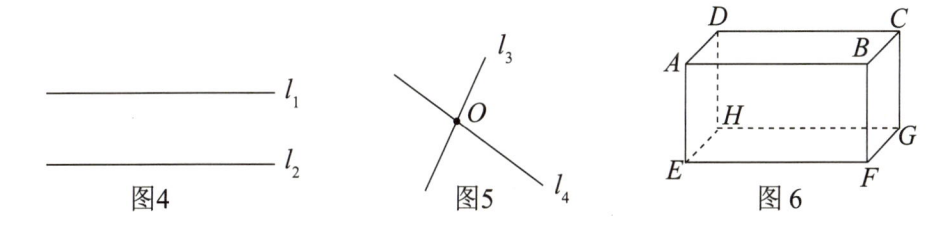

图4　　图5　　图6

给定空间内 n 个点,如果任意三点不共线,那么最多可以连出 C_n^2 条直线。

每组三点共线,减少 $C_3^2-1=2$ 条直线;每组四点共线,减少 $C_4^2-1=5$ 条直线。

例题精讲

例题 1-1 在一个平面内有 10 个点,任意三点不共线,那么最多可以确定 _____ 条直线。

答案:45

【解答】 根据两点确定一条直线,共计可以作 $C_{10}^2=45$ 条直线。

例题 1-2 如图 7 所示,图中任意相邻两点的水平或竖直距离都相同,那么这些点最多能确定 _____ 条直线。

图7

答案:28

【解答】 (1)图 7 中共 11 个点,最多作 $C_{11}^2=55$ 条直线。

(2)排除四点共线的情况,如图 8 所示,共有 3 组,共计减少 $3\times(C_4^2-1)=15$ 条直线。

(3)排除三点共线的情况,如图 9 所示,共有 6 组,共计减少 $6\times(C_3^2-1)=12$ 条直线。

所以,图中点可以确定 $55-15-12=28$ 条直线。

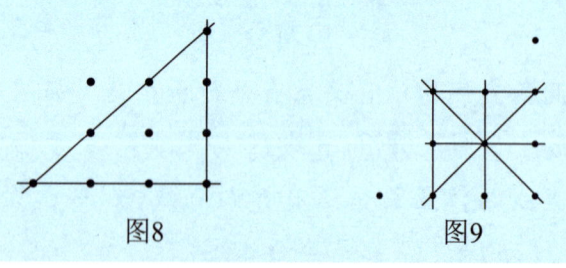

图8　　　　图9

例题 2 在一个平面内有 6 点,根据点的排列不同,确定的直线条数也不同。如图 10 所示,6 点此种排列方式,可以确定 10 条直线。适当调整点的位置,确定的直线有 n 条,那么 n 的取值共有 _____ 种。

图10

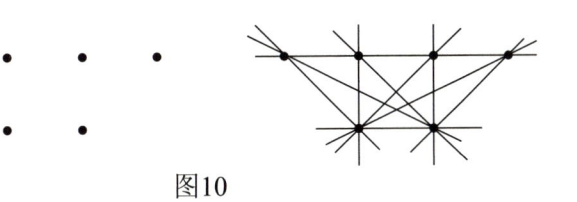

答案：9

【解答】 适当调整6点的位置,确定的直线条数取值有9种,如图11至图19所示。

确定1条直线

图11

确定6条直线

图12

确定10条直线

图13

（后面图形读者连一连）

确定7条直线　　确定8条直线　　确定9条直线

图14　　图15　　图16

确定11条直线　　确定13条直线　　确定15条直线

图17　　图18　　图19

针对性练习

练习❶ 给定平面内9个不同的点,任意三点都不共线,那么共能连_____条直线。

练习 ❷　如图 20 所示，图中 8 个点最多可以作_____条直线。

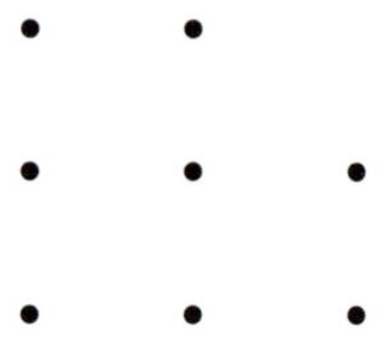

图20

练习 ❸　如图 21 所示，图中 9 个点最多可以作_____条直线。

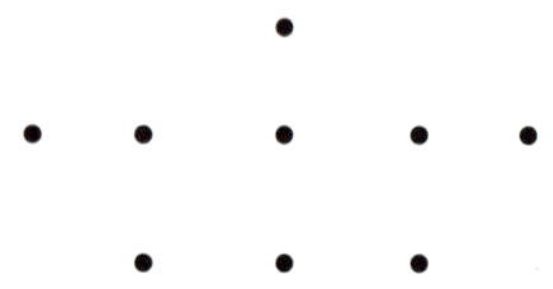

图21

练习 ❹　在一个平面内有 8 个点，结果最多只能作出 20 条直线，那么一定有_____条直线是三点共线的情况。

练习 ❺　在一个平面内画出 5 条直线，它们的交点有 n 个，那么 n 的取值有_____种。

练习参考答案

练习题号	练习1	练习2	练习3	练习4	练习5
参考答案	36	18	23	4	9
解答提示	C_9^2	$C_8^2-5\times 2$	$C_9^2-9-2\times 2$	$(C_8^2-20)\div(C_3^2-1)$	n 取不到 2 和 3

JSH-40　数射线

神器内容	直线上一点可以确定 2 条射线。
要点说明	一条直线一个点，两条射线看得见。 一条直线两个点，四条射线很明显。 不加字母能表达，多少能够表出它？

神器溯源

直线上一点及其一旁的部分，叫作射线。该点是射线的端点，该点一旁的方向是射线的方向。所以，射线有一个端点、一个方向。射线也是无限长的，根据需要画出来，不需要延长，但可以反向延长射线。如图 1 所示，射线 OA，则第一个字母对应的点就是射线的端点，第二个字母 A 是射线方向的任意一个点，两点不能交换顺序。如图 2 所示，手电筒光线、激光都是射线。

直线上一点可以确定 2 条射线，这 2 条射线的端点相同，方向相反。直线上两点可以确定 4 条射线，但是，不添加字母能标记的只有 2 条。如图 3 所示，图中可以标记的射线为射线 AB 和射线 BA。

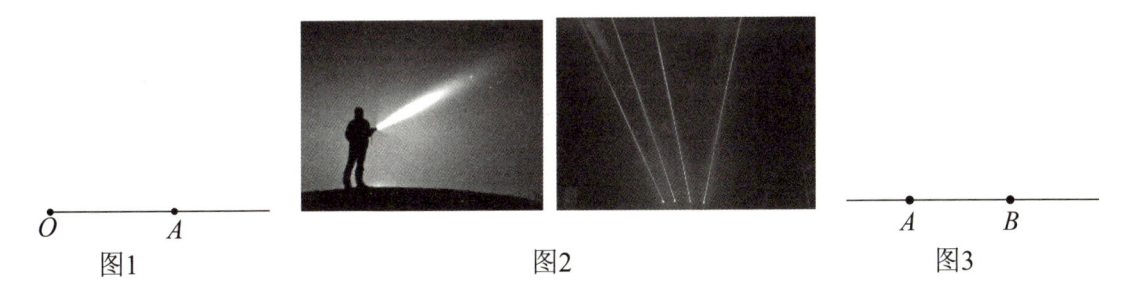

图1　　　　图2　　　　图3

如果没有指明的情况下，一般按总射线条数统计。直线上 n 个点，可以确定的射线有 $2n$ 条；在平面内 n 个点，最多可以作 A_n^2 条射线。

例题精讲

例题 1-1 直线上标记有 10 个点,那么这些点可以确定 _____ 条射线。

答案:20

【解答】 直线上任意一点都确定 2 条射线。直线上 10 个点共确定 $10 \times 2 = 20$ 条射线。

例题 1-2 如图 4 所示,以图中的点为端点和方向上的点,共可以作出 _____ 条射线。(有端点,方向上无已知点的射线不算)。

图4

答案:72

【解答】 10 点确定的射线中,能标记的有 $A_{10}^2 = 10 \times 9 = 90$ 条射线。三点共线少 2 条射线,图 5 中有 6 组三点共线;四点共线少 6 条射线,图 6 中有 1 组四点共线。从而可以作出 $90 - 2 \times 6 - 6 \times 1 = 72$ 条射线。

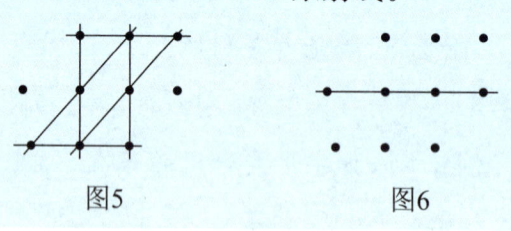

图5   图6

例题 2 如图 7 所示,图中共有 _____ 条射线。

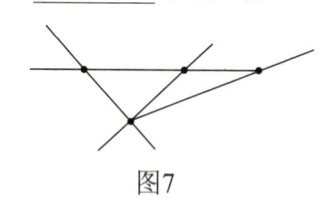

图7

答案:13

【解答】 如图 8 所示,根据端点进行逐个统计,以 A 为端点的射线有 3 条,以 B 为端点的射线有 3 条,以 C 为端点的射线有 2 条,以 D 为端点的射线有 5 条。共有 $3 + 3 + 2 + 5 = 13$ 条射线。

图8

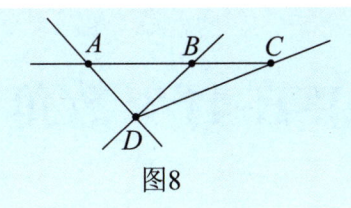

针对性练习

练习 ❶ 一条直线上标记有 15 个点,那么这些点可以确定_____条射线。

练习 ❷ 如图 9 所示,给定平面内 8 个不同的点,不添加点或字母,以这些点为端点或方向上的点,那么共可以连_____条射线。(有端点,方向上无已知点的射线不算)

图9

练习 ❸ 如图 10 所示,图中共有_____条射线。

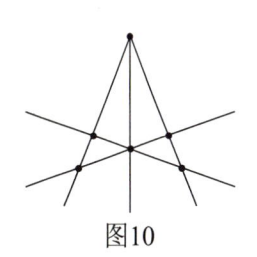

图10

练习 ❹ 如图 11 所示,图中共有_____条射线。

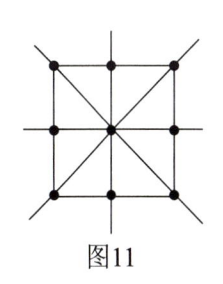

图11

练习参考答案

练习题号	练习1	练习2	练习3	练习4
参考答案	30	46	20	24
解答提示	15×2	8×7−5×2	逐点统计	按点分类统计

JSH-41　数角

神器内容	如图1所示，图中有 n 条射线，构成 $(n-1)$ 个基本角，共有 $\dfrac{n(n-1)}{2}$ 个角。
要点说明	放射图形几个角？不能多来不能少。 基本角来都相加，轻轻松松能秒杀。 数角默认记心间，平角优角都不算。 几条直线共一点，推导公式在下面。 复杂图形来数角，顶点标记最为高。

图1

神器溯源

由具有公共端点的两条射线组成的图形叫作角。其中射线叫作边，射线的公共点叫作角的顶点，如图2所示。

由相邻两条射线组成的角叫作基本角。其他角都是由相邻的基本角拼成的。如图3所示，∠1与∠2都是基本角，而∠AOC是由∠1和∠2拼成的角，叫作拼角。两个基本角拼成的角叫作二拼角，三个基本角拼成的角叫作三拼角……

如图4所示，把角进行分类：边界角有 $0°,90°,180°,360°$，对应区间内的角为锐角、钝角和优角。在角的计数时，一般默认只统计大于 $0°$ 且小于 $180°$ 的角。

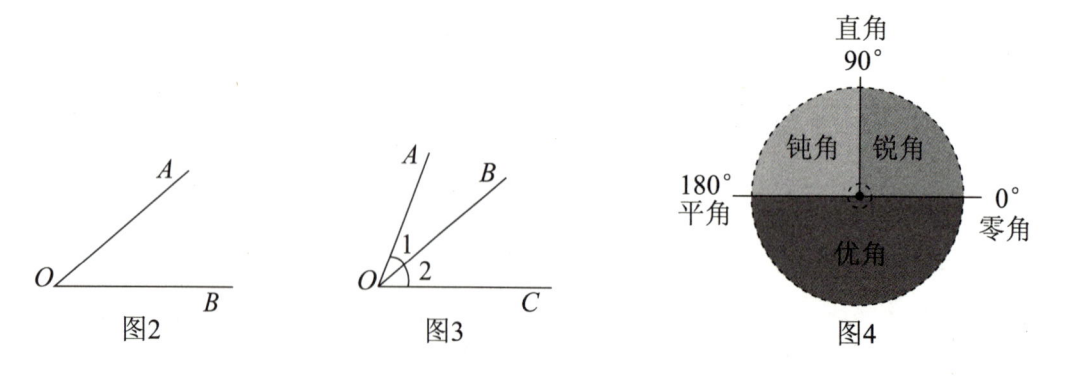

图2　图3　图4

在数角的时,经常遇到下面三种情况:

(1)劣角放射形。如图5所示,基本角相加法,共有 $1+2+3+4+\cdots+(n-1)=\dfrac{n(n+1)}{2}$,或者从 n 条射线中选取2条就构成一个角,共有 C_n^2 个角。

(2)平角放射形。如图6所示,共有 (C_n^2-1) 个角。

(3)周角放射形。如图7所示,n 条直线相交于一点,形成 $2n$ 个基本角,相邻2个基本角得到 $2n$ 个拼角,相邻3个基本角得到 $2n$ 个拼角……相邻 $(n-1)$ 个基本角得到 $2n$ 个拼角。所以共有 $2n(n-1)$ 个角。

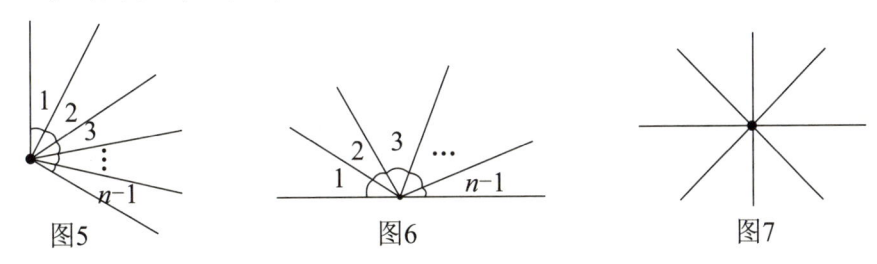

图5　　　　　图6　　　　　图7

例题精讲

例题 1-1 如图8所示,图中共有_____个角。

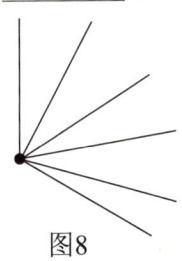

图8

答案:15

【解答】 基本角相加法,共有 $1+2+3+4+5=15$ 个角。或者对角的边进行组合,有 $C_6^2=15$ 个角。

例题 1-2 如图9所示,4条直线与1条射线交于一点,则中共有_____个角。

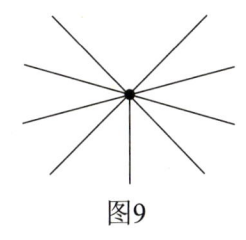

图9

答案:32

【解答】 先不考虑射线,根据直线共点形,得到角有 $2\times4\times3=24$ 个。加上射线,会增加8个角。所以共有 $24+8=32$ 个角。

例题 2-1 如图 10-1 和图 10-2 所示,两图中的角相差_____个。

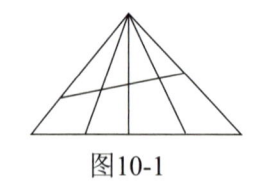

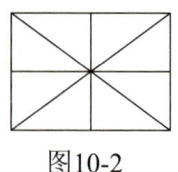

图10-1   图10-2

答案:10

【解答】 图 10-1 中共有角 $10+2\times5+4\times3+2=34$ 个。图 10-2 中共有角 $2\times4\times3+2\times4+3\times4=44$ 个。两者的角相差 $44-34=10$ 个。

例题 2-2 如图 11 所示,图中共有_____个直角。

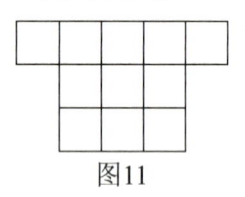

图11

答案:46

【解法一】 如图 12 所示,对直角顶角进行直角标数,共有 $1\times6+2\times8+4\times6=46$ 个直角。

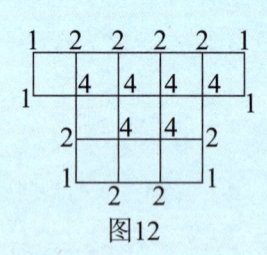

图12

【解法二】 每个基本正方形都有 4 个直角,外侧还有 2 个直角没有统计,所以 $11\times4+2=46$ 个直角。

针对性练习

练习❶ 图 13 中三个图形依次有_____、_____、_____个角。

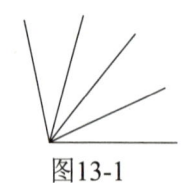

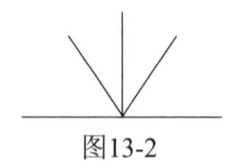

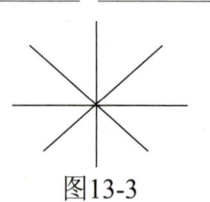

图13-1   图13-2   图13-3

150

练习 2 如图 14 所示,图中共有_____个角。

练习 3 如图 15 所示,图中共有_____个角。

练习 4 如图 16 所示,图中共有_____个角。

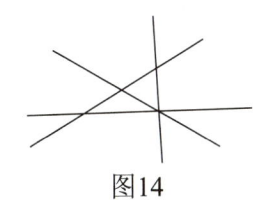

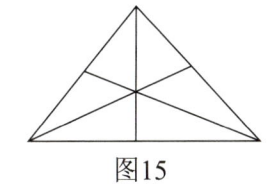

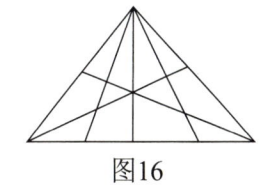

图14　　　　　　图15　　　　　　图16

练习 5 如图 17 所示,这是 5 个点构成的完备图,那么图中共有_____个角。(角的顶点可以是对角线的交点)

练习 6 如图 18 所示,图中共有_____个直角。

练习 7 如图 19 所示,把平角平均分成 7 个基本角,那么图中所有角的度数之和为_____°。

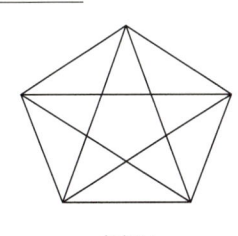

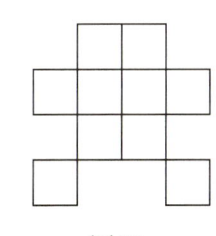

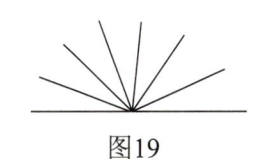

图17　　　　　　图18　　　　　　图19

练习参考答案

练习题号	练习1	练习2	练习3	练习4	练习5
参考答案	10　9　24	24	27	54	50
解答提示	基本练习	基本练习	3×3+2×3+12	10+6+10+16+12	6×5+4×5

练习题号	练习6	练习7			
参考答案	48	1980			
解答提示	4×10+8	$\dfrac{180}{7} \times \dfrac{7 \times 8 \times 9}{6} - 180$			

· 151 ·

JSH-42　数三角形之基本区域法

神器内容	数三角形,把图中每个区域进行标数或标字母,三角形可以是单个或多个区域拼成,转化为数与字母之间的计数。
要点说明	图中几个三角形,杂乱无章很头疼。 各个区域数标清,字母也可在其中。 基本区域非三角,字母标记它最好。 基本区域来相加,根据块数搞定它。

神器溯源

对于杂乱无章的图形进行三角形计数,一般看基本区域有几个三角形,几个基本区域能拼成一个三角形。这里就需要有个统计的顺序和标准,才能做到不重复、不遗漏。把基本三角形区域标记数字,把非三角形区域标记字母,然后把区域相加,转化为数字与字母搭配问题来计数。

例题精讲

例题1 如图1所示,图中共有_____个三角形。

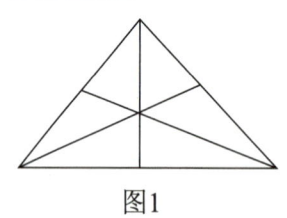

图1

答案:16

【解答】 如图2所示,标记数字。
(1)一块的三角形有数字括号1~6,共6个。
(2)两块拼成的三角形有2、3,4、5,6、1,共3个。
(3)三块拼成的三角形有1、2、3,2、3、4,3、4、5,4、5、6,5、6、1,6、1、2,共6个。

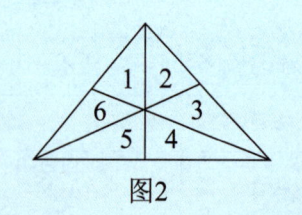

图2

(4)无四块、五块拼成的三角形。

(5)六块拼成的三角形有1个。

所以,图中共有三角形 6+3+6+1=16 个。

例题2 如图3所示,图中共有_____个三角形。

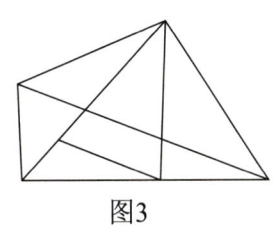

图3

答案:16

【解答】 (1)如图4所示,标记六个基本三角形为标号1~6,中间四边形标记为 a。

(2)基本三角形6个,两块拼成的三角形有1、2,2、3,3、4,3、a,4、5,共5个,三块拼成的三角形有2、3、4、6,a、3、6,a、5,共3个,四块拼成的三角形有1个,五块拼成的三角形有1个。共有 6+5+3+1+1=16 个三角形。

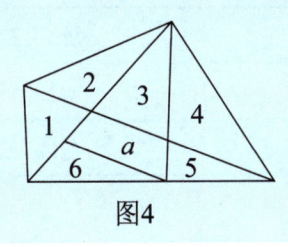

图4

针对性练习

练习1 如图5所示,图中共有_____个三角形。

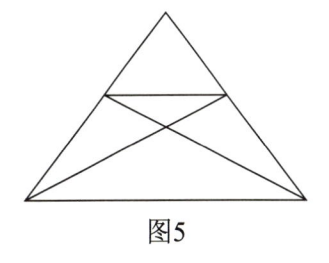

图5

练习❷ 如图6所示,图中共有_____个三角形。

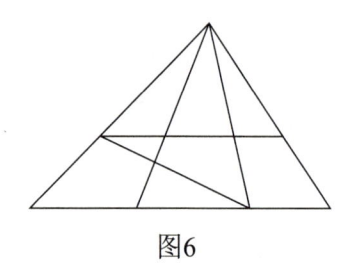

图6

练习❸ 如图7所示,图中共有_____个三角形。

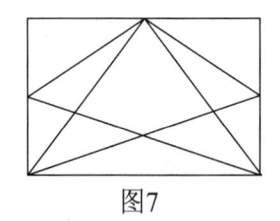

图7

练习参考答案

练习题号	练习1	练习2	练习3
参考答案	12	19	24
解答提示	基本区域法	基本区域法	9+8+6+1

JSH-43　数三角形之消消乐

神器内容	三角形由顶点和边构成,可以通过消除点及其连接的线段,来简化图形。
要点说明	做数学,玩游戏,方法借鉴来解题。 消顶点,消线段,图形越来越简单。 三角形,怎么找？拿条线段来割角。

神器溯源

对于杂乱无章的图形进行三角形计数,除了使用基本区域法计数以外,还有一种方法就是消消乐法。三角形由顶点和边构成,可以通过消除点及其连接的线段,来简化图形,逐步下去得到图中所有三角形的个数。在找消除点及其连接线段时,要从角的角度观察,拿出一条线段来割角,只要能割出一个角,就对应着产生一个三角形。

如图 1 所示,以 A 为顶点的角有 3 个,用线段切割 ∠BAC,形成 3 个三角形,切割 ∠CAD 形成 2 个三角形,切割 ∠BAD 形成 2 个三角形,因此 A 点参与确定的三角形有 $3+2+2=7$ 个。消除 A 点及其确定的基本线段,减少 7 个三角形,图形变得更加简单,逐步消除点,直至找完图中的全部三角形。

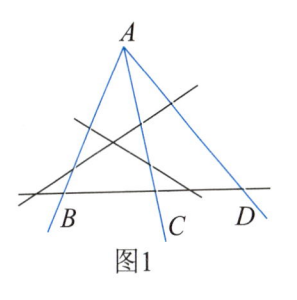

图1

消消乐法数三角形在方法操作上虽然需要多画几个子图,但要比基本区域法准确度高很多。

除了消点的消消乐,还可以进行消基本线段的消消乐,主要寻找点与基本线段搭配构成的三角形。

例题精讲

例题 1 如图 2 所示,图中共有_____个三角形。

答案:24

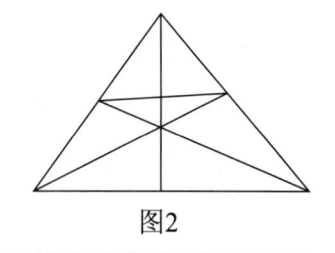

图2

【解答】 如图 3 所示,对点与线段进行消消乐,共可以得到图 2 中共有 12+6+3+3=24 个三角形。

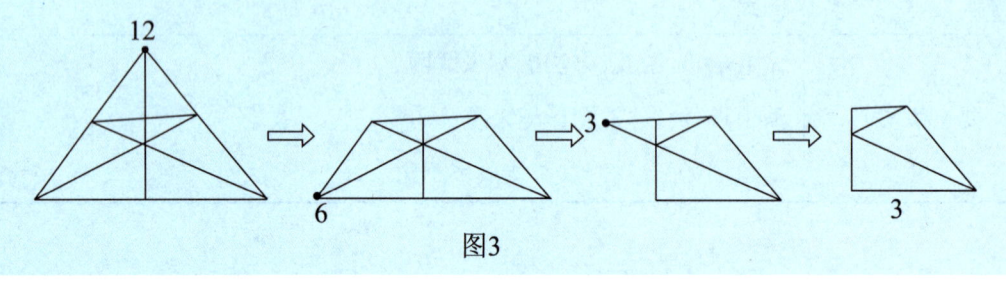

图3

例题 2 如图 4 所示,图中共有_____个三角形。

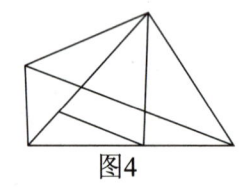

图4

答案:16

【解法一】 消点法。如图 5 所示,对点进行消消乐,共有 6+7+2+1=16 个三角形。

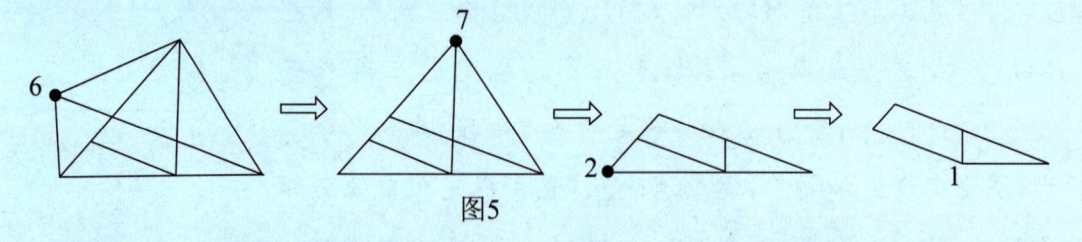

图5

【解法二】 消线段法。如图 6 所示,对线段进行消消乐,共有 4+2+4+2+4=16 个三角形。

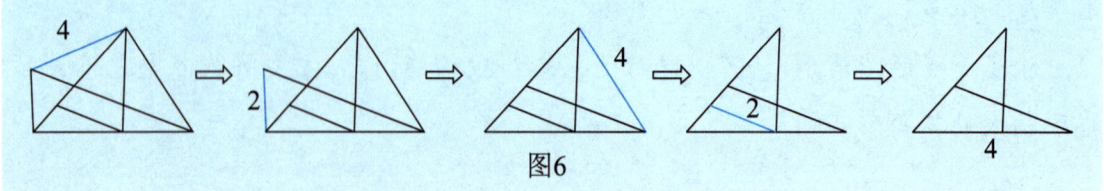

图6

针对性练习

练习 ❶ 如图 7 所示,图中共有_____个三角形。

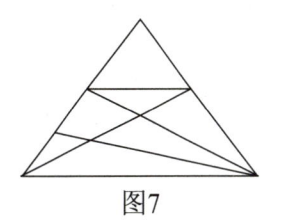

图7

练习 ❷ 如图 8 所示,图中共有_____个三角形。

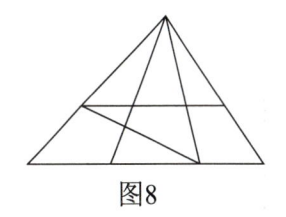

图8

练习 ❸ 如图 9 所示,图中共有_____个三角形。

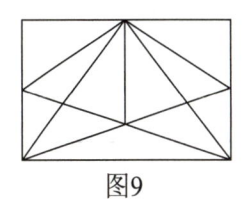

图9

练习 ❹ 如图 10 所示,图中共有_____个三角形。

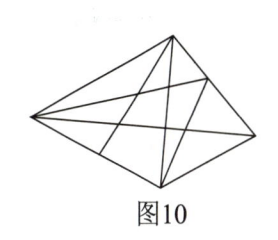

图10

练习参考答案

练习题号	练习1	练习2	练习3	练习4
参考答案	19	19	30	34
解答提示	消消乐	消消乐	消消乐	消消乐

JSH-44　数三角形之放射图

神器内容	如图1所示,从△ABC的顶点A发出a条线,从B发出b条线,从C发出c条线。除顶点A,B,C外,三角形内部无三线共点情况,那么图中共有($C_{a+b+c-3}^3 - C_a^3 - C_b^3 - C_c^3$)个三角形。
要点说明	放射光线点发出,交叉围成许多图。 其中几个三角形？光线组合算得清。 任意三条来组合,三线共点少一个。 如果光源是一点,线段条数乘挡板。 如果光源是两点,消消乐法来推演。 如果光源是三点,三线组合最简单。

图1

神器溯源

如图2所示,三角形的三个顶点就像光源一样,发出许多光线,这些光线交叉图形都在由三个光源组成的图形中,那么这些光线围成的三角形有多少个呢？

下面根据光源个数进行分类探讨。

(1) 一点放射

如图3所示,三角形只有一个光源,发出a条光线,有n个光线过滤挡板。光源点与挡板上的任意一条线段都可以确定一个三角形,三角形个数由挡板上的线段数确定。每个挡板上线段有C_a^2条,对应确定C_a^2个三角形。由于有n个挡板,所以图中共有三角形nC_a^2个。

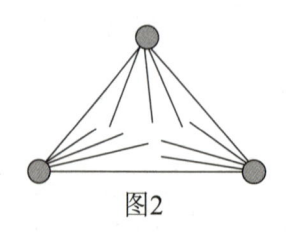

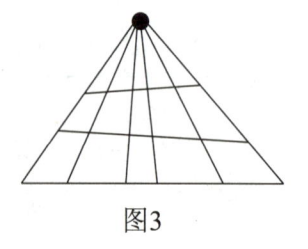

图2　　　　图3

(2)两点放射

如图 4 所示,三角形有两个光源,A 点发出 a 条光线,B 点发出 b 条光线。除了 AB 边以外,把经过点 B 的光线作为过滤挡板,消除 A 点,转化为 B 点的一个放射点。三角形个数有

$$(b-1)C_a^2+(a-1)C_{b-1}^2$$
$$=\frac{a(a-1)(b-1)}{2}+\frac{(a-1)(b-1)(b-2)}{2}$$
$$=\frac{(a-1)(b-1)(a+b-2)}{2}。$$

如果从每个点的基本角个数出发,那么 A 点基本角个数 $s=a-1$,B 点基本角个数 $t=b-1$,则两点放射图中有 $\dfrac{st(s+t)}{2}$ 个三角形。

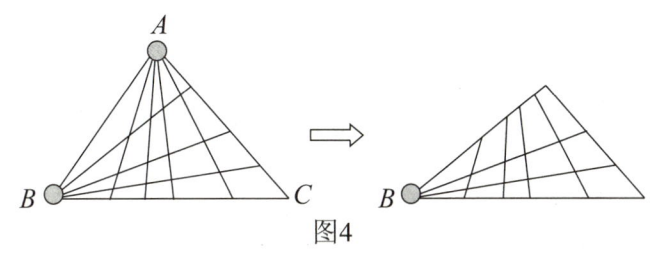

图4

(3)三点放射

如图 5 所示,三条光线可以围成一个三角形,当然需要排除图 6 中的两种三线共点的情况。所以,在图 7 中,如果在三角形内部没有三线共点的情况,三角形共有 $(C_{a+b+c-3}^3-C_a^3-C_b^3-C_c^3)$ 个。

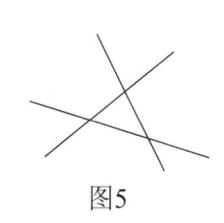

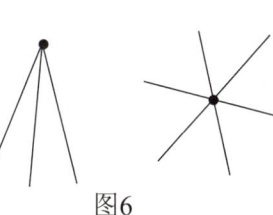

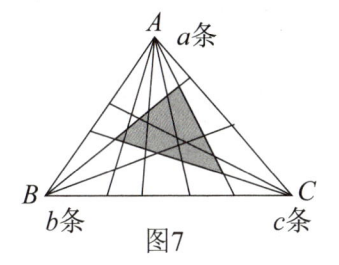

图5　　图6　　图7

例题精讲

例题 1-1 如图 8 所示,图中共有_____个三角形。

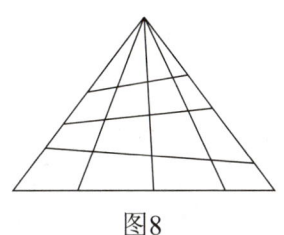

图8

答案: 40

【解答】 本题为一个光源的放射图,共有三角形 $4C_5^2=40$ 个。

例题 1-2 如图 9 所示,图中共有_____个三角形。

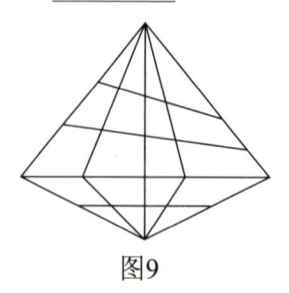

图9

答案: 54

【解答】 分成上下两部分来统计,分别都是一个光源的放射图,两者合在一起,会增加 4 个三角形,共有三角形 $3C_5^2+2C_5^2+4=54$ 个。

例题 2-1 如图 10 所示,图中共有_____个三角形。

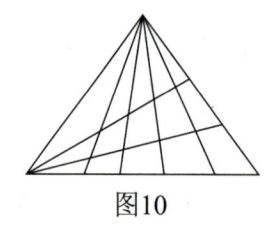

图10

答案: 60

【解法一】 两个光源的射线图,共有 $\dfrac{3\times5\times8}{2}=60$ 个三角形。

【解法二】 把图 10 看成三个光源的放射图,三个顶点发出的光线分别有 2,4,6 条,共有 $C_{2+4+6-3}^3-C_4^3-C_6^3=84-4-20=60$ 个三角形。

例题 2-2 如图 11 所示,图中共有_____个三角形。

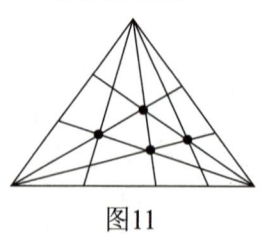

图11

答案: 98

【解答】 这是三个光源的射线图,在使用公式的同时,排除三角形内部 4 处三线共点的情况,共有 $C_{4+4+5-3}^3-2C_4^3-C_5^3-4=120-8-10-4=98$ 个三角形。

160

针对性练习

练习 ❶ 如图 12 所示,图中共有_____个三角形。

练习 ❷ 如图 13 所示,图中共有_____个三角形。

练习 ❸ 如图 14 所示,图中共有_____个三角形。

练习 ❹ 如图 15 所示,图中共有_____个三角形。

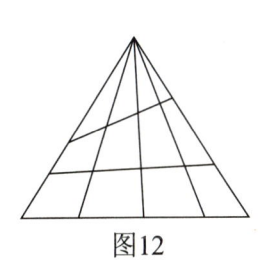

图12 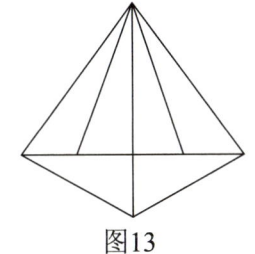　　　图13 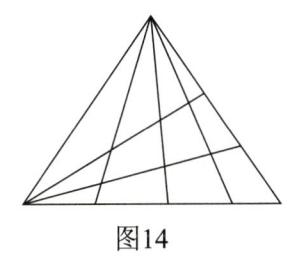　　　图14 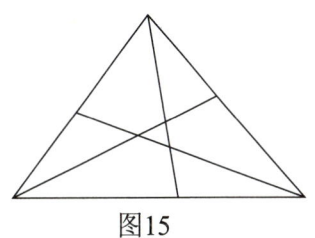　　　图15

练习 ❺ 如图 16 所示,图中共有_____个三角形。

练习 ❻ 如图 17 所示,图中共有_____个三角形。

练习 ❼ 如图 18 所示,图中共有_____个三角形。

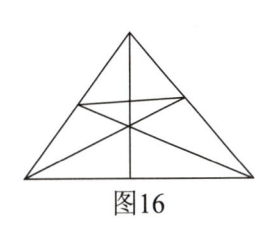

图16 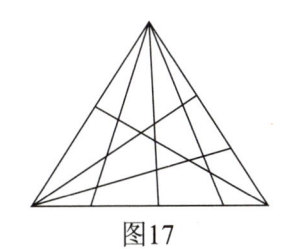　　　图17 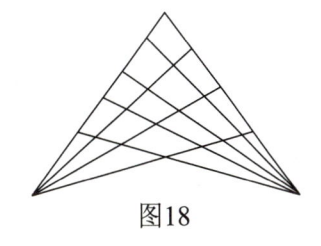　　　图18

练习参考答案

练习题号	练习1	练习2	练习3	练习4	练习5
参考答案	30	15	42	17	24
解答提示	$3C_5^2$	基本练习	$3\times 4\times 7\div 2$	C_6^3-3	$16+8$
练习题号	练习6	练习7			
参考答案	69	70			
解答提示	$C_9^3-C_3^3-C_4^3-C_5^3$	$C_4^2\times C_5^1+C_4^1\times C_5^2$			

JSH-45　数三角形之相似图

神器内容	在数三角形的图形中,如果有相似的图形(形状相同,不一定大小相同),可以先数相似部分,然后把图形进行组合。注意组合三角形可能出现重复或遗漏计数。
要点说明	数数图中三角形,好像两块都相同。 一块大,一块小,缩放图形看得到。 不管缩放或复制,先数一块小意思。 图形组合常常有,不是重复就遗漏。

神器溯源

在数三角形的图形中,如果有相似的图形出现,可以先数其中一块,然后再进行图形组合。在组合图形时,不管是图形的拼接还是图形的嵌入,都可能出现三角形重复计数或遗漏计数的情况。遗漏的要补上,重复的要减去,都需要严谨排查。这里相似的图形仅是指图形形状相同即可,不一定一样大。

例题精讲

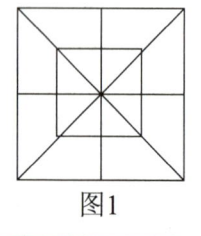

例题1 如图1所示,图中共有_____个三角形。

答案:32

图1

【解答】　在图2中有16个三角形,在图1中有图2,且是大图之中嵌入小图。在嵌入时,三角形个数不增加也不重复。所以,图1中有三角形16×2=32个。

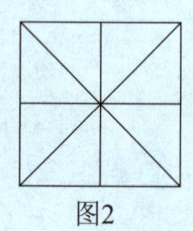

图2

例题 2-1 如图 3 所示,图中共有 _____ 个三角形。

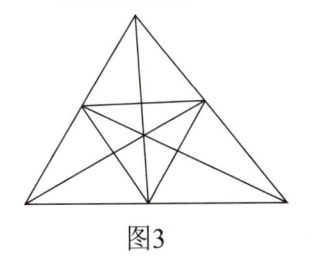

图3

答案:47

【解答】 (1)在图 3 中出现 2 个如图 4 所示的图,小图嵌入大图之中,小三角形的边是新增加的,可能与大三角形的顶点构成新的三角形。

(2)图 4 中有三角形 $C_6^3 - 3C_3^3 - 1 = 20 - 4 = 16$ 个三角形。如图 5 所示,线段 AB 嵌入时,新增三角形 $1+1+3=5$ 个三角形,同时两者没有重复的三角形。

所以,图 3 中的三角形有 $16 \times 2 + 3 \times 5 = 47$ 个。

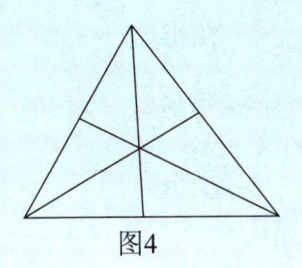

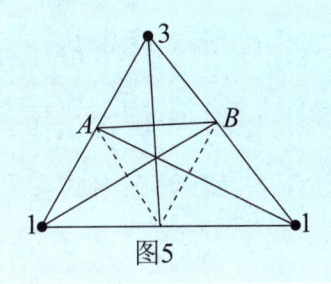

图4   图5

例题 2-2 如图 6 所示,图中共有 _____ 个三角形。

图6

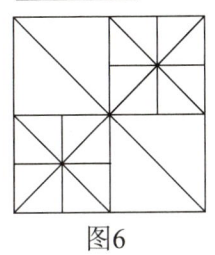

答案:44

【解答】 把图 6 拆成图 7,有三个形状相似的图形。如图 8 所示,在三角形嵌入时,出现 4 个重复的三角形(灰色和蓝色部分各 2 个)。所以,图 6 中的三角形有 $16 \times 3 - 4 = 44$ 个。

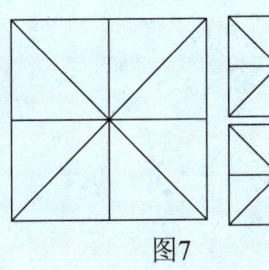

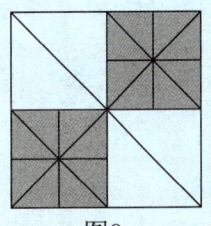

图7   图8

· 163 ·

针对性练习

练习 ❶ 如图 9 所示，图中共有_____个三角形。

练习 ❷ 如图 10 所示，图中共有_____个三角形。

练习 ❸ 如图 11 所示，图中共有_____个三角形。

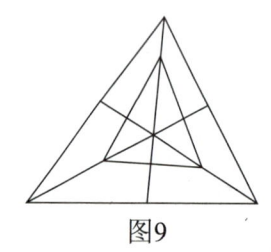

图9 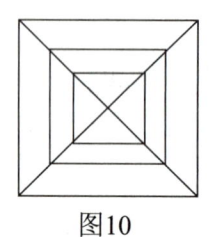　　　图10 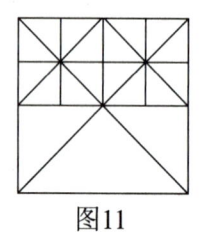　　　图11

练习 ❹ 如图 12 所示，图中共有_____个三角形。

练习 ❺ 如图 13 所示，图中共有_____个三角形。

练习 ❻ 如图 14 所示，图中共有_____个三角形。

练习 ❼ 如图 15 所示，图中共有_____个三角形。

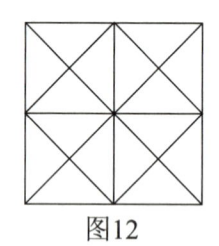

图12 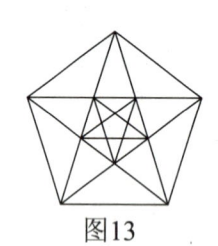　　　图13 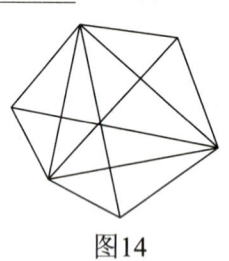　　　图14 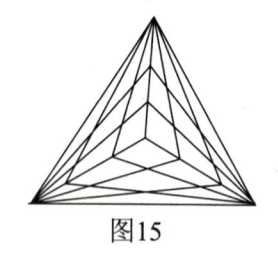　　　图15

练习参考答案

练习题号	练习1	练习2	练习3	练习4	练习5
参考答案	32	24	47	44	85
解答提示	嵌入不增加，不重复	嵌入不增加，不重复	嵌入重复4个，增加3个三角形	嵌入增加12个三角形	嵌入增加15个三角形
练习题号	练习6	练习7			
参考答案	37	88			
解答提示	拼接两个三角形增加7个三角形	(3×3×6÷2)×3+2×3+1			

164

JSH-46　数三角形之金字塔图

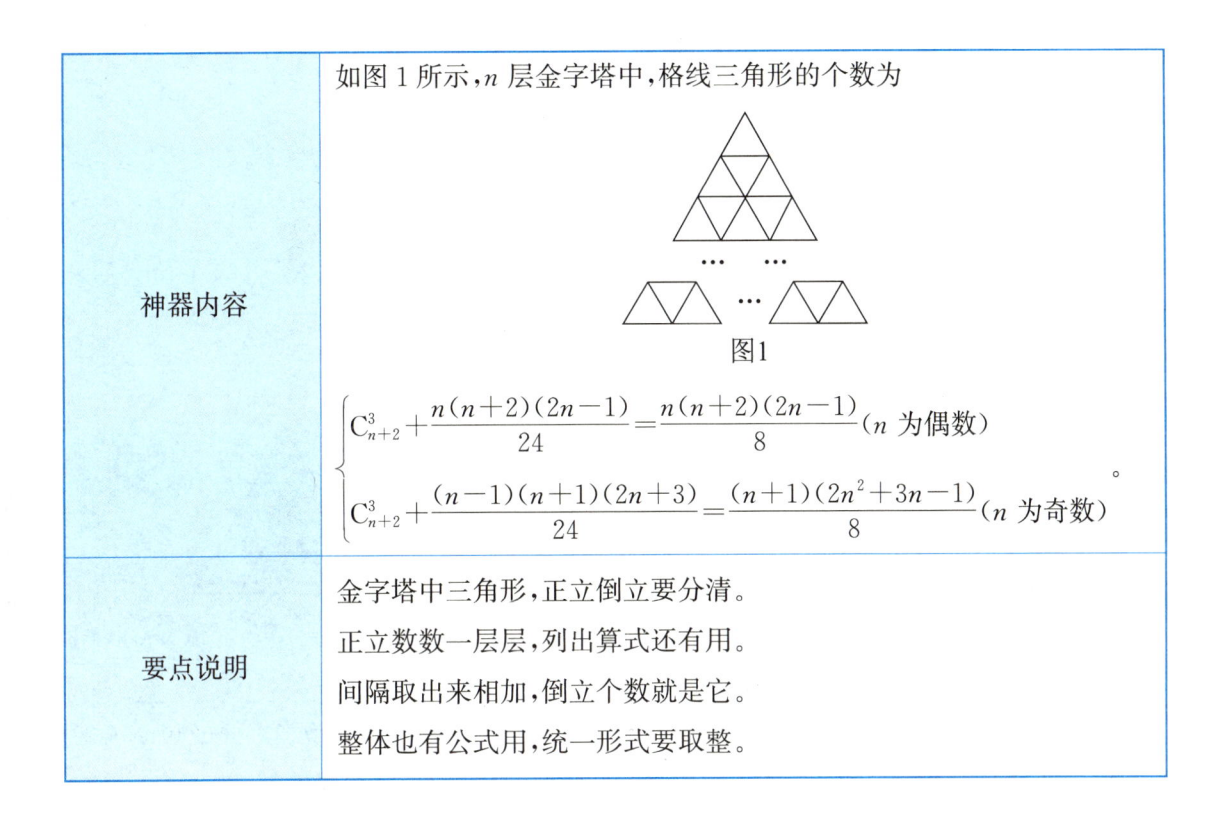

神器内容	如图 1 所示，n 层金字塔中，格线三角形的个数为 图1 $\begin{cases} C_{n+2}^3 + \dfrac{n(n+2)(2n-1)}{24} = \dfrac{n(n+2)(2n-1)}{8} & (n \text{ 为偶数}) \\ C_{n+2}^3 + \dfrac{(n-1)(n+1)(2n+3)}{24} = \dfrac{(n+1)(2n^2+3n-1)}{8} & (n \text{ 为奇数}) \end{cases}$
要点说明	金字塔中三角形，正立倒立要分清。 正立数数一层层，列出算式还有用。 间隔取出来相加，倒立个数就是它。 整体也有公式用，统一形式要取整。

神器溯源

用小正三角形堆垒成金字塔形状，或者把正三角形的各边 n 等分，连出所有与边平行的线段得到的图形叫作金字塔图。图中可以连出或确定的三角形可以分为三类：格线三角形、格点正三角形和格点三角形。

1. 格线三角形

沿着格线画出的三角形叫作格线三角形，可以分为正立和倒立两种情况。如图 2 所示，由 9 个小正三角形组成的阴影三角形就是正立三角形，由 4 个小正三角形组成的阴影三角形就是倒立三角形。

图2

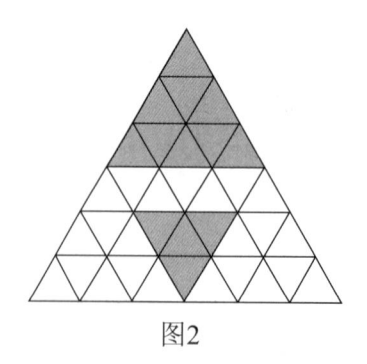

在 n 层金字塔中,下面探索格线三角形的个数。

如图 3 所示,正立三角形个数为

$$\frac{1}{2}[(n+1)n+n(n-1)+(n-1)(n-2)+\cdots+3\times 2+2\times 1]=\frac{1}{2}\times\frac{n(n+1)(n+2)}{3}=C_{n+2}^{3}。$$

$1+2+3+\cdots+n=(n+1)n\div 2$ $1+2+3+\cdots+(n-1)=n(n-1)\div 2$ $1+2+3+\cdots+(n-2)=(n-1)(n-2)\div 2$

图3

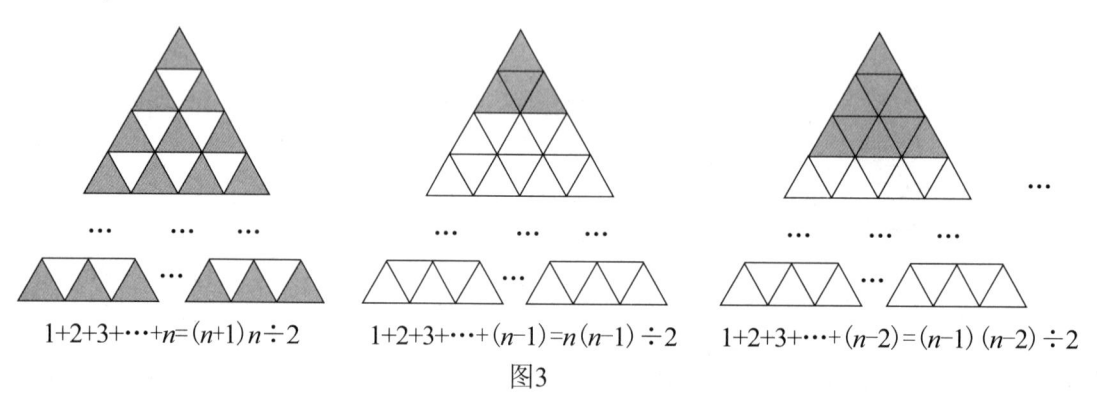

如图 4 所示,对 n 为奇数或偶数推导倒立三角形个数。

当 n 为偶数时,

$$\frac{1}{2}[n(n-1)+(n-2)(n-3)+\cdots+6\times 5+4\times 3+2\times 1]$$

$$=\frac{n}{2}\times(n-1)+\frac{n-2}{2}\times(n-3)+\cdots+3\times 5+2\times 3+1\times 1 \text{(二元自然等差数列求和)}$$

$$=\frac{\frac{n}{2}\left(\frac{n}{2}+1\right)}{2}\times\frac{1+2(n-1)}{3}$$

$$=\frac{n(n+2)(2n-1)}{24}$$

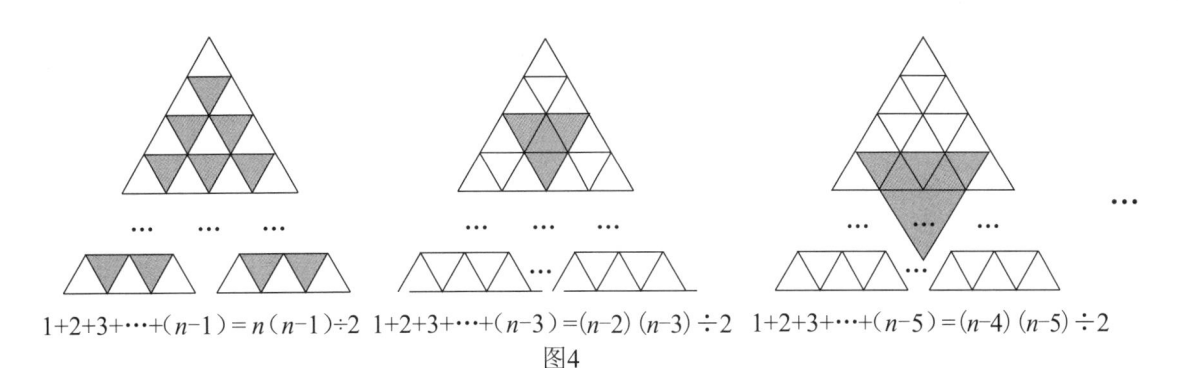

$1+2+3+\cdots+(n-1)=n(n-1)\div2$ $1+2+3+\cdots+(n-3)=(n-2)(n-3)\div2$ $1+2+3+\cdots+(n-5)=(n-4)(n-5)\div2$

图4

当 n 为奇数时，

$$\frac{1}{2}[n(n-1)+(n-2)(n-3)+\cdots+7\times6+5\times4+3\times2]$$

$$=n\times\frac{n-1}{2}+(n-2)\times\frac{n-3}{2}+\cdots+7\times3+5\times2+3\times1（二元自然等差数列求和）$$

$$=\frac{\frac{n+1}{2}\times\frac{n-1}{2}}{2}\times\frac{3+2n}{3}$$

$$=\frac{(n-1)(n+1)(2n+3)}{24}$$

所以，在 n 层金字塔图形中，格线三角形的个数为

$$\begin{cases}C_{n+2}^3+\dfrac{n(n+2)(2n-1)}{24}=\dfrac{n(n+2)(2n-1)}{8}（n\text{ 为偶数}）\\[2mm]C_{n+2}^3+\dfrac{(n-1)(n+1)(2n+3)}{24}=\dfrac{(n+1)(2n^2+3n-1)}{8}（n\text{ 为奇数}）\end{cases}$$

2. 格点正三角形

以金字塔图中的正三角形格点为顶点连出的正三角形，叫作格点正三角形。它除了格线三角形（都是正三角形）以外，还有不沿格线连成的正三角形，它的边都与原有格线不平行，称为旋转正三角形。如图5所示，图中的阴影三角形都是旋转正三角形。

如图6所示，每个图形的边长为 n，就可以旋转 $(n-1)$ 次。以左顶点为参照物，距离左顶点的距离的长度叫作这个旋转正三角形的转距。当然转距为 0 时，就是原来的格线正三角形。在旋转后图形可能缩小，看上去可能不是大小不变的旋转哦。

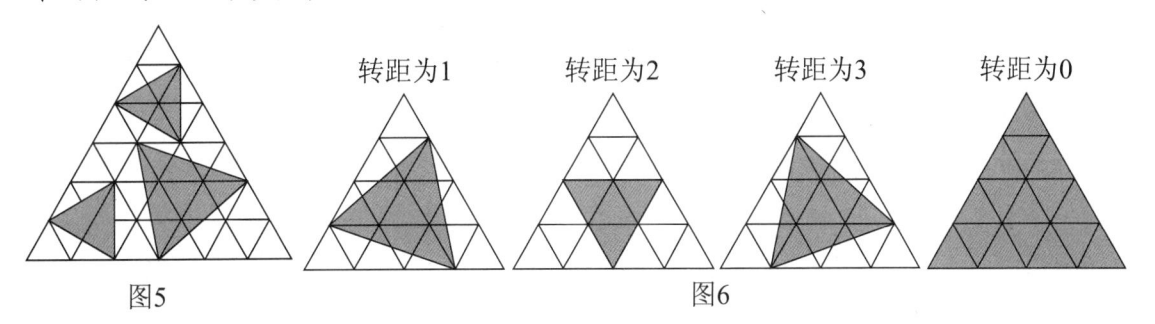

图5   图6

下面推导格点正三角形的个数。

每个边长为 n 的格线三角形都能旋转 n 次(包括 $n=0$),对每个边长为 n 的格线三角形扩大 n 倍就是这个格线三角形确定的格点正三角形的个数。

$$\frac{n(n+1)}{2} \times 1 + \frac{(n-1)n}{2} \times 2 + \frac{(n-2)(n-1)}{2} \times 3 + \cdots + \frac{2 \times 3}{2} \times (n-1) + \frac{1 \times 2}{2} \times n$$

$$= \frac{1}{2}[1 \times 2 \times n + 2 \times 3 \times (n-1) + 3 \times 4 \times (n-2) + \cdots + n(n+1) \times 1] (三元自然等差数列求和)$$

$$= \frac{1}{2} \times \frac{n(n+1)(n+2)}{3} \times \frac{n+3}{4} = C_{n+3}^4$$

所以,在 n 层金字塔图形中,格点正三角形的个数为 C_{n+3}^4。

3. 格点三角形

以金字塔图中的正三角形格点为顶点连出的三角形(不一定是正三角形),叫作格点三角形。

如图7所示,格点三角形既包括格线三角形,又包括格点正三角形,当然还包括格点非正三角形。

格点三角形个数公式留给读者自己推导。

需要说明的是,一般规律性的公式不需要机械记忆。即使记住了,不久也会忘得一干二净。重点掌握住各种类型三角形计数的区别和推导方法。

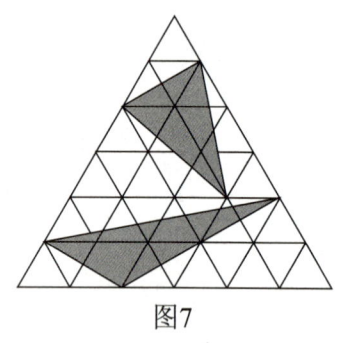

图7

例题精讲

例题 1-1 如图8所示,图中共有_____个格线三角形。

答案:48

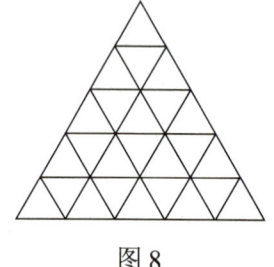

图8

【解法一】 这是5层的金字塔图。设每个小正方形的面积为1,则面积为1的正立格线三角形有15个,面积为4的正立格线三角形有10个,面积为9的正立格线三角形有6个,面积为16的正立格线三角形有3个,面积为25的正立格线三角形有1个。

正立格线三角形有 $15+10+6+3+1=35$ 个。倒立格线三角形有 $10+3=13$ 个。共有48个格线三角形。

【解法二】 当 $n=5$ 时，$\dfrac{(n+1)(2n^2+3n-1)}{8}=\dfrac{(5+1)(2\times 5^2+3\times 5-1)}{8}=48$。

例题 1-2 如图 9 所示，以图中格点为顶点作出的正三角形有_____个。

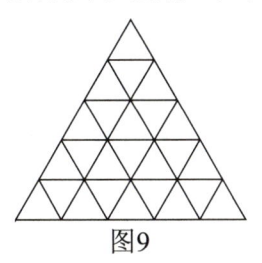

图9

答案：70

【解法一】 这是 5 层的金字塔图，格点正三角形有

$(1+2+3+4+5)\times 1+(1+2+3+4)\times 2+(1+2+3)\times 3+(1+2)\times 4+1\times 5=70$ 个。

【解法二】 根据格点正三角形个数公式，图中有 $C_{5+3}^{4}=70$ 个格点正三角形。

例题 2-1 如图 10 所示，图中的格线正三角形有_____个。

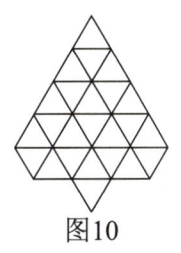

图10

答案：42

【解答】 (1)先按 5 层金字塔图数格线三角形，如图 11-1 所示，共有 $(15+10+6+3+1)+(10+3)=48$ 个格线三角形。

(2)把图 11-1 去掉两角，得到如图 11-2 所示的图形，减少 $5+5-1=9$ 个格线三角形。

(3)把图 11-2 下面添上一个三角形，得到如图 10 所示的图形，增加 3 个格线三角形。

所以，图 10 中格线三角形有 $48-9+3=42$ 个。

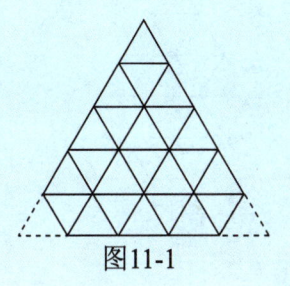

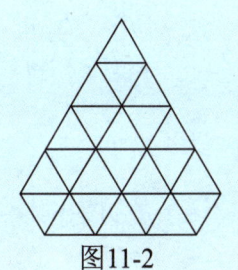

图11-1　　　图11-2

· 169 ·

例题 2-2 如图 12 所示,图中有 10 个钉子,那么用橡皮筋可以套出_____个三角形。

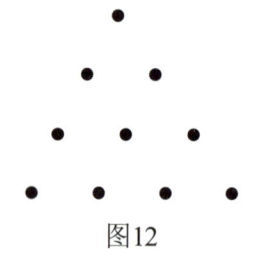

图12

答案:105

【解答】 橡皮筋套出的三角形有 $C_{10}^3 - 3(C_3^3 + C_4^3) = 120 - 15 = 105$ 个。

针对性练习

练习❶ 如图 13 所示,图中共有_____个格线三角形。

练习❷ 如图 14 所示,图中可以确定_____个以格点为顶点的正三角形。

练习❸ 如图 15 所示,图中共可以连出_____个以格点为顶点的三角形。

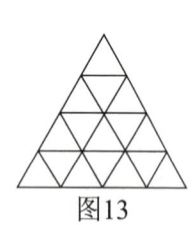

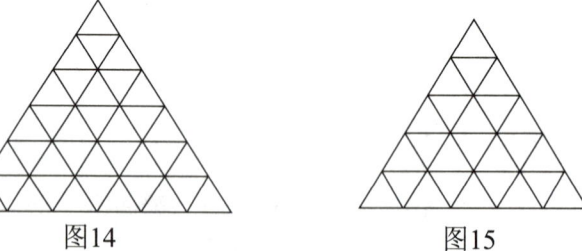

图13　　　图14　　　图15

练习❹ 如图 16 所示,图中共有可以连出_____个格点正三角形。

练习❺ 如图 17 所示,每个小正三角形的面积为 1 平方厘米,那么图中所有格线三角形的面积之和为_____平方厘米。

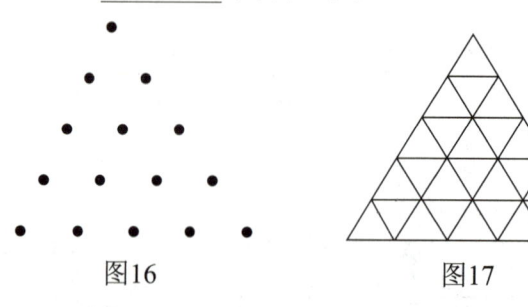

图16　　　图17

170

练习 6 如图 18 所示,图中所有格线三角形共有_____个。

练习 7 如图 19 所示,在格线图中,以格点为顶点可以连出的正三角形共有_____个。

练习 8 如图 20 所示,在格点图中,以格点为顶点可以连出_____个格点正三角形。

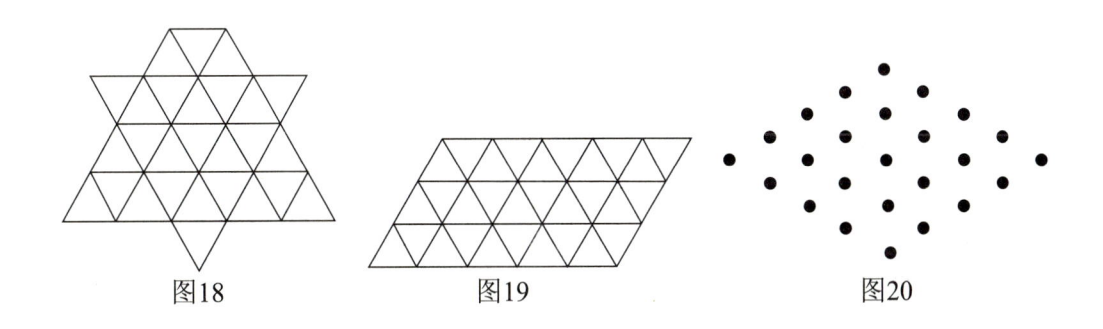

图18　　图19　　图20

练习参考答案

练习题号	练习1	练习2	练习3	练习4	练习5
参考答案	27	126	1216	35	204
解答提示	分正立与倒立	$21×1+15×2+10×3+6×4+3×5+1×6$	$C_{21}^3-3C_7^4-3×3$	C_7^4	按格线三角形数
练习题号	练习6	练习7	练习8		
参考答案	53	80	100		
解答提示	$48-5+3+3+4$	旋转三角形有大小不同的两类,$52+16+12$	左右各有 C_7^4 个,相结合又增加 30 个		

· 171 ·

JSH-47　数三角形之完备图

神器内容	如图1所示,在平面有 $n(\geqslant 6)$ 个点,任意三点不共线,任意两点都连线段,形成完备图,且无三线在图形内部共点,那么图中三角形个数为 $C_n^3+4C_n^4+5C_n^5+C_n^6$。
要点说明	n 个点,都连线,完备图中不共点。 图中几个三角形?顶点位置要看清。 根据顶点分四类,组合前面扩几倍。

图1

神器溯源

如图1所示,在平面有 $n(\geqslant 6)$ 个点,任意三点不共线,任意两点都连线段,形成完备图,且无三线在图形内部共点,那么图中三角形有多少个?

图1中三角形的个数可以从顶点的个数和位置进行分类讨。每个顶点可以是原多边形的顶点,也可以是对角线在图形内部的交点。原多边形顶点叫作边界点,用实心小圆点表示;内部的对角线交点用空心的小圆圈表示,叫作内点。从边界点与内点中取3个点,有4种情况,进行分类讨论。

(1) 3个边界点:如图2所示,三点确定1个三角形,此类共有 C_n^3 个三角形。

(2) 2个边界点与1个内点:如图3所示,内点由两条对角线相交而成,对应着4个边界点来确定,同时产生4个三角形,此类共有 $4C_n^4$ 个三角形。

(3) 1个边界点与2个内点:如图4所示,两个内点由三条对角线相交而成,对应着5个边界点来确定,同时产生5个三角形,此类共有 $5C_n^5$ 个三角形。

(4) 3个内点:如图5所示,三个内点由三条对角线相交而成,对应着6个边界点来确定,同时产生1个三角形。此类共有 C_n^6 个三角形。

所以,n 个点的完备图中共有 $C_n^3+4C_n^4+5C_n^5+C_n^6$ 个三角形。

图2　　　　　　　图3　　　　　　　图4　　　　　　　图5

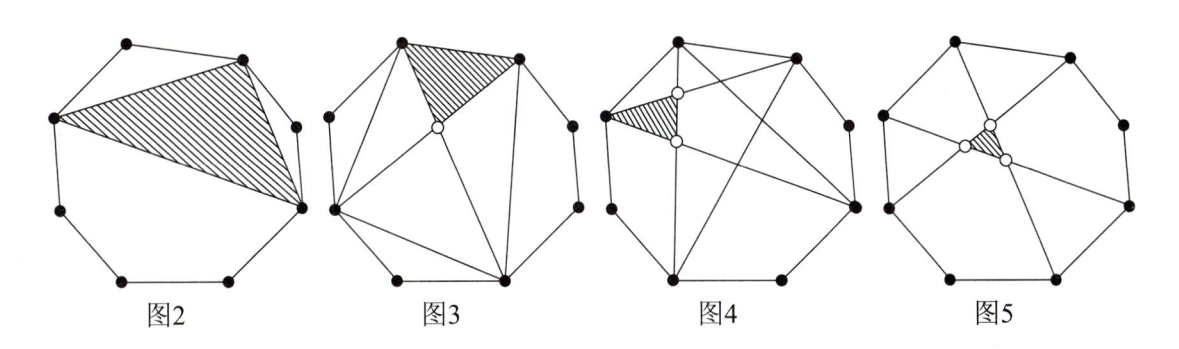

例题精讲

例题 1 如图 6 所示，图中共有_____个三角形。

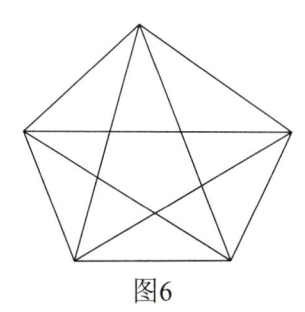

图6

答案： 35

【解答】 把三角形的顶点分为五边形的边界点和内部对角线交点。得到三角形共有 $C_5^3+4C_5^4+5C_5^5=10+20+5=35$ 个。

例题 2 如图 7 所示，连接七边形的所有对角线，任意三条对角线在七边形内不共点，那么图中共有_____个三角形。

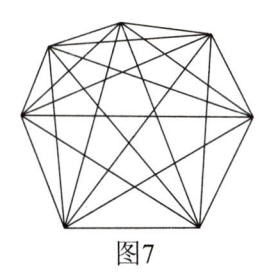

图7

答案： 287

【解答】 把三角形的顶点分为七边形的边界点和内部对角线交点，共有四类三角形，有 $C_7^3+4C_7^4+5C_7^5+C_7^6=35+140+105+7=287$ 个。

针对性练习

练习 ❶ 一个四边形,连接 2 条对角线,那么图中共有 _____ 个三角形。

练习 ❷ 一个六边形,连接所有对角线,且对角线在六边形内没有三线共点的情况,那么图中共有 _____ 个三角形。

练习 ❸ 如图 8 所示,连接正六边形的 9 条对角线,图中共有 _____ 个三角形。

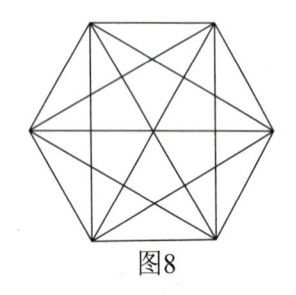

图8

练习 ❹ 由八个点组成的完备图(连接所有边和对角线)中,任意三条对角线在图形内不共点,共有 _____ 个三角形。

练习参考答案

练习题号	练习1	练习2	练习3	练习4
参考答案	8	111	110	644
解答提示	$C_4^3+4C_4^4$	$C_6^3+4C_6^4+5C_6^5+C_6^6$	内部有一个三线共点	$C_8^3+4C_8^4+5C_8^5+C_8^6$

JSH-48　数固定面积的三角形

神器内容	数固定面积的三角形面积,注意三角形会等积变形,按高或底边分类计数。
要点说明	三角形面积固定,同底等高会变形。 根据高底来分类,不重不漏才能对。

神器溯源

为了不重复、不遗漏地数出固定面积的三角形,往往先找能放下此三角形的最小矩形,这个矩形叫作三角形的最小矩形包。如图1所示,面积为1三角形的最小矩形包是 1×2 的矩形。其实 $1\times n(\geqslant 2)$ 和 $2\times n(\geqslant 2)$ 的矩形都可以作为面积为1三角形的最小矩形包。

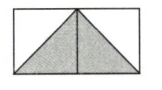

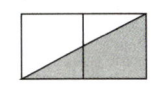

图1

例题精讲

例题 1 如图2所示,图中每个小正三角形的面积为1,那么共有_____个面积为3的格点正三角形。

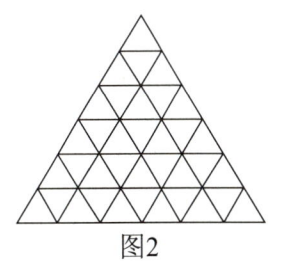

答案: 20

图2

【解答】 如图3所示,每个小三角形的面积为1,那么阴影三角形的面积为3,是边长三等分、转距为1或2的旋转三角形。对面积为3的格点正三角形计数,转化为边长为3等分的格线正立正三角形计数,由9个小正三角形组成的正三角形就是面积为3的正三角形的最小正三角形包。共有 $(1+2+3+4)\times 2=20$ 个面积为3的格点正三角形。

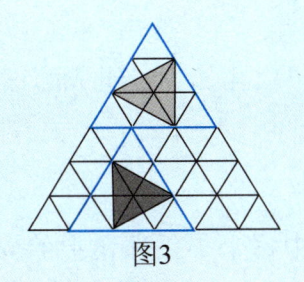

图3

例题 2 如图 4 所示,八个面积为 1 的小正方形拼成一个 2×4 的长方形,那么图中可以连出_____个面积为 1 的格点三角形。

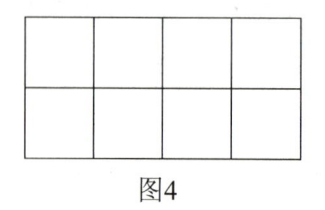

图4

答案:120

【解答】 (1)能放下面积为 1 的三角形的最小矩形,叫作三角形的最小矩形包,根据最小矩形包分类计数。

(2)如图 5 所示,面积为 1 的三角形的最小矩形包可以是 1×2 的长方形,一个 1×2 的长方形能确定 6 个面积为 1 的格点三角形,共有 6×10=60 个。其他见图 5 中标记。

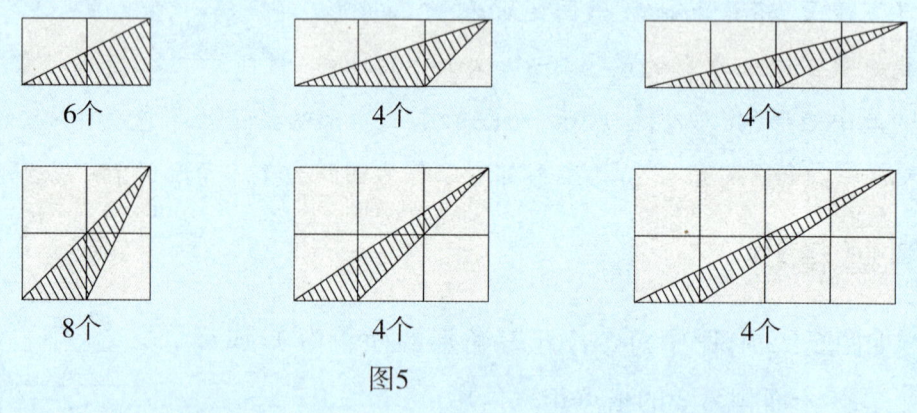

6个　　4个　　4个

8个　　4个　　4个

图5

(3)面积为 1 的格点三角形有 6×10+4×4+4×2+8×3+4×2+4×1＝120 个。

针对性练习

练习❶ 如图 6 所示,图中每个小正三角形的面积为 1,那么共有_____个面积为 4 的格线三角形。

练习❷ 如图 7 所示,如果由相邻三点组成的正三角形面积为 1,那么面积为 4 的格点三角形可以连_____个。

练习❸ 如图 8 所示,图中每个小正三角形的面积为 1,那么共有_____个面积为 3 的格点正三角形。

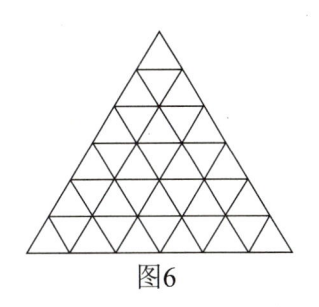

图6 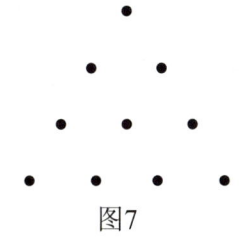　　　　　　　图7 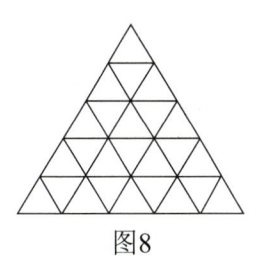　　　　　　　图8

练习 ❹ 如图 9 所示,六个面积为 1 的小正方形拼成一个 2×3 的长方形,那么图中可以连出_____个面积为 1 的格点三角形。

练习 ❺ 如图 10 所示,图中每个小正方形的面积为 1,那么共可以连出_____个面积为 3 的格点三角形。

练习 ❻ 如图 11 所示,七个面积为 1 的小正方形拼成此图,那么图中可以连出_____个面积为 1 的格点三角形。

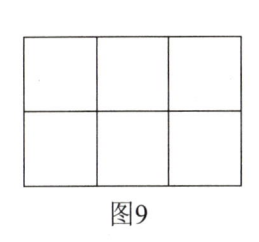

图9 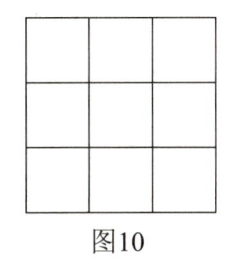　　　　　　　图10 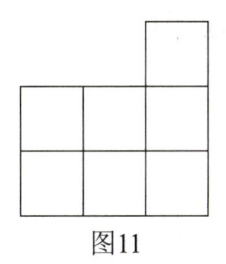　　　　　　　图11

练习参考答案

练习题号	练习1	练习2	练习3	练习4	练习5
参考答案	21	9	12	70	48
解答提示	15+6	基本练习	2×(1+2+3)	6×7+4×2+8×2+4×1	2 种最小矩形包

练习题号	练习6				
参考答案	101				
解答提示	4 种最小矩形包 6×8+4×3+8×2+4×1=80,特殊的有 21 个				

177

JSH-49　数特殊形状的三角形

神器内容	数直角三角形,可以按直角顶点分类。数等腰三角形,可以按顶角或底边分类。
要点说明	特殊三角形,怎能数得清? 合理来分类,数得也不累。 直角三角形,直角标分明, 等腰三角形,底边起作用。

神器溯源

特殊的三角形有直角三角形、等腰三角形、等腰直角三角形等。直角三角形计数可以从直角顶点入手,等腰三角形计数可以从顶角或底边入手。

例题精讲

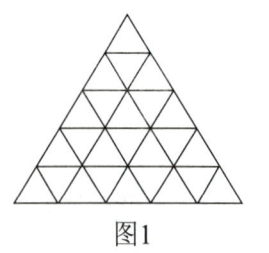

例题 1 如图 1 所示,每个小三角形都是正三角形,图中共有 _____ 个格点等腰而非等边三角形,且底边为格线。

答案:84

【解答】　如图 2 所示,按照等腰三角形底边的高线或对称轴分类,共可以得到 $3×(2+6+12+6+2)=84$ 个格点等腰而非等边三角形,且底边为格线。

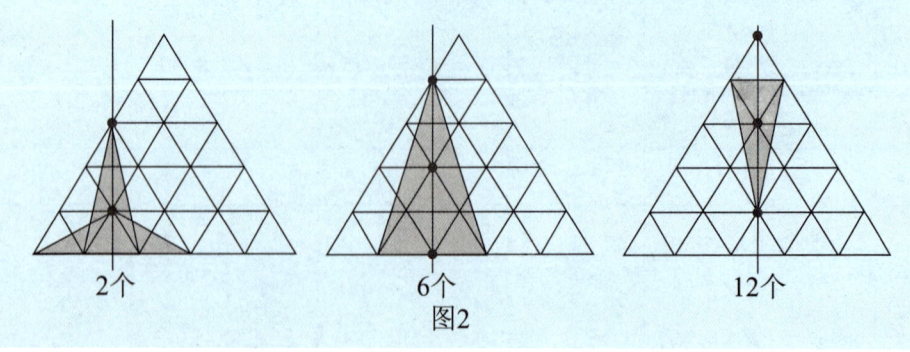

图1

2个　　6个　　12个
图2

例题 2 如图 3 所示,八个小正方形拼成一个 2×4 的长方形,那么图中可以连出_____个格点直角三角形,可以连出_____个格点等腰直角三角形。

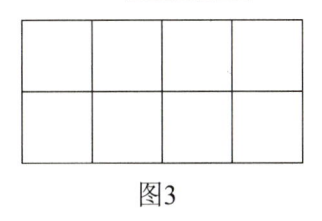

图3

答案: 158　74

【解答】 如图 4 所示,在直角顶点处进行直角三角形个数标记。共有 8×4+9×2+11×4+12×3+14×2=158 个格点直角三角形。

如图 5 所示,共有 2×4+3×2+5×4+8×5=74 个格点等腰直角三角形。

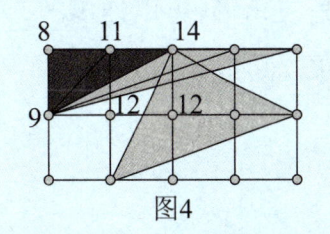

图4 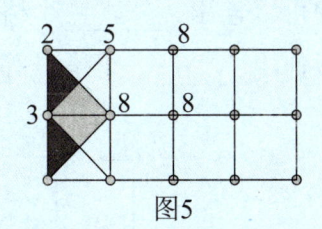　　　图5

注:数格点等腰直角三角形个数也可以从最小矩形包入手。

针对性练习

练习❶ 如图 6 所示,连出正六边形的对角线,图中共有_____个等腰三角形。

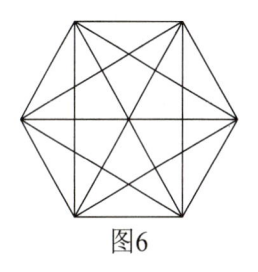

图6

练习❷ 如图 7 所示,在正三角形格点图形中,共有_____个格点等腰而非等边三角形,且底边为格线。

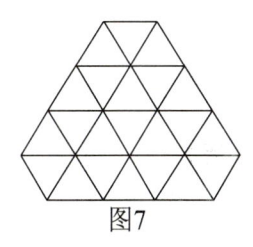

图7

179

练习❸ 如图8所示,六个面积为1的小正方形拼成一个2×3的方格,那么图中可以连出_____个格点直角三角形,可以连出_____个格点等腰直角三角形。

练习❹ 七个面积为1的小正方形拼成如图9所示的图形,那么图中可以连出_____个格点直角三角形,可以连出_____个格点等腰直角三角形。

练习❺ 如图10所示,图中共有_____个直角三角形。

练习❻ 如图11所示,由十个点组成的点阵中,相邻两点之间横、竖的距离都相等,那么图中可以连出_____个格点直角三角形,可以连出_____个格点等腰三角形,可以连出_____个格点等腰直角三角形。

图8 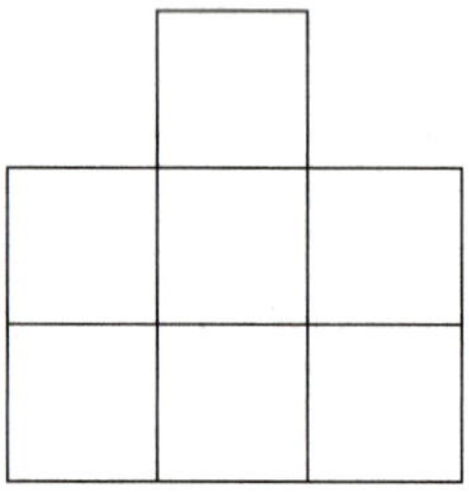　　　　图9 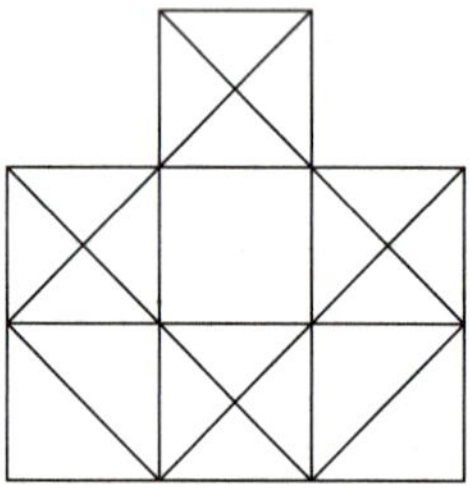　　　　图10 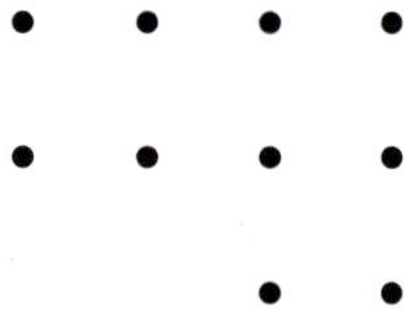　　　　图11

练习参考答案

练习题号	练习1	练习2	练习3	练习4	练习5
参考答案	38	54	94　50	140　72	50
解答提示	18+4×2+6×2	(1+5+6+5+1)×3	直角顶点标数	直角顶点标数	直角顶点标数

练习题号	练习6
参考答案	52　36　29
解答提示	3+5+8+6+3+5+8+7+5+2； 1+4+5+3+2+5+6+3+5+2； 1+3+5+2+1+4+6+3+3+1

JSH-50　周长为定值的整边三角形

神器内容	周长为 n 的整边三角形（边长都是整数）的个数，记作 C_n，可以按 n 被 12 去除所得余数分类。 (1)当 $n=12m$ 时，则整边三角形有 $C_n=3m^2$； (2)当 $n=12m+1$ 时，则整边三角形有 $C_n=3m^2+2m$； (3)当 $n=12m+2$ 时，则整边三角形有 $C_n=3m^2+m$； …… $C_n=\left[\dfrac{1}{48}(n^2+3n+21+(-1)^{n-1}\times 3n)\right]$（"[　]"为取整符号）
要点说明	整边三角形，周长已固定。 分成十二类，只用吹灰力。 到底咋整合？全都能包括。 公式挺复杂，不如记方法。 整数来分拆，大学再重来。

神器溯源

　　边长都是整数的三角形叫作整边三角形。周长为定值 n 的整边三角形有多少个？其实就是把 n 进行三数分拆，且满足三角形的两边之和大于第三边，两边之差小于第三边的条件。这样每个整数就受到严格限制，设三角形的三边分别为 a,b,c，则满足的条件为

$$a+b+c=n, \left(a\geqslant b\geqslant c, a\leqslant \left[\dfrac{n-1}{2}\right]\right).$$

　　由于整边三角形个数的公式形式和推导方法较多，这里，我们仅学习容易理解的分类推导和费勒斯点阵图的转化思路。

1. 分类推导

(1) 当 $n=12m$ 时：

最大边	次大边	最小边	个数
	$6m-1$	2	
$6m-1$	$6m-2$	3	$3m-1$
	...	...	
	$3m+1$	$3m$	
	$6m-2$	4	
$6m-2$	$6m-3$	5	$3m-2$
	...	...	
	$3m+1$	$3m+1$	
...			

$C_n = C_{12m} = [2+5+8+\cdots+(3m-1)]$
$\qquad +[1+4+7+\cdots+(3m-2)]$
$\quad = \dfrac{m}{2}(3m+1) + \dfrac{m}{2}(3m-1)$
$\quad = 3m^2$

(2) 当 $n=12m+1$ 时：

最大边	次大边	最小边	个数
	$6m$	1	
$6m$	$6m-1$	2	$3m$
	...	...	
	$3m+1$	$3m$	
	$6m-1$	3	
$6m-1$	$6m-2$	4	$3m-1$
	...	...	
	$3m+1$	$3m+1$	
...			

$C_n = C_{12m+1} = [3+6+9+\cdots+(3m)]$
$\qquad +[2+5+8+\cdots+(3m-1)]$
$\quad = \dfrac{m}{2}(3m+3) + \dfrac{m}{2}(3m+1)$
$\quad = 3m^2+2m$

(3) 当 $n=12m+2$ 时：

最大边	次大边	最小边	个数
	$6m$	2	
$6m$	$6m-1$	3	$3m$
	...	...	
	$3m+1$	$3m+1$	
	$6m-1$	4	
$6m-1$	$6m-2$	5	$3m-2$
	...	...	
	$3m+2$	$3m+1$	
...			

$C_n = C_{12m+2} = \dfrac{m}{2}(3m+3) + \dfrac{m}{2}(3m-1) = 3m^2+m$

(4) 当 $n=12m+3$ 时：

最大边	次大边	最小边	个数
	$6m+1$	1	
$6m+1$	$6m$	2	$3m+1$
	...	...	
	$3m+1$	$3m+1$	
	$6m$	3	
$6m$	$6m-1$	4	$3m-1$
	...	...	
	$3m+2$	$3m+1$	
...			

$C_n = C_{12m+3} = \dfrac{m+1}{2}(3m+2) + \dfrac{m}{2}(3m+1) = 3m^2+3m+1$

(5)当 $n=12m+4$ 时：

最大边	次大边	最小边	个数
	$6m+1$	2	
$6m+1$	$6m$	3	$3m$
	...	...	
	$3m+2$	$3m+1$	
	$6m$	4	
$6m$	$6m-1$	5	$3m-1$
	...	...	
	$3m+2$	$3m+2$	
...			

$C_n = C_{12m+4} = \dfrac{m}{2}(3m+3) + \dfrac{m}{2}(3m+1) = 3m^2 + 2m$

(6)当 $n=12m+5$ 时：

最大边	次大边	最小边	个数
	$6m+2$	1	
$6m+2$	$6m+1$	2	$3m+1$
	...	...	
	$3m+2$	$3m+1$	
	$6m+1$	3	
$6m+1$	$6m$	4	$3m$
	...	...	
	$3m+2$	$3m+2$	
...			

$C_n = C_{12m+5} = \dfrac{m+1}{2}(3m+2) + \dfrac{m}{2}(3m+3) = 3m^2 + 4m + 1$

(7)当 $n=12m+6$ 时：

最大边	次大边	最小边	个数
	$6m+2$	2	
$6m+2$	$6m+1$	3	$3m+1$
	...	...	
	$3m+2$	$3m+2$	
	$6m+1$	4	
$6m+1$	$6m$	5	$3m-1$
	...	...	
	$3m+3$	$3m+2$	
...			

$C_n = C_{12m+6} = \dfrac{m+1}{2}(3m+2) + \dfrac{m}{2}(3m+1) = 3m^2 + 3m + 1$

(8)当 $n=12m+7$ 时：

最大边	次大边	最小边	个数
	$6m+3$	1	
$6m+3$	$6m+2$	2	$3m+2$
	...	...	
	$3m+2$	$3m+2$	
	$6m+2$	3	
$6m+2$	$6m+1$	4	$3m$
	...	...	
	$3m+3$	$3m+2$	
...			

$C_n = C_{12m+7} = \dfrac{m+1}{2}(3m+4) + \dfrac{m}{2}(3m+3) = 3m^2 + 5m + 2$

183

(9) 当 $n=12m+8$ 时：

最大边	次大边	最小边	个数
	$6m+3$	2	
	$6m+2$	3	
$6m+3$	...	...	$3m+1$
	$3m+3$	$3m+2$	
	$6m+2$	4	
	$6m+1$	5	
$6m+2$	...	...	$3m$
	$3m+3$	$3m+3$	
...			

$C_n = C_{12m+8} = \dfrac{m+1}{2}(3m+2) + \dfrac{m}{2}(3m+3) = 3m^2+4m+1$

(10) 当 $n=12m+9$ 时：

最大边	次大边	最小边	个数
	$6m+4$	1	
	$6m+3$	2	
$6m+4$	...	...	$3m+2$
	$3m+3$	$3m+2$	
	$6m+3$	3	
	$6m+2$	4	
$6m+3$	...	...	$3m+1$
	$3m+3$	$3m+3$	
...			

$C_n = C_{12m+9} = \dfrac{m+1}{2}(3m+4) + \dfrac{m+1}{2}(3m+2) = 3m^2+6m+3$

(11) 当 $n=12m+10$ 时：

最大边	次大边	最小边	个数
	$6m+4$	2	
	$6m+3$	3	
$6m+4$	...	...	$3m+2$
	$3m+3$	$3m+3$	
	$6m+3$	4	
	$6m+2$	5	
$6m+3$	...	...	$3m$
	$3m+4$	$3m+3$	
...			

$C_n = C_{12m+10} = \dfrac{m+1}{2}(3m+4) + \dfrac{m}{2}(3m+3) = 3m^2+5m+2$

(12) 当 $n=12m+11$ 时：

最大边	次大边	最小边	个数
	$6m+5$	1	
	$6m+4$	2	
$6m+5$	...	...	$3m+3$
	$3m+3$	$3m+3$	
	$6m+4$	3	
	$6m+3$	4	
$6m+4$	...	...	$3m+1$
	$3m+4$	$3m+3$	
...			

$C_n = C_{12m+11} = \dfrac{m+1}{2}(3m+6) + \dfrac{m+1}{2}(3m+2) = 3m^2+7m+4$

以上是分类推导，这十二个类型，可以统一成取整符号表达式：

$$C_n = \left[\frac{1}{48}(n^2+3n+21+(-1)^{n-1}\times 3n)\right].$$

2. 费勒斯点阵图的转化思路

如图1所示：

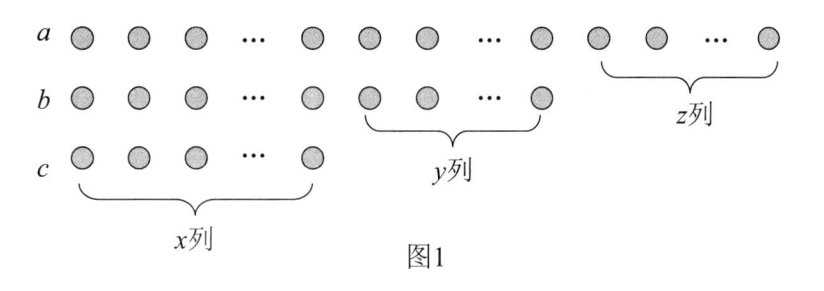

图1

$a+b+c=n$，$\left(a\geqslant b\geqslant c, a\leqslant\left[\dfrac{n-1}{2}\right]\right)$，转化为 $3x+2y+z=a+b+c=n$ $(x>z, y\geqslant 0, z\geqslant 0)$，

$3(x-z-1)+2y+4z=n-3$ $(x-z-1\geqslant 0, y\geqslant 0, z\geqslant 0)$

令 $x-z-1=k$，$3k+2y+4z=n-3$ $(k\geqslant 0, y\geqslant 0, z\geqslant 0)$，从而把由条件"两边之和大于第三边，两边之差小于第三边"限制的三角形个数问题，转化为用数字2，3，4凑得和为 $(n-3)$ 的计数问题。

此问题的一般化：求不定方程 $2x+3y+4z=m$ 的自然数解有多少个？

如果 m 较小，可以把下面算式的展开，m 次项的系数就是不定方程 $2x+3y+4z=m$ 的自然数解的个数。

$(1+x^2+x^4+x^6+\cdots)(1+x^3+x^6+x^9+\cdots)(1+x^4+x^4+x^8+\cdots)$

当然，这仍有很大的计算量，它只是理论上给出了一般化的推导，为高中学习相关知识打下基础，针对具体的 m 值，并不是一种简便实用的方法。

周长为 n 的整边非等腰三角形有多少个呢？依此推导，请读者试一试吧。

例题精讲

例题 1 周长为 60，各边都是整数的三角形共有 _____ 个。

答案：75

【解法一】 根据最大边和次大边分类列表，寻找规律。

最大边	次大边	最小边	个数
29	29	2	14
	28	3	
	...	...	
	16	15	
28	28	4	13
	27	5	
	...	...	
	16	16	

最大边	次大边	最小边	个数
27	27	6	11
	26	7	
	...	...	
	17	16	
26	26	8	10
	25	9	
	...	...	
	17	17	
	...		

所以，周长为 60 的整边三角形的个数为

$(14+11+8+5+2)+(13+10+7+4+1)=40+35=75$ 个。

【解法二】 因为 $60=12\times 5$，所以 $C_{60}=C_{12\times 5}=3\times 5^2=75$ 个。

【解法三】 $C_{60}=\left[\dfrac{1}{48}(60^2+3\times 60+21+(-1)^{60-1}\times 3\times 60)\right]=75$。

例题 2 周长为 60，各边都是整数的非等腰三角形共有 _____ 个。

答案：61

【解答】 根据最大边和次大边分类列表，寻找规律。

最大边	次大边	最小边	个数
29	28	3	13
	27	4	
	...	...	
	16	15	
28	27	5	11
	26	6	
	...	...	
	17	15	

最大边	次大边	最小边	个数
27	26	7	10
	25	8	
	...	...	
	17	16	
26	25	9	8
	24	10	
	...	...	
	18	16	
	...		

所以，周长为 60 的整边非等腰三角形的个数为

$(13+10+7+4+1)+(11+8+5+2)=35+26=61$ 个。

针对性练习

练习❶ 周长为 50,各边都是整数的三角形共有_____个。

练习❷ 周长为 70,各边都是整数的三角形共有_____个。

练习❸ 周长为 80,各边都是整数的非等腰三角形共有_____个。

练习❹ 周长为 90,各边都是整数的非等腰三角形共有_____个。

练习❺ 周长为 100,各边都是整数的等腰三角形共有_____个。

练习参考答案

练习题号	练习1	练习2	练习3	练习4	练习5
参考答案	52	102	114	147	24
解答提示	$3\times4^2+4$	$3\times5^2+5\times5+2$	分类推导	分类推导	分类推导

JSH-51 最大边为定值的整边三角形

神器内容	最大边为 n 的整边三角形个数，记作 E_n，则 (1) 整边三角形个数 $E_n = \left[\dfrac{(n+1)^2}{4}\right]$。 (2) 整边非等腰三角形个数，记作 E'_n，则 $E'_n = \left[\dfrac{(n-2)^2}{4}\right]$。
要点说明	最大边，已固定，数数整边三角形。 分成两类来推导，真是简单又明了。 如果结论得统一，取整使用是必须。 整数怎么来分拆？大学等你再重来。

神器溯源

边长都是整数的三角形叫作整边三角形。最大边为定值 n 的整边三角形有多少个？按次大边进行分类，且满足三角形的两边之和大于第三边，两边之差小于第三边的条件。

1. 整边三角形个数

设三角形的三边分别为 a,b,c，则满足的条件为 $n = a \geq b \geq c$。

(1) 当 $n = 2m$ 时：

次大边	最小边	个数
$2m$	$1 \sim 2m$	$2m$
$2m-1$	$2 \sim 2m-1$	$2m-2$
$2m-2$	$3 \sim 2m-2$	$2m-4$
$2m-3$	$4 \sim 2m-3$	$2m-6$
...	...	...
$m+1$	$m \sim m+1$	2

(2) 当 $n = 2m-1$ 时：

次大边	最小边	个数
$2m-1$	$1 \sim 2m-1$	$2m-1$
$2m-2$	$2 \sim 2m-2$	$2m-3$
$2m-3$	$3 \sim 2m-3$	$2m-5$
$2m-4$	$4 \sim 2m-4$	$2m-7$
...	...	...
m	m	1

$$E_n = C_{2m} = 2+4+6+8+\cdots+2m \qquad E_n = C_{2m} = 1+3+5+7+\cdots+(2m-1)$$
$$= m(m+1) \qquad\qquad\qquad\qquad = m^2$$
$$= \frac{n(n+2)}{4} \qquad\qquad\qquad\qquad = \frac{(n+1)^2}{4}$$
$$= \left[\frac{(n+1)^2}{4}\right] \qquad\qquad\qquad = \left[\frac{(n+1)^2}{4}\right]$$

所以,整边三角形的个数 $E_n = \left[\dfrac{(n+1)^2}{4}\right]$。

2. 整边非等腰三角形个数

设三角形的三边分别为 a,b,c,则满足的条件为 $n=a>b>c$。

(1)当 $n=2m$ 时:

次大边	最小边	个数
$2m-1$	$2 \sim 2m-2$	$2m-3$
$2m-2$	$3 \sim 2m-3$	$2m-5$
$2m-3$	$4 \sim 2m-4$	$2m-7$
$2m-4$	$5 \sim 2m-5$	$2m-9$
...	...	...
$m+1$	m	1

(2)当 $n=2m-1$ 时:

次大边	最小边	个数
$2m-2$	$2 \sim 2m-3$	$2m-4$
$2m-3$	$3 \sim 2m-4$	$2m-6$
$2m-4$	$4 \sim 2m-5$	$2m-8$
$2m-5$	$5 \sim 2m-6$	$2m-10$
...	...	...
$m+1$	$m-1 \sim m$	2

$$E'_n = E'_{2m} = 1+3+5+7+\cdots+(2m-3) \qquad E'_n = E'_{2m-1} = 2+4+6+8+\cdots+(2m-4)$$
$$= (m-1)^2 \qquad\qquad\qquad\qquad = (m-2)(m-1)$$
$$= \frac{(n-2)^2}{4} \qquad\qquad\qquad\qquad = \frac{(n-3)(n-1)}{4}$$
$$= \left[\frac{(n-2)^2}{4}\right] \qquad\qquad\qquad = \left[\frac{(n-2)^2}{4}\right]$$

所以,整边非等腰三角形的个数 $E'_n = \left[\dfrac{(n-2)^2}{4}\right]$。

例题精讲

例题 1-1 最大边为 60,各边都是整数的三角形共有_____个。

答案:930

【解法一】 $E_{60}=2+4+6+8+\cdots+60=30\times 62\div 2=930$ 个。

【解法二】 $E_{60}=\left[\dfrac{(60+1)^2}{4}\right]=930$ 个。

例题 1-2 最大边为 61，各边都是整数的三角形共有_____个。

答案：961

【解法一】 $E_{60}=1+3+5+7+\cdots+61=31\times 62\div 2=961$ 个。

【解法二】 $E_{61}=\left[\dfrac{(61+1)^2}{4}\right]=961$ 个。

例题 2-1 最大边为 60，各边都是整数的非等腰三角形共有_____个。

答案：841

【解法一】 $E'_{60}=1+3+5+7+\cdots+57=29\times 58\div 2=841$ 个。

【解法二】 $E'_{60}=\left[\dfrac{(60-2)^2}{4}\right]=841$ 个。

例题 2-2 最大边为 61，各边都是整数的非等腰三角形共有_____个。

答案：870

【解法一】 $E'_{61}=2+4+6+8+\cdots+58=29\times 60\div 2=870$ 个。

【解法二】 $E'_{61}=\left[\dfrac{(61-2)^2}{4}\right]=870$ 个。

针对性练习

练习❶ 最大边为 50，各边都是整数的三角形共有_____个。

练习❷ 最大边为51,各边都是整数的三角形共有_____个。

练习❸ 最大边为50,各边都是整数的非等腰三角形共有_____个。

练习❹ 最大边为51,各边都是整数的非等腰三角形共有_____个。

练习参考答案

练习题号	练习1	练习2	练习3	练习4
参考答案	650	676	576	600
解答提示	$\left[\dfrac{51^2}{4}\right]$	$\left[\dfrac{52^2}{4}\right]$	$\left[\dfrac{48^2}{4}\right]$	$\left[\dfrac{49^2}{4}\right]$

JSH-52　数正方形

神器内容	如图1所示，在由 $n\times m(n\geqslant m)$ 的方格组成的图形中，正方形共有 $\frac{1}{6}m(m+1)(3n-m+1)$ 个。
要点说明	正方形，有几个？赶快请你做一做。 横格竖格来相乘，就是基本正方形。 两个因数各减1，四格个数它乘积。 此种规律继续乘，一直做到出现0。 所有乘积来相加，得到答案快写下。

神器溯源

如图1所示，在由 $n\times m(n\geqslant m)$ 的方格组成的图形中，共有多少个格线正方形？如果不强调格线，就按格线正方形个数计算。

1×1 的正方形有 $m\times n$ 个；

2×2 的正方形有 $(m-1)\times(n-1)$ 个；

3×3 的正方形有 $(m-2)\times(n-2)$ 个；

……

$(m-1)\times(m-1)$ 的正方形有 $2\times(n-m+2)$ 个；

$m\times m$ 的正方形有 $1\times(n-m+1)$ 个。

所以，格线正方形个数：

$1\times(n-m+1)+2\times(n-m+2)+3\times(n-m+3)+\cdots+m\times n$ （二元自然等差数列求和）

$=\dfrac{m(m+1)}{2}\times\dfrac{(n-m+1+2n)}{3}$

$=\dfrac{1}{6}m(m+1)(3n-m+1)$

(1)当 $n=m+1$ 时,$1\times2+2\times3+3\times4+\cdots+m\times(m+1)=\dfrac{1}{3}m(m+1)(m+2)$。

(2)当 $n=m$ 时,$1^2+2^2+3^2+4^2+\cdots+m^2=\dfrac{1}{6}m(m+1)(2m+1)$。

例题精讲

例题 1-1 如图 2 所示,图中共有_____个格线正方形。

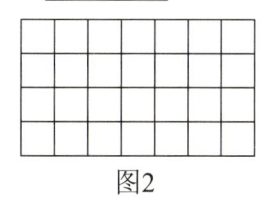

图2

答案:60

【解答】 $4\times7+3\times6+2\times5+1\times4=60$ 个。

例题 1-2 如图 3 所示,图中共有_____个格线正方形。

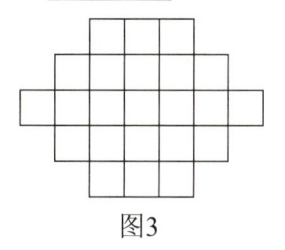

图3

答案:40

【解答】 先统计两个 3×5 方格内的正方形个数,同时排除公共 3×3 方格中的正方形个数,最后再把外部的 2 个小正方形加入计算。

正方形共有 $(3\times5+2\times4+1\times3)\times2-(1^2+2^2+3^2)+2=40$ 个。

例题 2-1 如图 4 所示,图中共有_____个正方形。

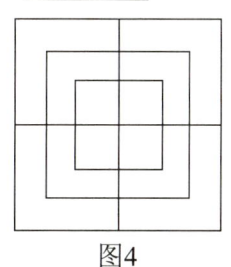

图4

答案:15

【解答】 考虑相似图,三个相似的田字格重叠在一起,共有 $(1^2+2^2)\times3=15$ 个正方形。

193

例题 2-2 如图 5 所示，图中相邻两点之间的横、竖的距离都是 1，用橡皮筋共可以套出_____个正方形。

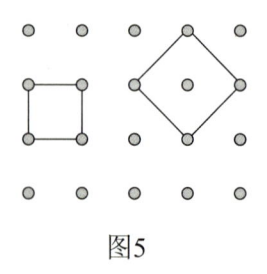

图5

答案：30

【**解答**】 每个平放的正方形可以旋转，得到转距不同的内接正方形，如图 6 所示。格点正方形共有 3×4×1＋2×3×2＋1×2×3＝30 个。

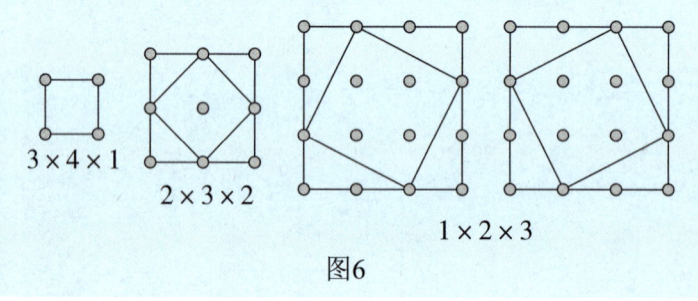

$3 \times 4 \times 1$ $2 \times 3 \times 2$ $1 \times 2 \times 3$

图6

针对性练习

练习❶ 如图 7 所示，图中共有_____个格线正方形。

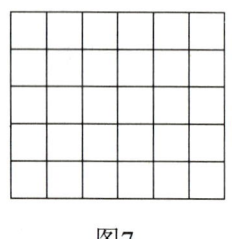

图7

练习❷ 如图 8 所示，图中共有_____个格线正方形。

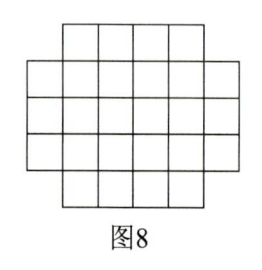

图8

· 194 ·

练习 ❸　如图9所示，图中共有_____个正方形。

练习 ❹　如图 10 所示，图中共有_____个正方形。

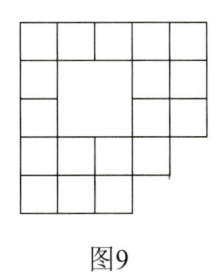

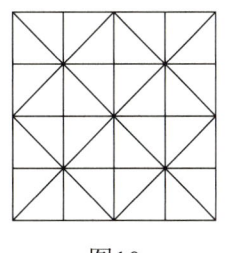

图9　　　　　图10

练习 ❺　如图 11 所示，25 颗钉子钉成正方形方阵。图中共可以连出_____个格点正方形。

练习 ❻　如图 12 所示，图中共有_____个正方形。

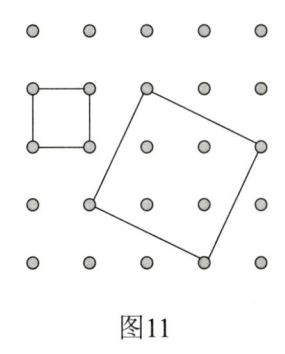

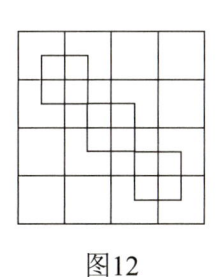

图11　　　　　图12

练习参考答案

练习题号	练习1	练习2	练习3	练习4	练习5
参考答案	70	52	28	35	50
解答提示	5×6×7÷3	排除重叠部分	18+5+4+1	16+9+4+1+5	$4^2×1+3^2×2+2^2×3+1^2×4$

练习题号	练习6				
参考答案	51				
解答提示	30+3×5+4+2=51				

195

JSH-53　数特殊条件的正方形

神器内容	如图1所示,图中包含阴影方格的正方形有多少个? 解题方法:对角线端点搭配法。

图1

要点说明	正方形,有几个? 包含阴影做一做。 对角端点搭配法,一般做题能秒杀。 长、宽等长来搭配,这个方面也要会。

神器溯源

包含特殊方格的正方形个数问题,一般根据特殊方格的位置不同,包含此方格的正方形的个数就不一样。计数方法有三种:基本区域相加,进行枚举;对角线端点搭配;长、宽等长线段搭配。

如图1所示,图中包含阴影方格的正方形有多少个?

1. 基本区域相加法

基本区域相加法,主要看阴影方格所在的位置,分类计数。如果计数的结果较小,这种方法较方便。

把图1中的阴影方格所在的位置用"○"标记。如图2所示,根据方格的大小可以分为4类,符合条件的正方形有 1+4+6+3=14 个。

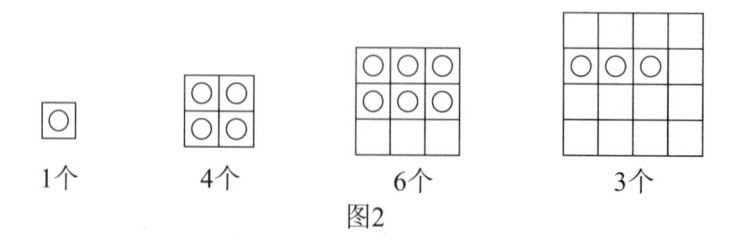

1个　　4个　　6个　　3个

图2

2. 对角线端点搭配法

从阴影方格的左上区域和右下区域取点搭配倾斜45°的线段,每条线段对应着一个包含阴影方格的正方形。当然对角线端点的搭配也可以是阴影方格的右上区域与左下区域取点搭配。如图 3 所示,图中包含阴影方格的正方形有 1×1+2×2+2×3+1×3=14 个。

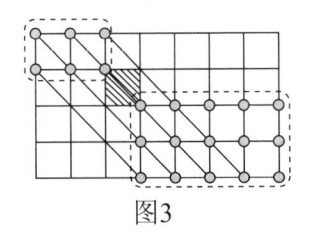

图3

3. 长、宽等长线段搭配法

从长、宽中选取等长线段进行搭配,这些线段光照交叉处形成的正方形包含阴影方格即可。如图 4 所示,图中包含阴影方格的正方形有 1×1+2×2+2×3+1×3=14 个。

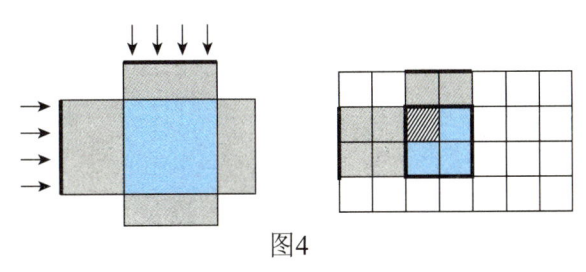

图4

例题精讲

例题 1 如图 5 所示,图中共有_____个包含"☺"的正方形。

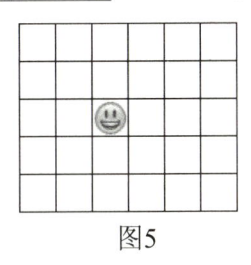

图5

答案:22

【解答】 如图 6 所示,对角线端点搭配法,共有 1×1+2×2+3×3+2×3+1×2=22 个正方形。

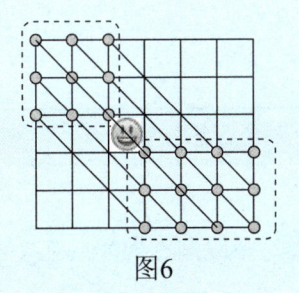

图6

例题 2 如图 7 所示,图中共有_____个包含"☆"的正方形。

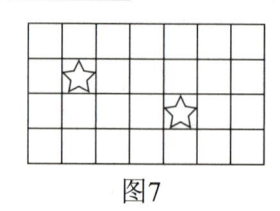

图7

答案:24

【解答】 包含左上角"☆"的正方形有 1×2+2×3+1×3＝11 个;包含右下角"☆"的正方形有 1×3+2×3+2×2+1×1＝14 个;同时包含两个"☆"的正方形有 1 个。根据容斥原理,图 7 中包含"☆"的正方形有 11+14-1＝24 个。

针对性练习

练习❶ 如图 8 所示,图中共有_____个包含"☆"的正方形。

练习❷ 如图 9 所示,图中包含"☺"的正方形有_____个。

练习❸ 如图 10 所示,图中共有_____个包含阴影方格的正方形。

练习❹ 如图 11 所示,图中共有_____个格线正方形没有覆盖"☆"。

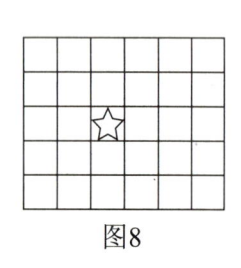

图8 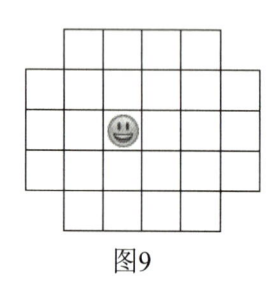　　　图9 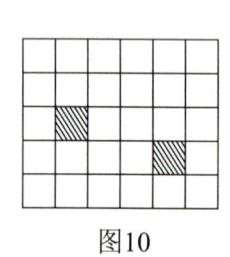　　　图10 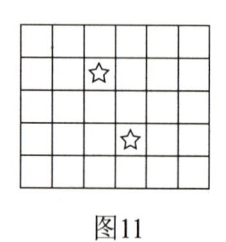　　　图11

练习参考答案

练习题号	练习1	练习2	练习3	练习4
参考答案	22	14	28	42
解答提示	对角线端点搭配	对角线端点搭配,排除缺角情况	17+15-4	70-19×2+10

198

JSH-54　数矩形

神器内容	如图 1 所示,图中共有多少个矩形? 长、宽线段搭配法或行列组合法。共有矩形 $C_{n+1}^2 \times C_{m+1}^2$ 个。
要点说明	正方形,长方形,统统都是矩形。 长和宽,来搭配,相加后乘才对。 横着数,竖着数,基本线段求和。 两个和,来相乘,矩形个数搞定。

图1

神器溯源

正方形和长方形统称为矩形,由于正方形是特殊的长方形,有时把矩形就叫作长方形。在方格图中如何确定矩形的个数?两种方法:长、宽线段搭配法和行列组合法。

1. 长、宽线段搭配法

如图 2 所示,给出一条横线段,给出一条竖线段,两者光照的交叉处,就是这两条线段确定的矩形,矩形的个数对应为长与宽搭配的个数。如图 3 所示,作为长的线段数根据基本线段相加得到,同理得到作为宽的线段数,矩形有 $(1+2+3+\cdots+n) \times (1+2+3+\cdots+m) = \dfrac{nm(n+1)(m+1)}{4}$ 个。

图2　　图3

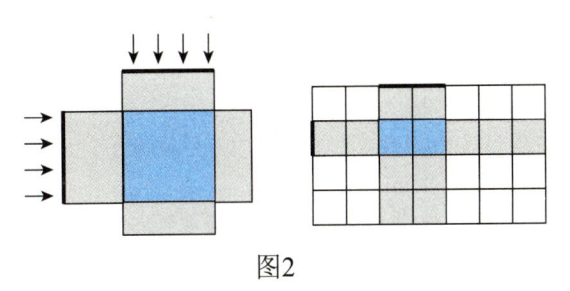

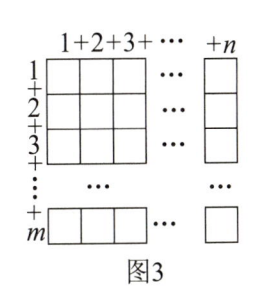

2. 行列组合法

如图 4 所示，两条水平直线与两条竖直直线围成的区域就是个矩形。故可以从格线所在直线中任意选取两条横直线与两条竖直线搭配。在 $n \times m$ 的方格中，共有矩形 $C_{n+1}^2 \times C_{m+1}^2$ 个。

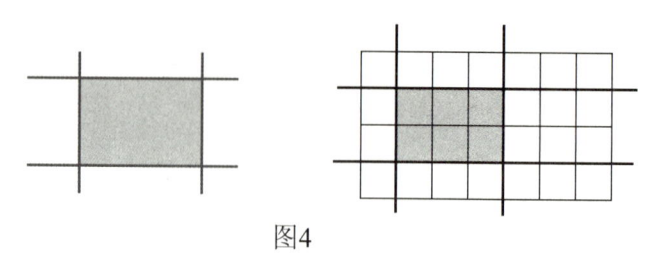

图4

例题精讲

例题 1-1 如图 5 所示，图中共有_____个矩形。

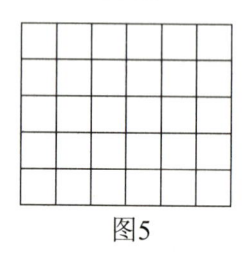

图5

答案：315

【解答】 如图 6 所示，长和宽上的基本线段相加法，最后搭配得到矩形有 $21 \times 15 = 315$ 个。或者 $C_7^2 \times C_6^2 = 21 \times 15 = 315$ 个矩形。

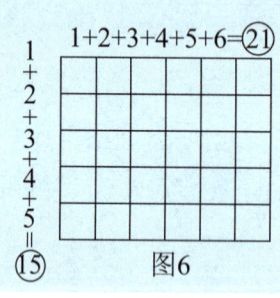

图6

例题 1-2 如图 7 所示，图中共有_____个矩形。

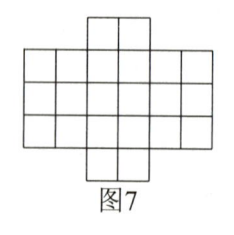

图7

答案：153

【解答】 在统计图 8-1 和图 8-2 中的矩形时,重复了图 8-3 中的矩形。根据容斥原理进行减法排除,得到图 7 中矩形共有 6×21+3×15−3×6=153 个。

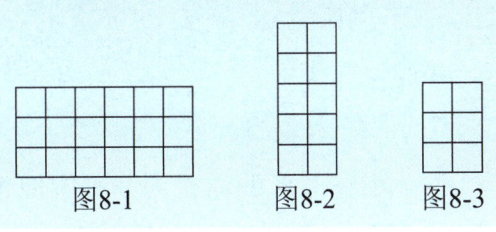

图8-1　　　图8-2　　　图8-3

例题 2-1 如图 9 所示,图中共有_____个矩形。

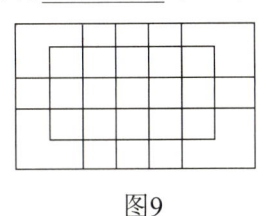

图9

答案:202

【解答】 在统计图 10-1 和图 10-2 中的矩形个数时,重复了图 10-3 中的矩形。同时发现,把图 10-2 放入图 10-1 中,不但有重复计算的图 10-3,还在四周增加了一些矩形,具体增加了 (1+2+3)×2×2+2×2=28 个。从而得到图 9 的矩形共有 6×15+6×15−6+28=202 个。

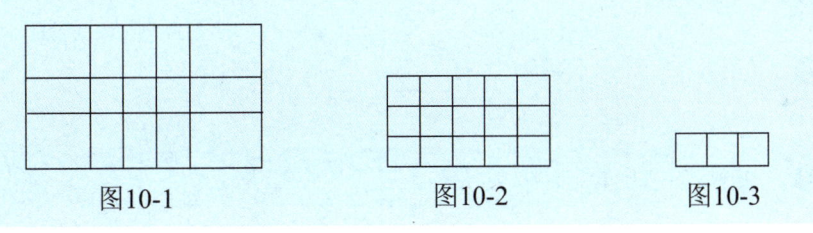

图10-1　　　图10-2　　　图10-3

例题 2-2 如图 11 所示,图中共有_____个矩形。

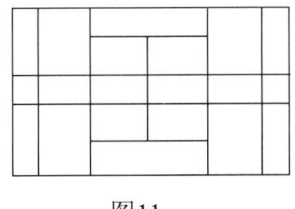

图11

答案:111

【解答】 先去掉一些线段,转化为标准的长方形方格图,然后逐条线段加入。图 12 中有矩形 6×15=90 个矩形。在图 13 中,添上线段 AB,增加 4 个矩形,再添加线段 CD,增加 5 个矩形,最后添上线段 EF,增加 (1+2+3)×2=12 个矩形。所以图 13 中共有矩形 90+4+5+12=111 个。

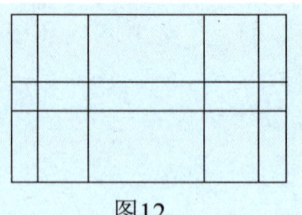

图12

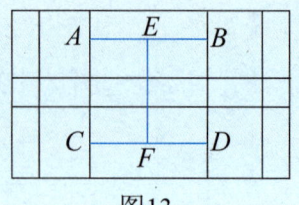

图13

例题 2-3 如图 14 所示，每个小正方形的面积为 9 平方厘米，那么图中所有矩形的面积之和为_____平方厘米，所有矩形的周长之和为_____厘米。

图14

答案：5040　3276

【解答】 先把小正方形的面积视为 1 平方厘米，计算作为长、宽线段在矩形中的贡献次数。

作为长的线段有 $1×6+2×5+3×4+4×3+5×2+6×1=56$ 条。作为宽的线段有 $1×3+2×2+3×1=10$ 条。

所有矩形的面积之和为 $56×10×3^2=5040$ 平方厘米。

所有矩形的周长之和为 $2×(56×6+10×21)×3=3276$ 厘米。

针对性练习

练习❶ 如图 15 所示，图中共有_____个凸四边形。

练习❷ 如图 16 所示，图中共有_____个矩形。

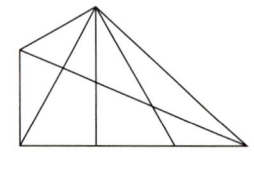

图15

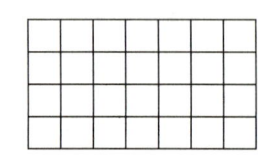

图16

练习❸ 如图 17 所示，图中共有_____个矩形。

练习❹ 如图 18 所示，图中共有_____个矩形。

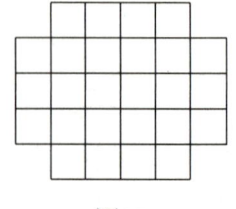

图17

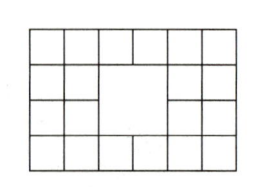

图18

练习❺ 如图 19 所示，图中共有_____个矩形。

练习❻ 如图 20 所示，图中共有_____个矩形。

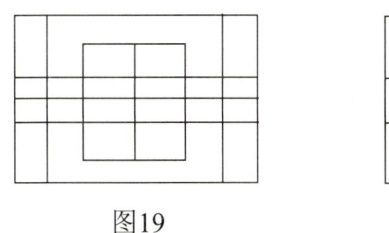

图19　　　　　　　　　　图20

练习❼ 如图 21 所示，20 颗钉子钉成正方形方阵。图中共可以连出_____个格点矩形。

练习❽ 如图 22 所示，观察给出的图形，每条线段都是水平或者竖直的，且边界上各个边的长度分别是 1 厘米、2 厘米、3 厘米、4 厘米，那么图中的矩形有_____个，所有矩形的面积和为_____平方厘米，所有周长之和为_____厘米。

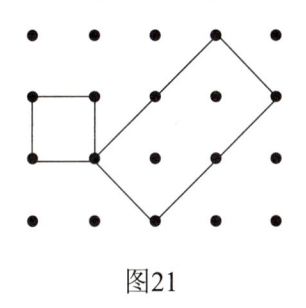

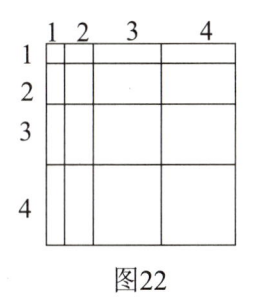

图21　　　　　　　　　　图22

练习参考答案

练习题号	练习1	练习2	练习3	练习4	练习5
参考答案	8	280	216	126	126
解答提示	基本区域法	10×28	6×21+10×15−6×10	10×21−15×4−6×8+6×4	60+30+3×3×4
练习题号	练习6	练习7	练习8		
参考答案	103	74	100　2500　2000		
解答提示	6×15+4+5+4	正立60，倾斜14	最简单入手，探索公式		

JSH-55　数特殊条件的矩形

神器内容	如图1所示，图中包含阴影的矩形共有多少个？ 共有矩形 $a×b×c×d$ 个。 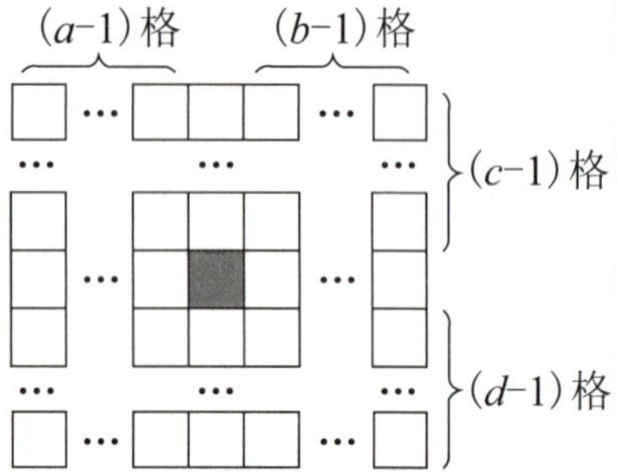

图1

要点说明	正方形，长方形，它们统统是矩形。 矩形之中有阴影，四面包围连续乘。 四条直线围一圈，阴影一定在里边。 长、宽搭配也常见，也有考虑对角线。

🧑 神器溯源

如图2所示，方格中共有多少个矩形包含阴影方格？这是数特殊条件的矩形，一般有三种方法。

1. 长、宽线段搭配法

如图2所示，给出一条包含阴影方格的长线段，再给出一条包含阴影的宽线段，两者光照的交叉处，就是这两条线段确定的矩形，阴影方格就在其中，所以矩形的个数对应为长与宽搭配的个数。图2中包含阴影方格的矩形有(3×5)×(2×3)＝90个。

2. 四面埋伏法

如图3所示，在阴影方格的四周，分别选取四条格线所在的直线，它们围起来的矩形就一定包含阴影方格。包含阴影方格的矩形个数就是四条直线选定方法的乘积。图3中包含阴影的矩形有 2×3×3×5＝90个。

3. 对角线搭配法

如图4所示，选取阴影方格的左上方的格点与右下方的格点进行搭配，得到的线段就可以作为矩形的对角线，这条对角线确定的矩形包含阴影方格。图 4 中包含阴影的矩形有 (2×3)×(3×5)=90 个。

三种方法的本质相同，其实都能得到图 1 中包含阴影方格的矩形有 $a×b×c×d$ 个。

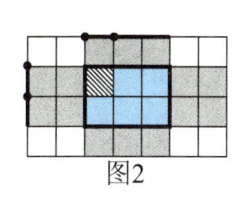

图2 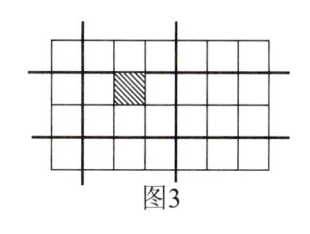　　　　图3 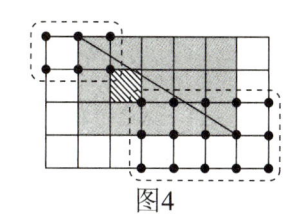　　　　图4

例题精讲

例题 1-1 如图 5 所示，图中包含阴影方格的矩形有_____个。

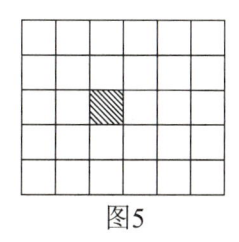

图5

答案：108

【解答】 三种方法都可以得到 3×3×3×4=108 个包含阴影方格的矩形。

例题 1-2 如图 6 所示，图中共有_____个矩形包含"☆"。

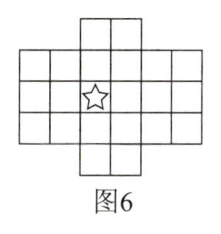

图6

答案：58

【解答】 在统计图 7-1 和图 7-2 中的包含"☆"的矩形时，重复了图 7-3 中包含"☆"的矩形。根据容斥原理进行排除，图 6 中包含"☆"的矩形共有 2×2×3×4+1×2×3×3−1×2×2×2=58 个。

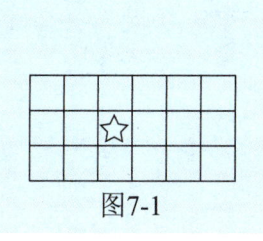

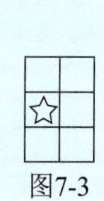

图7-1 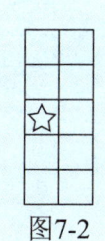　　　图7-2　　　图7-3

205

例题 2-1 如图 8 所示，图中包含"☺"的长方形和正方形共有_____个。

图8

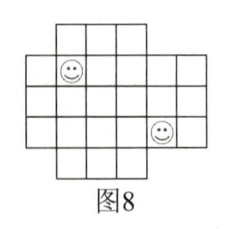

答案: 71

【**解答**】 图 9-1 包含笑脸 a 的矩形有 $1×2×3×5+1×2×3×4-1×1×3×3=45$ 个。图 9-2 包含笑脸 b 的矩形有 $1×2×3×5=30$ 个。重复计算图 9-3 中同时包含笑脸 a 和 b 的矩形有 $1×1×2×2=4$ 个。所以图 8 中包含笑脸的矩形有 $45+30-4=71$ 个。

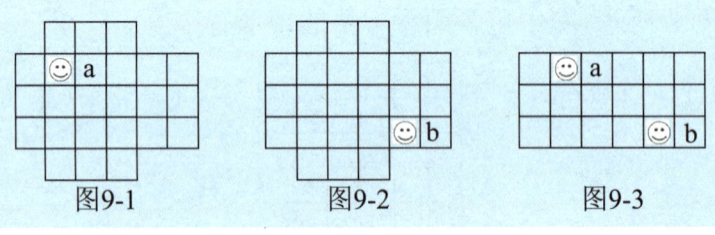

图9-1　　图9-2　　图9-3

例题 2-2 如图 10 所示，图中共有_____个矩形。

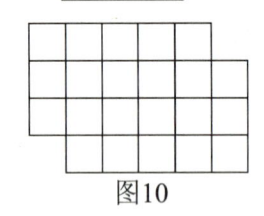

图10

答案: 163

【**解答**】 补形法，把所缺的两个小正方形 a 和 b 补上，然后使用容斥原理。如图 11 所示，图中共有矩形 $10×21=210$ 个。其中包含 a 的矩形有 $1×1×4×6=24$ 个，包含 b 的矩形也有 24 个，既包含 a 又包含 b 的矩形有 1 个。所以，图 11 不包含阴影方格的矩形个数就是图 10 中的矩形个数，共有 $210-24-24+1=163$ 个矩形。

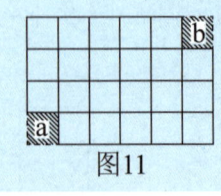

图11

针对性练习

练习 ❶ 如图 12 所示,图中包含阴影方格的矩形共有_____个。

练习 ❷ 如图 13 所示,图中包含"☆"的矩形共有_____个。

练习 ❸ 如图 14 所示,图中包含"☆"的矩形共有_____个。

练习 ❹ 如图 15 所示,图中共有_____个矩形。

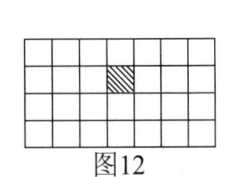

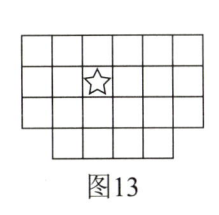

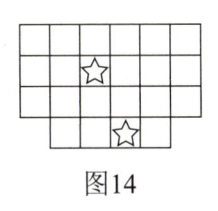

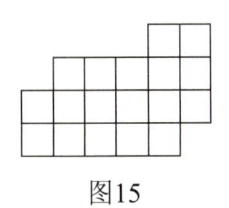

图12　　　图13　　　图14　　　图15

练习 ❺ 如图 16 所示,图中共有_____个矩形。

练习 ❻ 如图 17 所示,图中共有_____个矩形包含"☺"。

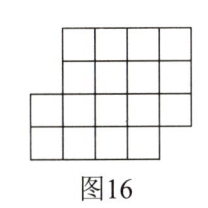

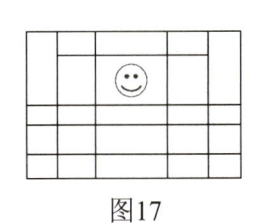

图16　　　图17

练习参考答案

练习题号	练习1	练习2	练习3	练习4	练习5	练习6
参考答案	96	60	76	101	97	52
解答提示	2×3×4×4	48+36−24	48+36−24+24−8	6×21−36+1+10	100−16+13	1×3×3×4+4×4

JSH-56　数平行四边形

神器内容	如图 1 所示,图中共有多少个平行四边形? 共有 $C_{n+1}^2 \times C_{m+1}^2$ 个。
要点说明	平行四边形,是否能数清? 可以用力拉,变成正方形。 转化为矩形,方法都相通。

图1

神器溯源

如果把平行四边形施加一定的力,平行四边形有可能变成矩形。在图形形状发生变化时,而图形的个数不会发生变化。所以,平行四边形计数问题,有时可以转化为矩形的计数问题。

如图 2 所示,图中的平行四边形个数转化为矩形个数。所以,图 1 中共有平行四边形 $C_{n+1}^2 \times C_{m+1}^2$ 个。

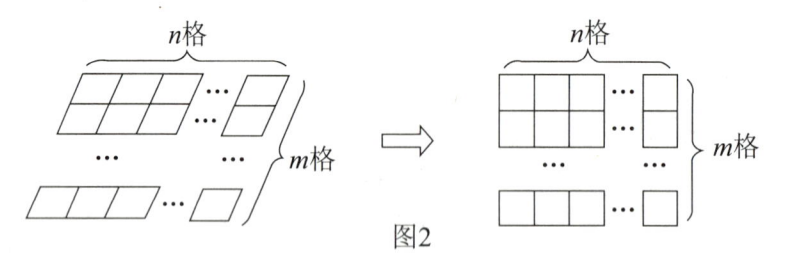

图2

例题精讲

例题 1 如图 3 所示,图中共有 _____ 个平行四边形。

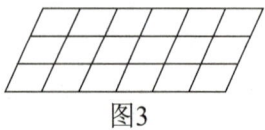

图3

答案：126

【解答】 数平行四边形的个数等同于数矩形的个数，共有 $6\times21=126$ 个平行四边形。

例题 2 如图 4 所示，图中包含"☆"的平行四边形共有_____个。

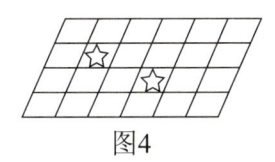

图4

答案：108

【解答】 先计算包含一个"☆"的平行四边形个数，然后减去被重复计算的包含两个"☆"的平行四边形个数。共有 $2\times2\times3\times5+2\times3\times3\times4-2\times2\times2\times3=60+72-24=108$ 个平行四边形。

针对性练习

练习❶ 如图 5 所示，图中共有_____个平行四边形。

练习❷ 如图 6 所示，图中共有_____个平行四边形。

练习❸ 如图 7 所示，图中包含"☆"的平行四边形共有_____个。

练习❹ 如图 8 所示，图中包含"☆"的平行四边形共有_____个。

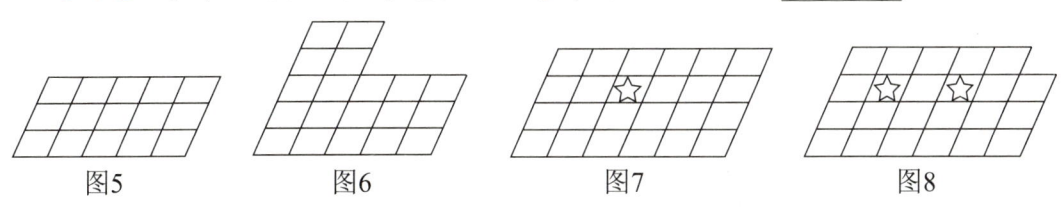

图5　　图6　　图7　　图8

练习参考答案

练习题号	练习1	练习2	练习3	练习4
参考答案	90	117	72	84
解答提示	6×15	$90+45-18$	$2\times3\times3\times4$	$60+72-36-3\times4$

JSH-57　数金字塔中的平行四边形

神器内容	如图1所示,在 n 层格线金字塔图中,共有多少个平行四边形? 共有 $3C_{n+2}^2$ 个。
要点说明	数数平行四边形,金字宝塔一层层。 其中规律来推导,神器溯源已写好。 格线三角组平四,归纳推导试一试。 不用刻意记公式,推导方法多深思。

图1

神器溯源

1. 金字塔图中的平行四边形(默认格线平行四边形)

如图1所示,n 层格线金字塔图中的平行四边形有多少个?

平行四边形由两组平行线交叉形成,可以把平行四边形个数对应成两组平行线的组合个数。

如图2所示,把图形增加一层,得到 $(n+2)$ 个交点。除了两端的点以外,中间的点可以确定两条直线。从中选出四个点,对应成四个从小到大的数,且前两个数对应着从右上到左下的直线,后两个数对应着从左上到右下的直线,四条直线就能围成一个平行四边形,且是唯一确定的。如取数组 $(1,3,5,6)$,则对应着图3中的阴影平行四边形,所以这两个方向对应的平行四边形有 C_{n+2}^4 个。平行线共有3组,得到整个 n 层格线金字塔图中的平行四边形共有 $3C_{n+2}^4$ 个。

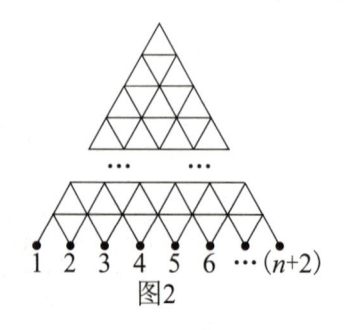

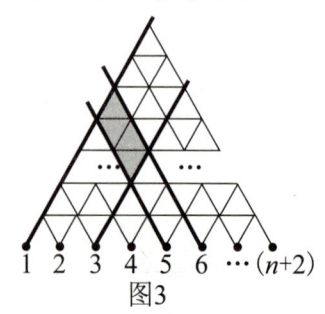

图2　　图3

2. 格线三角形拼成的平行四边形

由于此类平行四边形个数的公式推导比较复杂,这里举出特例,然后给出一个结论的规律表达式,至于表达式的优化,感兴趣的读者可以继续探索。

如图 4 所示,整个平行四边形由相同的小正三角形拼成,那么图中共有_____个平行四边形。

图 4 中有三组平行线,任意两组都能拼成平行四边形,分成三类进行计数。

(1)如图 5 所示,其中平行四边形有 $(1+2+3+4)\times(1+2+3+4+5+6)=210$ 个,或者列算式 $C_5^2 \times C_7^2 = 210$ 个。

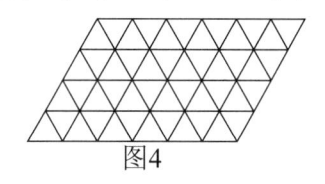

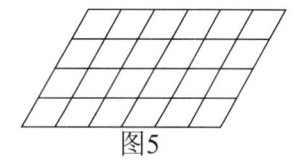

图4　　　　图5

(2)如图 6 所示,按行数进行分类进行平行四边形计数。

$(1+2+3+4+5)\times 4+(1+2+3+4)\times 3+(1+2+3)\times 2+(1+2)\times 1$
$=15\times 4+10\times 3+6\times 2+3\times 1$
$=105$

(3)如图 7 所示,按行数进行分类进行平行四边形计数。

$(1+2+3)\times 6+(1+2)\times 5+1\times 4$
$=6\times 6+3\times 5+1\times 4$
$=55$

所以,图 4 中的平行四边形共有 $210+105+55=370$ 个。

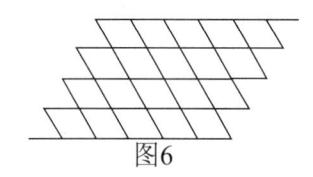

图6　　　　图7

一般地,$n\times m (n\geq m)$ 平行四边形是由小正三角形拼成的,图中平行四边形的个数为

$C_{n+1}^2 \times C_{m+1}^2 + [mC_n^2 + (m-1)C_{n-1}^2 + \cdots + C_{n-m+1}^2] + [nC_m^2 + (n-1)C_{m-1}^2 + \cdots + (n-m+2)C_2^2]$。

当 $n=m$ 时,公式简化为

$C_{n+1}^2 \times C_{n+1}^2 + 2[nC_n^2 + (n-1)C_{n-1}^2 + \cdots + 2C_2^2]$
$= \dfrac{n(n+1)}{2} \times \dfrac{n(n+1)}{2} + n^2(n-1) + (n-1)^2(n-2) + \cdots + 2^2\times 1$
$= \dfrac{n(n+1)}{2} \times \dfrac{n(n+1)}{2} + \dfrac{(n+1)n(n-1)}{3} \times \dfrac{2+3n}{4}$

$$=\frac{n(n+1)(3n^2+n-1)}{6}$$

例题精讲

例题 1 如图 8 所示,图中共有_____个平行四边形。

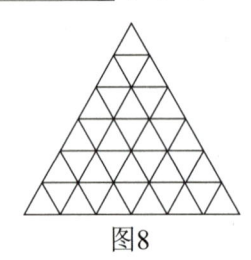

图8

答案:210

【解答】 6 层金字塔图中的平行四边形有 $3C_{6+2}^4=210$ 个。

例题 2-1 如图 9 所示,图中共有_____个平行四边形。

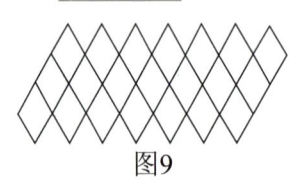

图9

答案:65

【解答】 分别对 $1\times3,2\times2,3\times1$ 的平行四边形中的平行四边形进行计数,当然可以提前排除重复的平行四边形。

$(1+2+3)\times7+(1+2)\times6+1\times5=65$ 个。

例题 2-2 如图 10 所示,图中共有_____个平行四边形。

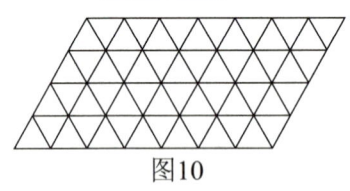

图10

答案:500

【解答】 按三个方向的平行线进行组合搭配,得到图 10 中的平行四边形个数为
$C_5^2\times C_8^2+(7C_4^2+6C_3^2+5C_2^2)+(4C_7^2+3C_6^2+2C_5^2+C_4^2)$
$=280+65+155$
$=500$

所以,图中共有 500 个平行四边形。

针对性练习

练习 ❶ 如图 11 所示,图中共有_____个平行四边形。

练习 ❷ 如图 12 所示,图中共有_____个平行四边形。

练习 ❸ 如图 13 所示,图中共有_____个平行四边形。

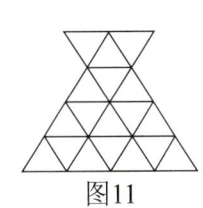

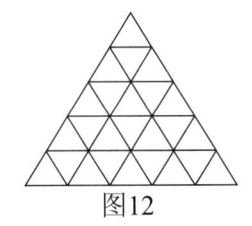

图11　　　图12　　　图13

练习 ❹ 如图 14 所示,图中共有_____个平行四边形。

练习 ❺ 如图 15 所示,图中共有_____个平行四边形。

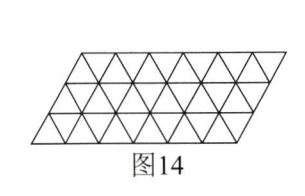

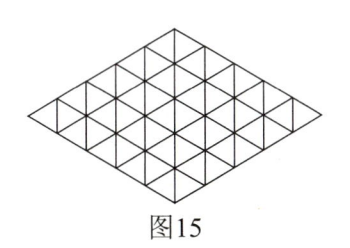

图14　　　图15

练习参考答案

练习题号	练习1	练习2	练习3	练习4	练习5
参考答案	53	105	139	220	395
解答提示	$3C_6^4+8$	$3C_7^4$	$62+42+24+9+2$	$6×21+3×6+1×5+15×3+10×2+6×1$	$15×15+(10×5+6×4+3×3+1×2)×2$,或套用公式

213

JSH-58 数特殊条件的平行四边形

神器内容	如图1所示，在正三角形格线图形中，共有多少个包含阴影部分的平行四边形？ 解题方法：鼠标法。 图1
要点说明	计数平行四边形，一定要包含阴影。 三次使用鼠标法，做对题目动脑瓜。 此种方法来推广，菱形照样有用场。 格线平四条件图，四面包围打招呼。

神器溯源

在格线正三角形图形中，包含特殊位置的平行四边形共有多少个？可以考虑两点确定平行四边形的一条对角线，由于平行四边形边在格线上，平行四边形就能确定下来。对于对角线端点的确定，是有一定范围的，把所有可能的点标记出来，然后组合搭配即可，这就是"鼠标法"，如图2所示。

如图3所示，图中包含阴影的平行四边形共有多少个？

此类问题完全可以使用包含特殊条件的矩形个数的解题方法，要么用四面包围法，要么用对角线端点搭配法。因此，图3中包含阴影方格的平行四边形共有 $2\times 3\times 3\times 4=72$ 个。

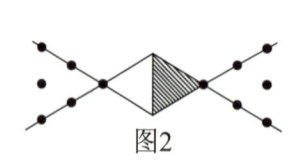

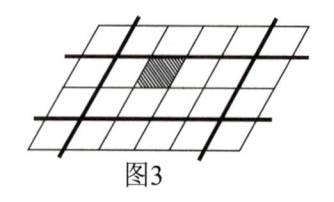

图2　　　图3

例题精讲

例题 1-1 图 4 中包含阴影的平行四边形共有 _____ 个。

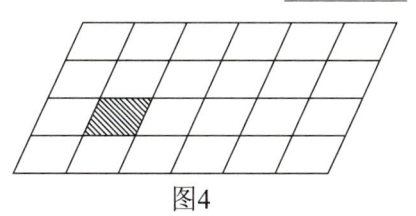

图4

答案： 60

【解答】 用四面包围法，共有 $2\times2\times3\times5=60$ 个包含阴影部分的平行四边形。

例题 1-2 如图 5 所示，图中包含阴影的平行四边形共有 _____ 个。

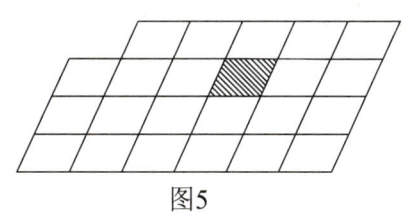

图5

答案： 63

【解答】 如图 6 所示，把左上角的平行四边形补上，图中包含原来阴影部分的平行四边形共有 $2\times3\times3\times4=72$ 个，而包含两个阴影部分的平行四边形有 $1\times1\times3\times3=9$ 个。所以，图 5 中的平行四边形共有 $72-9=63$ 个。

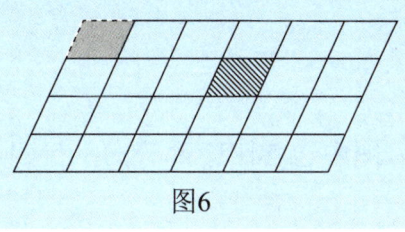

图6

例题 2 如图 7 所示，图中包含"☆"的平行四边形共有 _____ 个，包含"☆"的菱形共有 _____ 个。

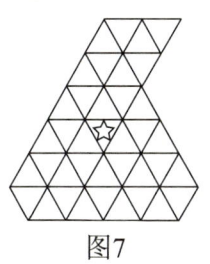

图7

答案： 60 14

【解答】 一条平行四边形的对角线与格点三角形的边就可以确定平行四边形，而对角线是线段，找到该线段的两个端点的取法就对应着平行四边形的个数，采用鼠标法。

如图 8 所示，平行四边形的对角线的搭配有 3×5＝15 种，包含"☆"的平行四边形有 15 个。如图 9 所示，包含"☆"的平行四边形有 5×6＝30 个。如图 10 所示，包含"☆"的平行四边形有 3×5＝15 个。

所以，图 7 中包含"☆"的平行四边形共有 15＋30＋15＝60 个。

如图 11 所示，对直线上的点进行搭配，可以得到包含"☆"的菱形有 1×1＋1×2＋1×1＝4 个。同理，图 9 和图 10 中包含"☆"的菱形对角线分别有 6 个和 4 个。得到图 7 共有 4＋6＋4＝14 个包含"☆"的菱形。

图8　　　　图9　　　　图10　　　　图11

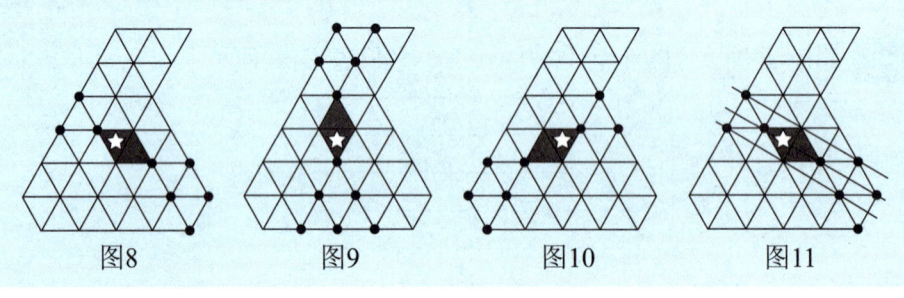

针对性练习

练习❶ 如图 12 所示，图中包含阴影部分的平行四边形共有_____个。

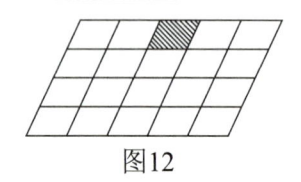

图12

练习❷ 如图 13 所示，图中包含阴影部分的平行四边形共有_____个。

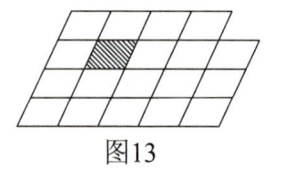

图13

练习❸ 如图 14 所示，图中共有_____个包含阴影部分的平行四边形。

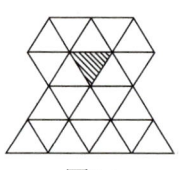

图14

练习 ❹ 如图 15 所示,图中共有_____个包含阴影部分的菱形,共有_____个包含阴影部分的平行四边形。

图15

练习 ❺ 如图 16 所示,图中共有_____个包含阴影部分的平行四边形。

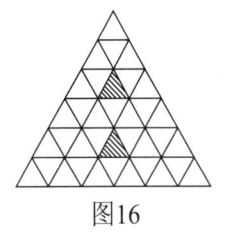

图16

练习参考答案

练习题号	练习1	练习2	练习3	练习4	练习5
参考答案	36	42	24	8 24	81
解答提示	1×3×3×4	补上右上角,容斥原理	鼠标法对角线端点搭配	鼠标法对角线端点搭配	鼠标法+容斥原理 40+45−4

JSH-59　数梯形

神器内容	如图 1 所示,图中共有多少个梯形? 解题方法:一腰一底组合搭配。 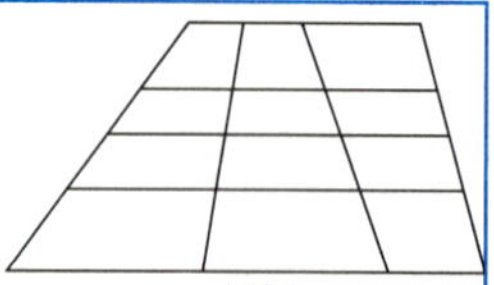
要点说明	图中梯形有几个? 数数矩形已学过。 矩形长、宽来组合,梯形腰底学着做。

图1

神器溯源

把梯形特殊化为矩形,数梯形的个数就可以转化为数矩形的个数,如图 2 所示。

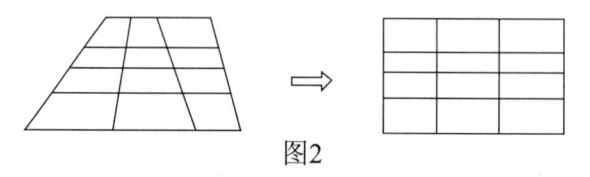

图2

如图 3 所示,在 n 层格线金字塔中,共有多少个梯形?

图 3 中的梯形都是等腰梯形,可以按上底小于下底的正立梯形和上底大于下底的倒立梯形分别讨论。

上底为 a,下底为 b 的等腰梯形,记作 T_{a+b},有时也表示此种梯形的个数,如图 4 所示。

当 $a<b$ 时,则为正立等腰梯形,梯形有 $(b-a)$ 层;

当 $a>b$ 时,则为倒立等腰梯形,梯形有 $(a-b)$ 层。

图3

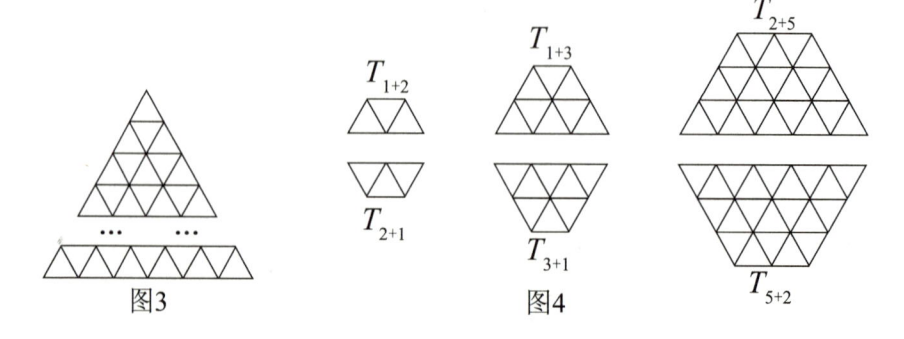

图4

T_{1+2}　T_{1+3}　T_{2+5}
T_{2+1}　T_{3+1}　T_{5+2}

下面推导在 n 层格线金字塔中梯形的个数。

(1) 正立梯形的个数

$$\left.\begin{aligned}&T_{1+2}+T_{1+3}+T_{1+4}+T_{1+5}+\cdots+T_{1+n}\\&\quad+T_{2+3}+T_{2+4}+T_{2+5}+\cdots+T_{2+n}\\&\quad+T_{3+4}+T_{3+5}+\cdots+T_{3+n}\\&\quad+\cdots+T_{(n-1)+n}\end{aligned}\right\} = \frac{n(n-1)}{2}\times 1 + \frac{(n-1)(n-2)}{2}\times 2 + \cdots$$

$$+ \frac{3\times 2}{2}\times(n-2) + \frac{2\times 1}{2}\times(n-1)$$

$$= \frac{(n+1)n(n-1)}{2\times 3}\times\frac{n-1+3\times 1}{4}$$

$$= C_{n+2}^{4}$$

或者 $\left.\begin{aligned}&T_{1+2}+T_{1+3}+T_{1+4}+T_{1+5}+\cdots+\\&T_{1+n}+T_{2+3}+T_{2+4}+T_{2+5}+\cdots+T_{2+n}\\&T_{3+4}+T_{3+5}+\cdots+T_{3+n}+\cdots+T_{(n-1)+n}\end{aligned}\right\}=C_{n+1}^{3}+C_{n}^{3}+C_{n-1}^{3}+\cdots+C_{3}^{3}=C_{n+2}^{4}$。

(2) 倒立梯形的个数

$$\left.\begin{aligned}&T_{2+1}+T_{3+1}+T_{4+1}+T_{5+1}+\cdots+T_{n+1}+\\&T_{3+2}+T_{4+2}+T_{5+2}+\cdots T_{n+2}+T_{4+3}+\\&T_{5+3}+\cdots+T_{n+3}+\cdots+T_{(n-3)+(n-2)}\end{aligned}\right\}=C_{n}^{3}+C_{n-2}^{3}+C_{n-4}^{3}+\cdots+C_{3}^{3}(\text{或}C_{4}^{3})$$

n 层格线金字塔图中,梯形有三个方向,所以共有梯形 $3\{C_{n+2}^{4}+[C_{n}^{3}+C_{n-2}^{3}+C_{n-4}^{3}+\cdots+C_{3}^{3}(\text{或}C_{4}^{3})]\}$ 个。

例题精讲

例题 1-1 如图 5 所示,所有横线都互相平行,所有斜线都不平行,那么图中共有 _____ 个梯形。

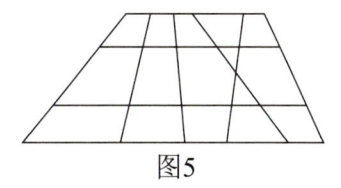

图5

答案: 86

【解答】 如图 6 所示,先不考虑梯形两条腰交于形内情况,一底一腰搭配,共有 $(1+2+3)\times(1+2+3+4+5)=90$ 个梯形。如图 7 所示,两腰交于形内一点,会减少 $2\times 2=4$ 个梯形,所以图 5 中梯形共有 $90-4=86$ 个。

图6

图7

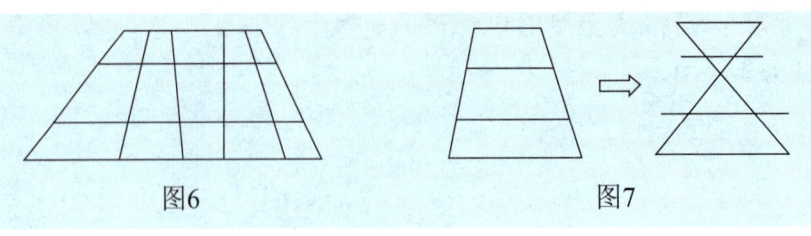

例题 1-2 如图 8 所示,图中共有_____个梯形,其中不包含"☆"的梯形有_____个。

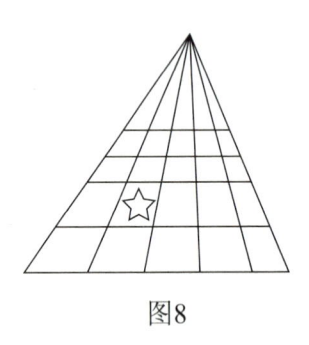

图8

答案: 150　102

【解答】 (1)一底一腰搭配法,图 8 中梯形有 $(1+2+3+4)\times(1+2+3+4+5)=150$ 个。

(2)两底两腰四面包围,包含"☆"的梯形有 $3\times2\times2\times4=48$ 个,从而不包含"☆"的梯形有 $150-48=102$ 个。

例题 2-1 如图 9 所示,在由正三角形组成的格线图形中,共有_____个格线梯形。

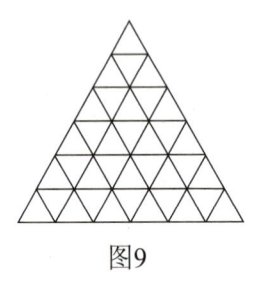

图9

答案: 516

【解法一】 (1)先数正立梯形,最小梯形是 T_{1+2},最大梯形是 T_{1+7}。

$(T_{1+2}+T_{1+3}+T_{1+4}+T_{1+5}+T_{1+6}+T_{1+7})+(T_{2+3}+T_{2+4}+T_{2+5}+T_{2+6}+T_{2+7})+\cdots+T_{6+7}=\dfrac{8\times7\times6}{6}+\dfrac{7\times6\times5}{6}+\dfrac{6\times5\times4}{6}+\cdots+\dfrac{3\times2\times1}{6}$

$=\dfrac{9\times8\times7\times6}{6\times4}$

$=126$

(2)再数倒立梯形,最小梯形是 T_{2+1},最大梯形是 T_{4+1}。

$(T_{2+1}+T_{3+2}+T_{4+3}+T_{5+4}+T_{6+5})+(T_{3+1}+T_{4+2}+T_{5+3})+T_{4+1}$

$=\dfrac{7\times 6\times 5}{6}+\dfrac{5\times 4\times 3}{6}+\dfrac{3\times 2\times 1}{6}$

$=46$

图 9 中梯形有三个方向,所以共有梯形 $3\times(126+46)=516$ 个。

【解法二】 套用公式 $n=7$,则 $3[C_{7+2}^{4}+(C_{7}^{3}+C_{7-2}^{3}+C_{7-4}^{3})]=3[126+(35+10+1)]=516$ 个。

例题 2-2 如图 10 所示,正五边形内部每一条线段都与正五边形的某条边平行,那么图中共有_____个等腰梯形,共有_____个非等腰梯形。

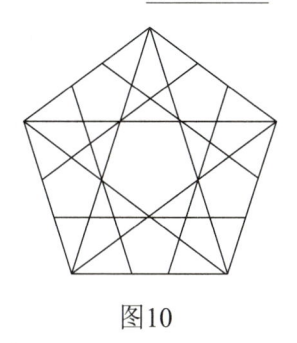

图10

答案: 95 60

【解答】 (1)先找到作为上、下底的平行线,然后分类计数。如图 11 所示,得到 19 个等腰梯形,整个图形共有等腰梯形 $19\times 5=95$ 个。

(2)如图 12 所示,在图 11 的基础上增加一条粗对角线,增加 6 个非等腰梯形。如图 13 所示,两条粗对角线,两者不能共同产生非等腰梯形,所以非等腰梯形有 $6\times 2\times 5=60$ 个。

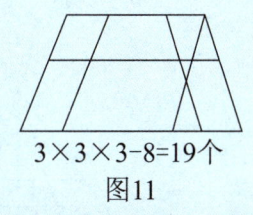

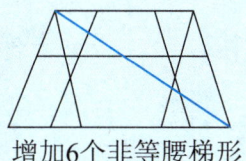

$3\times 3\times 3-8=19$ 个
图11

增加6个非等腰梯形
图12

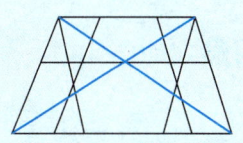

增加0个非等腰梯形
图13

几何图形来计数,数少数多不清楚。分类计数做一做,等腰梯形有几个?其中还有非等腰,此种个数可知晓?加色线增加图形,增加六十有可能。

例题 2-3 圆周上均匀分布 10 个点，从中选取 4 点最多连成 _____ 个梯形。

答案：60

【解答】 (1)如图 14 所示，梯形的上、下底平行线有 5 条，共有 $C_5^2=10$ 种连法，排除 2 种矩形的情况，有 $10-2=8$ 个梯形。

(2)如图 15 所示，梯形的上、下底平行线有 4 条，共有 $C_4^2=6$ 种连法，排除 2 种矩形的情况，有 $6-2=4$ 个梯形。

(3)同组平行线可以旋转 5 次，得到梯形共有 $5\times(8+4)=60$ 个。

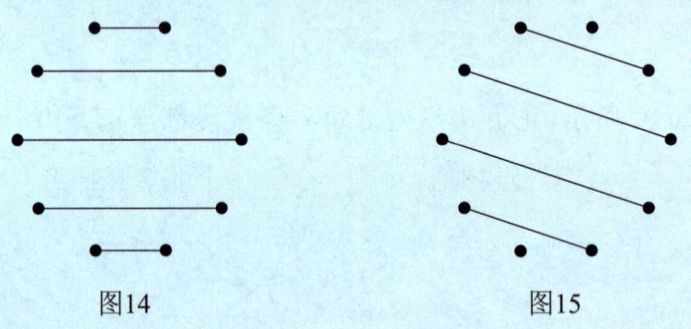

图14

图15

针对性练习

练习 ❶ 如图 16 所示，图中共有 _____ 个梯形。

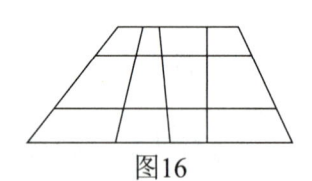

图16

练习 ❷ 如图 17 所示，图中共有 _____ 个梯形。

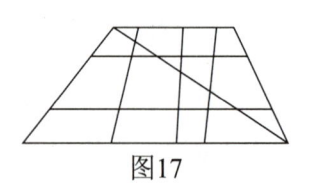

图17

练习 ❸ 如图 18 所示，图中共有 _____ 个梯形。

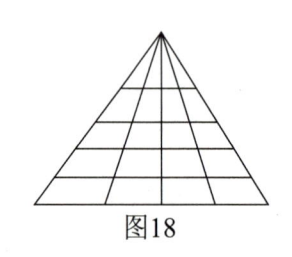

图18

练习❹ 如图19所示，图中共有_____个包含"○"的梯形。

练习❺ 如图20所示，图中共有_____个格线梯形。

练习❻ 如图21所示，图中共有_____个梯形。

练习❼ 如图22所示，图中共有_____个格线梯形。

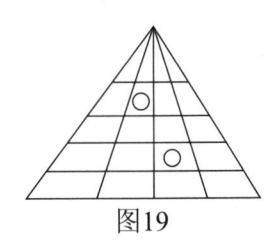

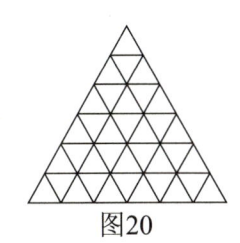

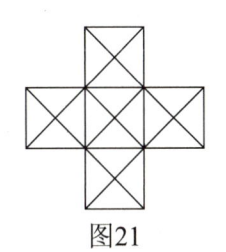

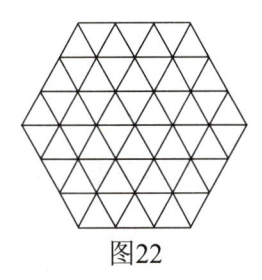

练习❽ 连接正十二边形的所有边和对角线，以正十二边形顶点为顶点的梯形共有_____个。

图19　　　　图20　　　　图21　　　　图22

练习参考答案

练习题号	练习1	练习2	练习3	练习4	练习5
参考答案	60	73	100	52	282
解答提示	一底一腰搭配	考察对角线与腰线交点	10×10	$24+36-8$	$3[C_8^4+(C_6^3+C_4^3)]$
练习题号	练习6	练习7	练习8		
参考答案	64	522	120		
解答提示	按平行线分类：$(14+7\times2+4)\times2$	分类计数：$(41+26+14+5+1)\times6$	$6\times(C_6^2-3+C_5^2-2)$		

JSH-60　最小矩形包

神器内容	如图1所示,把由几个正方形组成的联方形放入与边平行的矩形中,如果刚好放下且矩形面积最小,那么这个矩形就是这个联方形的最小矩形包。 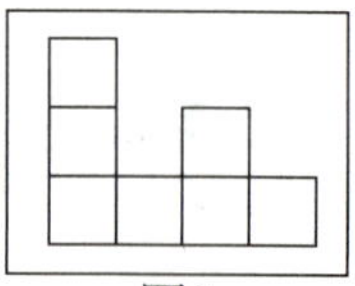
要点说明	不管它是几联方,给它做个外包装。 外包一定是矩形,统计个数好轻松。 内放几种矩几种,结果赶快乘一乘。

图1

神器溯源

把由几个正方形组成的联方形放入与边平行的矩形中,如果刚好放下且矩形面积最小,那么这个矩形就是这个联方形的最小矩形包。

利用矩形包计数,需要看联方形在矩形包内有多少种放法,再考虑矩形在整个图形中有多少种放法,二者乘积就是联方形放入整个图形的放法数。

如果用联方形矩形无缝隙、不重复覆盖,也可以考虑由几个联方形能组成矩形,且有多少种放法,然后再考虑矩形的无缝隙、不重复的覆盖。

例题精讲

例题1 如图2所示,在 4×6 的方格内放入由三个正方形组成的直角联方形,共有_____种不同的放法。如果放入8个这样的直角联方形,不重复、不遗漏地铺满方格,共有_____种不同的覆盖方法。

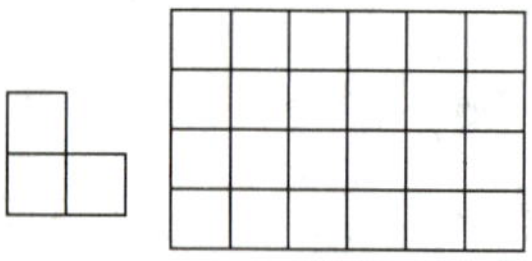

图2

答案: 60　18

【解答】(1)如图3所示,每个 2×2 的矩形包内有4种放法。在图2中有 $3\times 5=15$ 个 2×2 的矩形包,所以,共有 $4\times 15=60$ 种不同的放法。

(2)如图4所示,每个 2×3 的矩形包内放入2个直角联方形,有2种放法。在图2中用4个矩形包覆盖,只有1种方法,共有 $2^4\times 1=16$ 种不同的覆盖方法。

如图5所示,不出现最小矩形包有2种放法,所以,共有16+2=18种不同的覆盖方法。

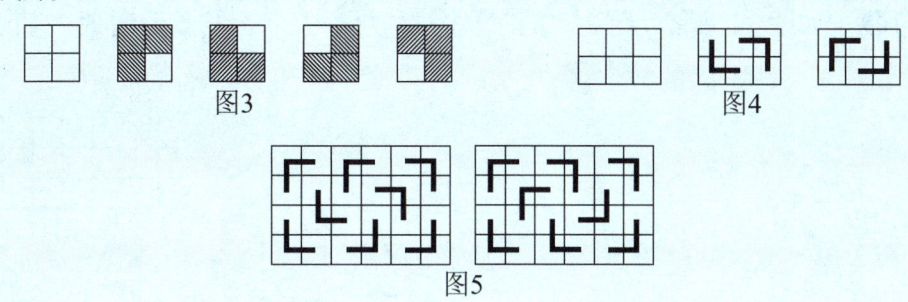

图3

图4

图5

例题 2 如图6所示,在4×6的方格内放入由四个正方形组成的"L"形联方形,共有_____种不同的放法。如果放入6个这样的直角联方形,不重复、不遗漏地铺满方格,共有_____种不同的铺法。

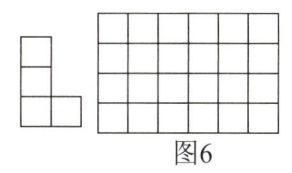

图6

答案: 88   42

【解答】 (1)如图7所示,每个2×3的矩形包内有4种放法。在图6中有3×4+2×5=22个2×3的矩形包,所以,共有4×22=88种不同的放法。

(2)如图8所示,每个2×4的矩形包内放入2个直角联方形,有2种放法。在图6中用3个2×4的矩形包覆盖,如图9所示,有3种方法,共有$2^3 \times 3 = 24$种不同的覆盖方法。如图10所示,共有2+2×2+2×2+2×2×2=18种。所以,共有24+18=42种不同的覆盖方法。

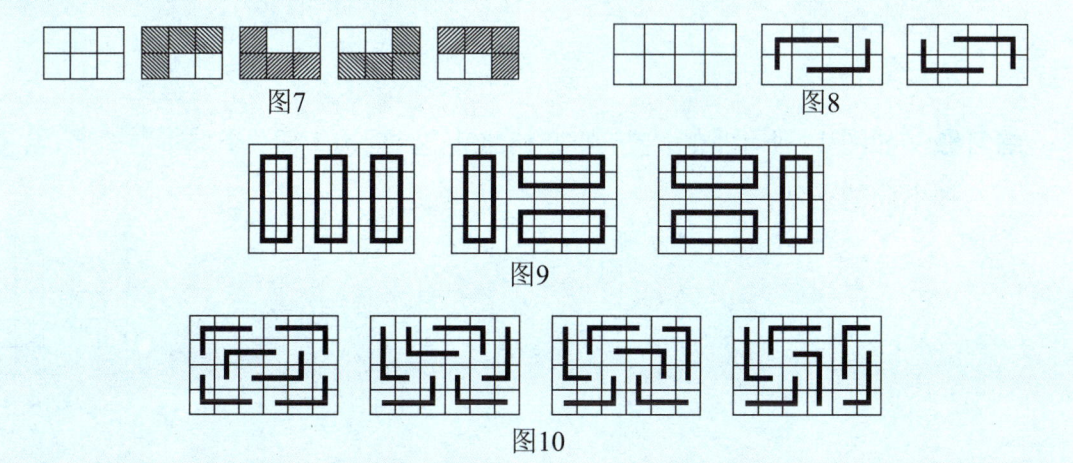

图7

图8

图9

图10

225

针对性练习

练习 ① 如图 11 所示,在 3×7 的方格内放入由三个正方形组成的直角联方形,共有_____种不同的放法。

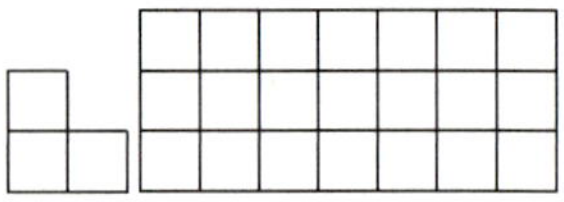

图11

练习 ② 如图 12 所示,在 3×8 的方格内放入 8 个这样的直角联方形,不重复、不遗漏地铺满方格,共有_____种不同的铺法。

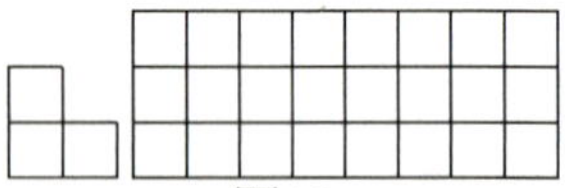

图12

练习 ③ 如图 13 所示,在 5×5 的方格内涂黑四个方格,使得方格为"L"形。共有_____种不同的涂法。

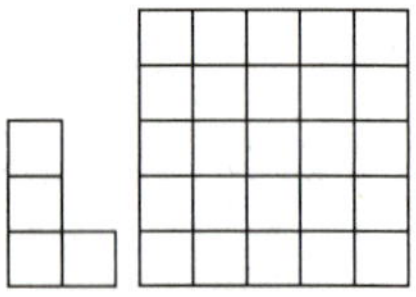

图13

练习 ④ 如图 14 所示,在 5×5 的方格纸上沿格线剪下一个" "形,共有_____种不同的剪法。

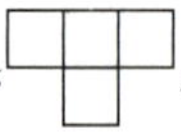

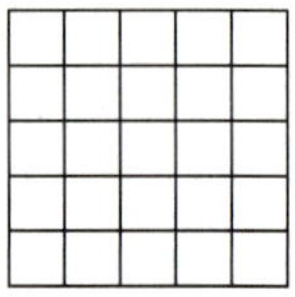

图14

练习 ❺ 如图15所示,在图中沿格线放入一个"▢▢▢/▢▢"形,共有_____种不同的放法。

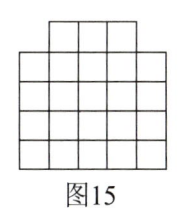

图15

练习 ❻ 如图16所示,在图中沿格线放入一个"▢▢▢▢/▢"形,共有_____种不同的放法。

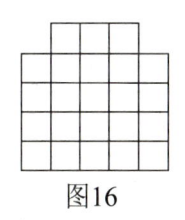

图16

练习参考答案

练习题号	练习1	练习2	练习3	练习4	练习5	练习6
参考答案	48	16	96	48	44	36
解答提示	4×2×6	最小矩形包为 2×3	最小矩形包为 2×3	最小矩形包为 2×3	48−4	48−4×3

227

JSH-61 数长方体

神器内容	如图1所示,由小正方体组成的长方体的长为a,宽为b,高为c,那么立体图形中共可以数出多少个长方体? 长、宽、高搭配法,共有$C_{a+1}^2 \times C_{b+1}^2 \times C_{c+1}^2$个长方体。
要点说明	立方体,正方体,两个名字随便替。 图中几个长方体?长、宽和高各取一。 三线取法相乘积,便于理解好记忆。

图1

神器溯源

正方体又称立方体,它是长、宽、高都相等的长方体。在长方体计数时,需要找到作为长、宽、高的线段,每种取法唯一对应着一个长方体,如图2所示。由小正方体组成的长方体的长为a,宽为b,高为c。长的取法有C_{a+1}^2种,宽的取法有C_{b+1}^2种,高的取法有C_{c+1}^2种,共可以组合搭配成$C_{a+1}^2 \times C_{b+1}^2 \times C_{c+1}^2$个长方体。

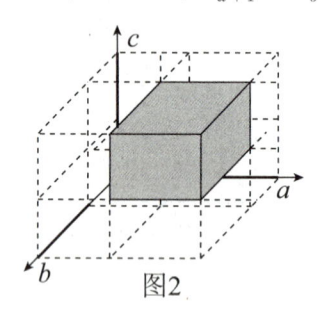

图2

例题精讲

例题 1-1 如图3所示,用小正方体组成这个长方体,那么图中共可以数出_____个长方体,其中正方体有_____个。

答案:1500 130

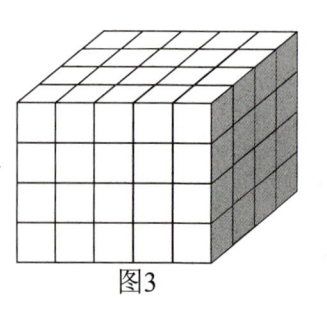

图3

【解答】 长、宽、高选法搭配,图 3 中长方体有 $C_{5+1}^2 \times C_{4+1}^2 \times C_{4+1}^2 = 15 \times 10 \times 10 = 1500$ 个,其中正方体有 $4^2 \times 5 + 3^2 \times 4 + 2^2 \times 3 + 1^2 \times 2 = 130$ 个。

例题 1-2 如图 4 所示,在 $3 \times 4 \times 5$ 的长方体上吻合缝隙放上一个 $2 \times 2 \times 2$ 的正方体,那么这个立体图中共可以数出_____个长方体。

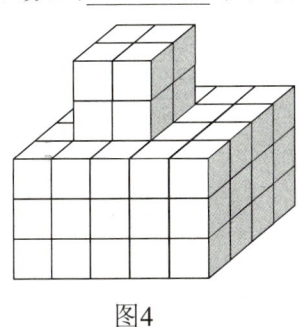

图4

答案:981

【解法一】 $3 \times 4 \times 5$ 的长方体中有 $6 \times 10 \times 15 = 900$ 个长方体,$2 \times 2 \times 2$ 的正方体中有 $3 \times 3 \times 3 = 27$ 个长方体。两者放在一起时,增加长方体 $3 \times 3 \times 2 \times 3 = 54$ 个。所以图 4 立体图形中可以数出 $900 + 27 + 54 = 981$ 个长方体。

【解法二】 $3 \times 4 \times 5$ 的长方体中有 $6 \times 10 \times 15 = 900$ 个长方体,$2 \times 2 \times 5$ 的长方体中有 $3 \times 3 \times 15 = 135$ 个长方体。两者放在一起时,共用的是 $2 \times 2 \times 3$ 的长方体,其中有 $3 \times 3 \times 6 = 54$ 个长方体。所以图 4 的立体图形中有 $900 + 135 - 54 = 981$ 个长方体。

例题 2-1 如图 5 所示,用小正方体木块垒成一个立体图形,那么图中能数出_____个长方体。

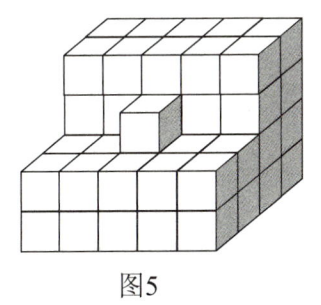

图5

答案:774

【解答】 (1)如图 6 所示,$2 \times 4 \times 5$ 的长方体中有 $3 \times 10 \times 15 = 450$ 个长方体。
如图 7 所示,图中可以数出 $450 \times 2 - 3 \times 3 \times 15 = 765$ 个长方体。

(2)在图 7 的基础上放上 1 个长方体,增加 $1 \times 1 \times 3 \times 3 = 9$ 个长方体。

229

所以，图 5 中的长方体有 765+9＝774 个。

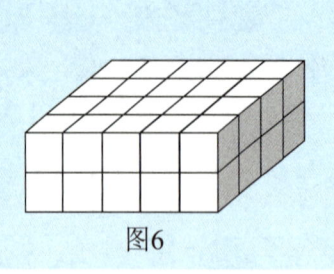

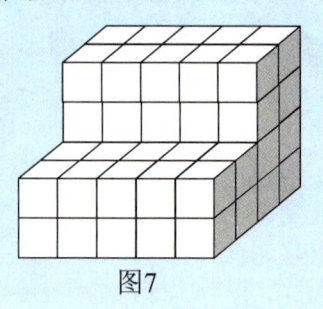

图6

图7

例题 2-2 如图 8 所示，用小正方体木块垒成一个 4×4×5 的长方体，从角上取走一个 2×2×3 的长方体，那么剩下的立体图形中还能数出_____个长方体。

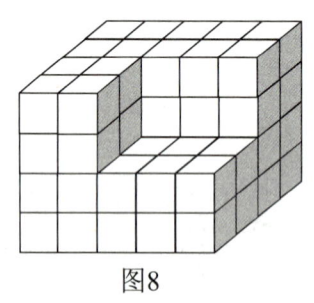

图8

答案：912

【解法一】 如图 9 所示，根据容斥原理，把图 8 拆成 3 个方向的长方体，分别数出各自长方体个数，减去两者共同的长方体（阴影部分）个数，然后再加上三者共同的长方体。所以，图 8 中的长方体的个数为

$3\times10\times10+3\times10\times15+3\times10\times15-3\times3\times10-3\times3\times10-3\times3\times15+3\times3\times3$

$=300+450+450-90-90-135+27$

$=912$

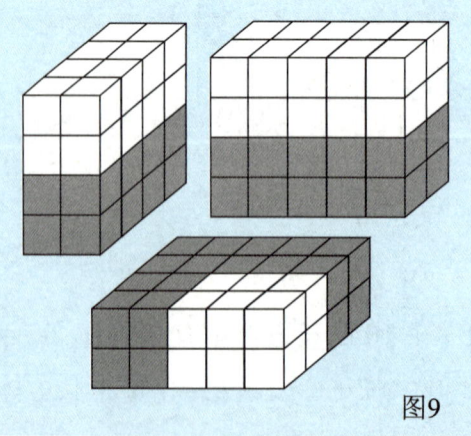

图9

230

【解法二】 如图 10 所示,把图 8 补充 4×4×5 的长方体,然后排除图 11 中长、宽、高包含阴影的小正方体搭配情况。共有长方体 10×10×15－(10－3)×(10－3)×(15－3)＝1500－588＝912 个。

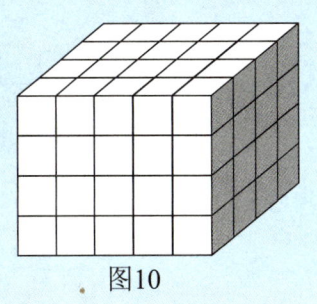

图10

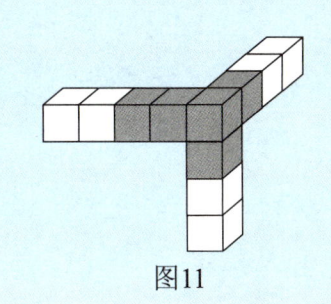

图11

针对性练习

练习❶ 如图 12 所示,在 3×4×4 的长方体中,可以数出_____个长方体,其中正方体有_____个。

练习❷ 如图 13 所示,在 3×3×6 的长方体中,可以数出_____个长方体,其中正方体有_____个。

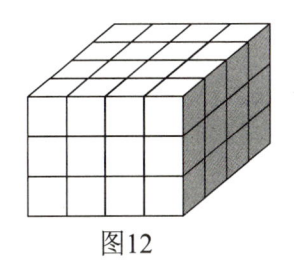

图12

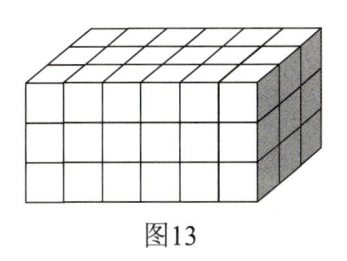

图13

练习❸ 如图 14 所示,在 3×3×5 的长方体上放上 2 个小正方体,那么图中可以数出_____个长方体。

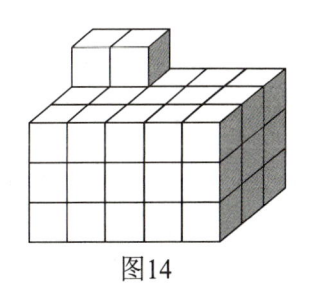

图14

练习❹ 如图 15 所示,在 3×3×5 的长方体上,取走一条棱上的 5 个小正方体,那么剩下立体图形中可以数出_____个长方体。

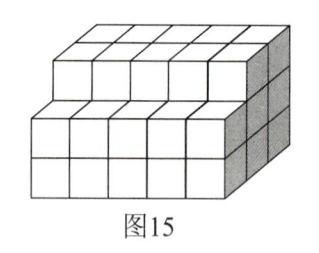

图15

练习❺ 如图 16 所示,在 3×3×5 的长方体上挖去 2 个小正方体,那么图中可以数出_____个长方体。

练习❻ 如图 17 所示,用小正方体木块垒成一个 4×4×5 的长方体,从角上取走一个 2×2×3 的长方体,那么剩下的立体图形中还能数出_____个长方体。

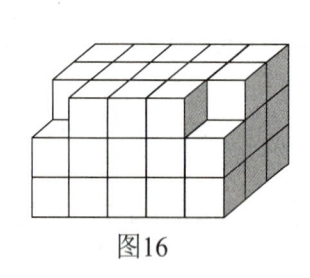

图16

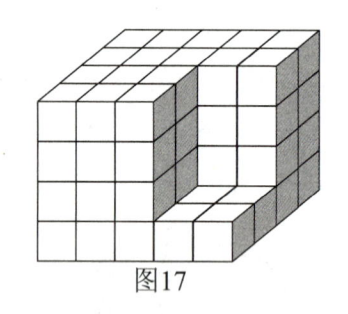

图17

练习参考答案

练习题号	练习1	练习2	练习3	练习4	练习5
参考答案	600　70	756　78	552	405	459
解答提示	基本练习	基本练习	540+3×4	(3×6×2−3×3)×15	6×6×15−3×3×5×2+9

练习题号	练习6				
参考答案	933				
解答提示	10×10×15−7×9×9				

232

四　染色与特殊排列

JSH-62　基本区域染色

神器内容	用几种颜色给几个区域染色,相邻区域不同色。 染色方法:(1)统计相邻区域数。(2)先染相邻区域最多的区域。(3)各区域染色方法相乘。
要点说明	几个区域来染色,相邻不同是原则。 谁的相邻区域多,优先染色不用说。 相邻区域多到少,每个区域都染好。 染色方法来相乘,得到答案快填空。 最后一句要提醒,环形染色要慎重。

神器溯源

中国区域划分图中含东北、华北、华中、华东、华南、西北、西南七大区域,每个区域用一种颜色染色。当给定几个区域,使用规定的几种颜色进行染色,若相邻区域不同色,该如何染色呢?具体该从哪个区域开始染起呢?整体有多少种染色方法?答案如下:

(1)染色前先确定染色的关键词:相邻区域不同色。

(2)整体观察是否有环染(一个区域被其他区域包围起来)的情况。若有环染,则使用下面讲的环染方法。

①统计各个区域相邻的区域个数。

②从相邻区域最多的区域开始染起,一直到染完整个图形。

③每个区域的染色方法的乘积就是整个图形的染色方法数。

例题精讲

例题 1-1 如图 1 所示,用 4 种颜色给图中每个圆圈染色,相邻连线的不同色,那么共有_____种不同的染色方法。

图1

答案:972

【解答】 (1)题目有染色关键词:相邻连线区域不同色,且没有环染出现。如图 2 所示,统计各个区域的相邻区域数。

(2)如图 3 所示,先染中间有 3 个相邻区域的圆圈,接着染两侧有 2 个相邻区域,最后染 1 个相邻区域的圆圈。共有 $4 \times 3^5 = 972$ 种染色方法。

图2 图3

例题 1-2 如图 4 所示,用 3 种颜色给图中每个圆圈染色,相邻连线的不同色,且 3 种颜色都要使用,那么共有_____种不同的染色方法。

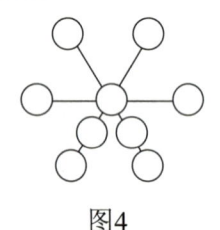

图4

答案:762

【解答】 观察相邻区域最多的是中间圆圈,图 5 的染法为 $3 \times 2^8 = 768$ 种。排除只用 2 种颜色染色的方法,图 6 的染法有 $C_3^2 \times 2 \times 1^8 = 6$ 种。所以,图 4 符合条件的染色方法有 $768 - 6 = 762$ 种。

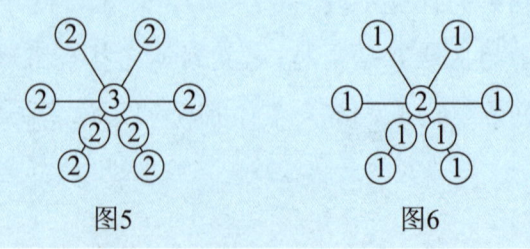

图5 图6

例题 2 如图 7 所示,用红、黄、绿、蓝四种颜色把图中的八个部分染色,且相邻部分不能使用同一种颜色,不相邻的部分可以使用同一种颜色,那么共有_____种不同的染色方法。

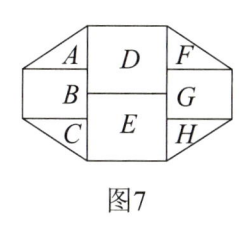

图7

答案:768

【**解答**】 (1)用 4 种颜色把八个部分染色,染色的原则为先染相邻区域最多的部分,统计相邻区域的多少后,即可得到染色的顺序。

(2)统计每个区域相邻区域的个数,如图 8 所示。

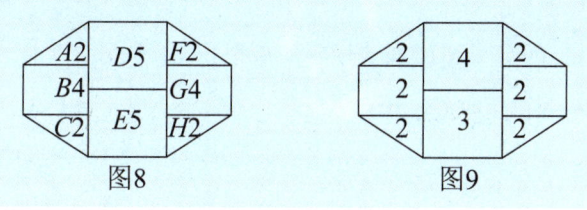

(3)根据相邻区域数的多少,得到染色的顺序可以为 $D \to E \to B \to G \to A \to C \to F \to H$。各个区域选色情况如图 9 所示,由乘法原理得染色方法共有 $4 \times 3 \times 2 \times 2 \times 2 \times 2 \times 2 \times 2 = 768$ 种。

图8   图9

针对性练习

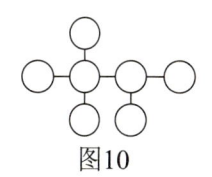

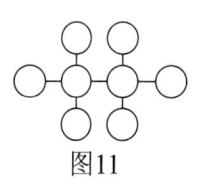

练习❶ 如图 10 所示,用三种颜色给图中每个圆圈染色,相邻连线的不同色,那么共有_____种不同的染色方法。

图10

练习❷ 如图 11 所示,用三种颜色给图中每个圆圈染色,相邻连线的不同色,且每条直线上的竖向三个圆圈和横向四个圆圈内都不能出现三种颜色,那么共有_____种不同的染色方法。

图11

练习 ❸ 如图 12 所示,在方格内填入数字 1,2,3,4 之一,且相邻两个数字不同,那么得到的五位数共有_____个。

图12

练习 ❹ 如图 13 所示,用四种颜色给图中五个区域进行染色,且相邻区域不同色,那么共有_____种不同的染色方法。

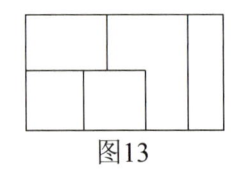

图13

练习 ❺ 如图 14 所示,用五种颜色给图中五个区域进行染色,且相邻区域不同色,那么共有_____种不同的染色方法。

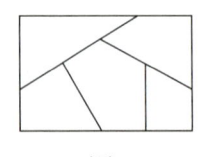

图14

练习 ❻ 如图 15 所示,用四种颜色给五个区域染色,且相邻区域染不同色,那么共有_____种不同的染色方法。

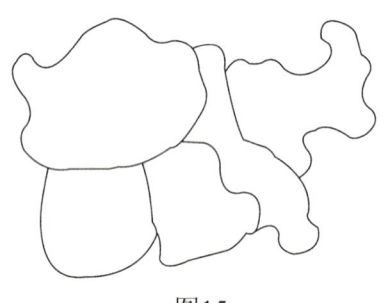

图15

练习参考答案

练习题号	练习1	练习2	练习3	练习4	练习5	练习6
参考答案	192	24	324	144	540	144
解答提示	3×2^6	$C_3^2 \times 2^3 \times 1^4$	4×3^4	$4 \times 3 \times 2 \times 2 \times 3$	$5 \times 4 \times 3 \times 3 \times 3$	先染相邻区域多的区域

· 236 ·

JSH-63 环形区域染色

神器内容	如图1所示,用$(a+1)$种颜色给n个环形区域染色,相邻区域不同色,那么染法方法有 $P(n)=a^n+(-1)^n a$。 图1
要点说明	环形区域来染色,相邻不同是原则。 有个问题很头疼,首尾相接色不同。 突然顿悟开脑洞,两者相同区域融。 多次递归新图形,三个区域就完成。 环染公式分奇偶,灵活运用你最牛。

神器溯源

如图1所示,用$(a+1)$种颜色给n个环形区域染色,相邻区域不同色,那么共有多少种不同的染色方法?

公式推导:

(1)如图2所示,把图1其中的一条线段剪断,变成不含环染的基本区域染色,然后把首尾合成一个区域。

给n个环染区域染色,染色方法有$P(n)=(a+1)a^{n-1}-P(n-1)$种;

给$(n-1)$个环染区域染色,染色方法有$P(n-1)=(a+1)a^{n-2}-P(n-2)$种;

给$(n-2)$个环染区域染色,染色方法有$P(n-2)=(a+1)a^{n-3}-P(n-3)$种;

……

给3个环染区域染色,染色方法有$P(3)=(a+1)a^2-P(2)$种;

给2个环染区域染色,染色方法有$P(2)=(a+1)a$种。

图2

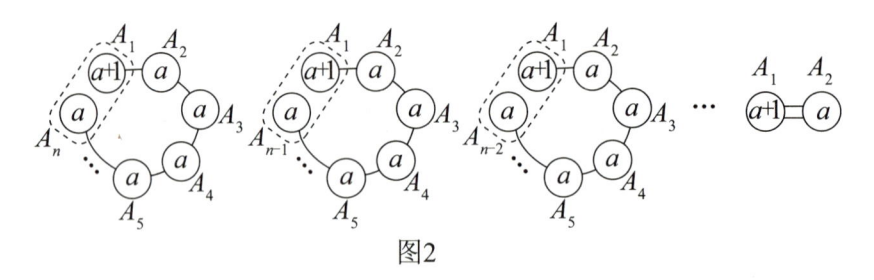

得到环染递推公式：$P(1)=a+1, P(n)=(a+1)a^{n-1}-P(n-1)(n\geq 2)$。

（2）下面进行溯源递归，推导环染通项公式。

$P(n)=(a+1)a^{n-1}-P(n-1)$
$=(a+1)a^{n-1}-(a+1)a^{n-2}+P(n-2)$
$=(a+1)a^{n-1}-(a+1)a^{n-2}+(a+1)a^{n-3}-P(n-3)$
$=\begin{cases}(a+1)a^{n-1}-(a+1)a^{n-2}+(a+1)a^{n-3}-\cdots+(a+1)a \ (n\text{ 为偶数})\\ (a+1)a^{n-1}-(a+1)a^{n-2}+(a+1)a^{n-3}-\cdots-(a+1)a \ (n\text{ 为奇数})\end{cases}$
$=\begin{cases}(a+1)(a^{n-1}-a^{n-2}+a^{n-3}-\cdots+a) \ (n\text{ 为偶数})\\ (a+1)(a^{n-1}-a^{n-2}+a^{n-3}-\cdots-a) \ (n\text{ 为奇数})\end{cases}$
$=\begin{cases}a^n+a \ (n\text{ 为偶数})\\ a^n-a \ (n\text{ 为奇数})\end{cases}$
$=a^n+(-1)^n a$

例题精讲

例题 1-1 如图3所示，用三种颜色给图中每个圆圈染色，相邻连线的圆圈不同色，那么共有_____种不同的染色方法。

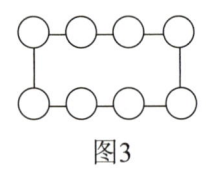

图3

答案：258

【解答】 根据题意，$a+1=3, a=2, n=8$。代入环染公式，得到染色方法为 $P(8)=2^8+(-1)^8\times 2=258$ 种。

注：也可以从一个圆圈开始传球，请读者试一试。

例题 1-2 如图4所示，北斗七星由天枢、天璇、天玑、天权、玉衡、开阳、瑶光组成，用四种颜色给每颗星染一种颜色，相邻连线之星不同色，那么共有_____种不同的染色方法。

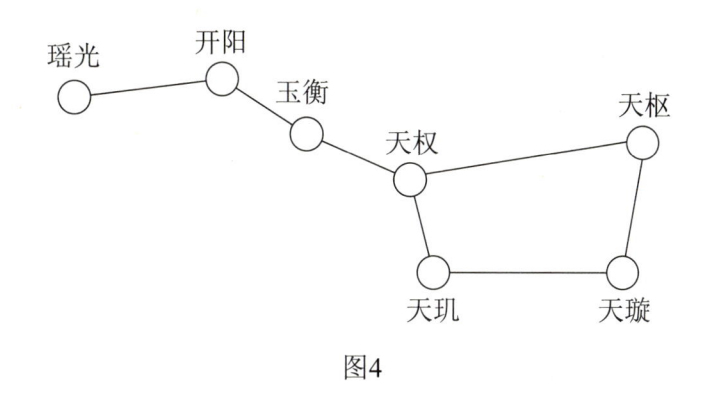

图4

答案: 2268

【解答】 先环染 4 星,再染玉衡、开阳、瑶光 3 星。染色方法有 $[3^4+(-1)^4\times 3]\times 3^3=2268$ 种。

例题 2-1 如图 5 所示,用红、黄、蓝、绿四种颜色给图中七个区域进行染色,要求相邻区域不同色,那么共有_____种不同的染色方法。

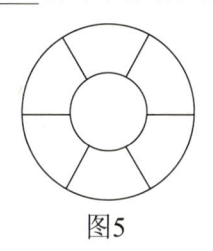

图5

答案: 264

【解答】 先染中心区域,外围六个区域进行环染套用公式。

此时 $a+1=3, n=6$,共有 $C_4^1\times[2^6+(-1)^6\times 2]=264$ 种染色方法。

例题 2-2 如图 6 所示,请用四种颜色给各个区域染色,每个区域染一种颜色,相邻地区不同色,那么共有_____种不同的染色方法。

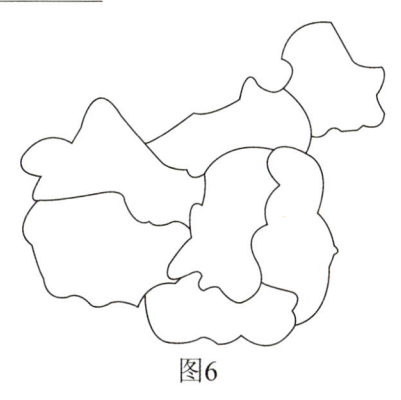

图6

答案: 360

· 239 ·

【解答】 把图 6 转化为图 7，出现 5 个区域环染，用四种颜色染色，相邻区域不同色。共有 $C_4^1 \times [2^5 + (-1)^5 \times 2] \times 3 = 360$ 种不同的染色方法。

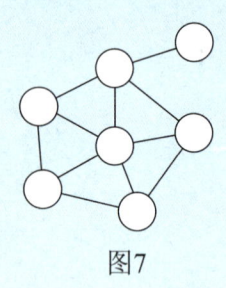

图7

针对性练习

练习❶ 如图 8 所示，用红、黄、蓝三种颜色给图中每个圆圈染色，相邻连线的圆圈不同色，那么共有＿＿＿＿种不同的染色方法。

图8

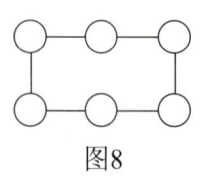

练习❷ 如图 9 所示，对圆内五部分进行染色，选用颜色有四种，且每部分染一种颜色，有公共边的两部分颜色不同，那么共有＿＿＿＿种染色方法。

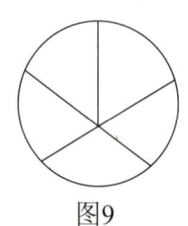

图9

练习❸ 如图 10 所示，用四种颜色对图中五部分进行染色，相邻区域不同色，那么共有＿＿＿＿种染色方法。

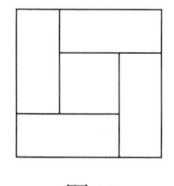

图10

练习❹ 如图11所示,用四种颜色对图中九部分进行染色,相邻(有公共边)区域不同色,且周围八个方格与中间方格都不同色,那么共有_____种染色方法。

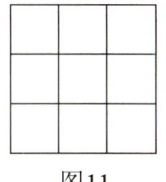

图11

练习❺ 如图12所示,一个扇面形花圃用地被分成七个区域。现要种植姚黄、赵粉、洛阳红、富贵满堂四种牡丹,每个品种都要种植,且相邻区域品种不同,那么共有_____种种植方法。

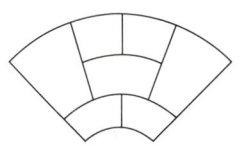

姚黄 赵粉

洛阳红 富贵满堂

图12

练习❻ 如图13所示,将一个四棱锥的每个顶点都染上一种颜色,并且使同一条棱上的两端颜色不同。现在有五种颜色可以选用,那么共有_____种不同的染色方法。

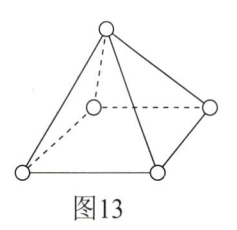

图13

练习参考答案

练习题号	练习1	练习2	练习3	练习4	练习5
参考答案	66	240	72	1032	240
解答提示	2^6+2	3^5-3	$4\times(2^4+2)$	$4\times(2^8+2)$	排除3个品种种植情况
练习题号	练习6				
参考答案	420				
解答提示	$5\times(3^4+3)$				

JSH-64　多环染色★

神器内容	在出现多环染色时,找准主要的环先染,或者分类讨论。
要点说明	多环染色怎么办？基本环染要熟练。 相邻次数找主环,一定主环先来染。 经常分类讨论来,除了容斥是并排。 相邻区域连线段,这个条件不会变。

神器溯源

在出现多环染色时,找准主要的环先染,当然要熟练套用环染公式。用$(a+1)$种颜色给n个环形区域染色,相邻区域不同色,那么染法方法有$P(n)=a^n+(-1)^n a$。

如果多环比较麻烦,可以根据并排关系分类讨论,或者使用容斥原理。

例题精讲

例题 1-1 如图1所示,用四种颜色给图中每个圆圈染色,每个圆圈染一种色,相邻圆圈的所染颜色不同。如果图形固定不旋转,那么共有_____种不同的染色方法。

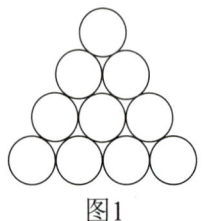

答案: 2112

图1

【解答】 如图2所示,每三个相邻的圆圈都构成一个环染,圆A相邻区域最多,要先染,然后对其周围的6个圆圈采用环染,套用公式。最后三个角上的圆圈都是三个圆圈的简单环染。共有$4\times(2^6+2)\times 2^3=2112$种不同的染色方法。

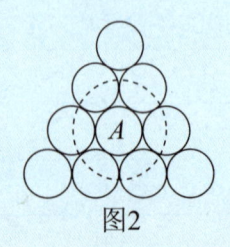

图2

例题 1-2 如图 3 所示,用四种颜色染三棱柱顶点圆圈,每个圆圈染一种色,连线的不同色,那么共有_____种不同的染色方法。

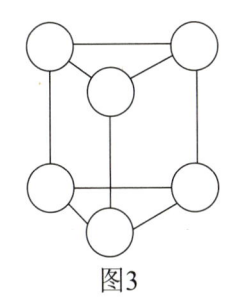

图3

答案: 264

【解答】 如图 4 所示,去掉线段 AB,则染色方法有 $(3^4+3)\times 2^2=336$ 种。如图 5 所示,当圆圈 A 和 B 染的颜色相同,合成一个圆圈,染色方法有 $4\times(2^4+2)=72$ 种。所以图 3 的不同的染色方法有 $336-72=264$ 种。

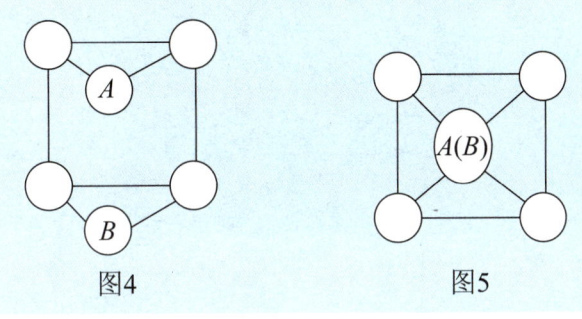

图4　　　图5

例题 2-1 如图 6 所示,用四种颜色给每个圆圈染色,每个圆圈用一种颜色,且连线的圆圈不同色,那么共有_____种不同的染色方法。(图形固定不旋转,中间弯曲的线表示不交叉)

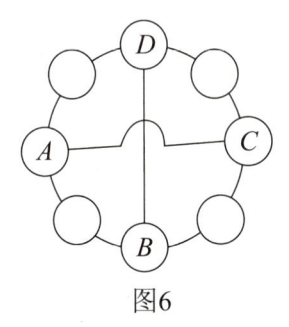

图6

答案: 3552

【解答】 (1)首先八个圆圈四色环染有 $3^8+3=6564$ 种不同的染法。

(2)如图 7 所示,A 和 C 同色,B 和 D 不限制的染法有 $4\times(3^3-6)^2=1764$ 种。同理 B 和 D 同色,A 和 C 不限制染法也有 1764 种染法。

(3)如图 8 所示，A 和 C 同色，且 B 和 D 也同色的染法有 $C_4^1 \times 3^4 + A_4^2 \times 2^4 = 516$ 种。

根据容斥原理，得到图 6 的染法有 $6564 - 1764 \times 2 + 516 = 3552$ 种。

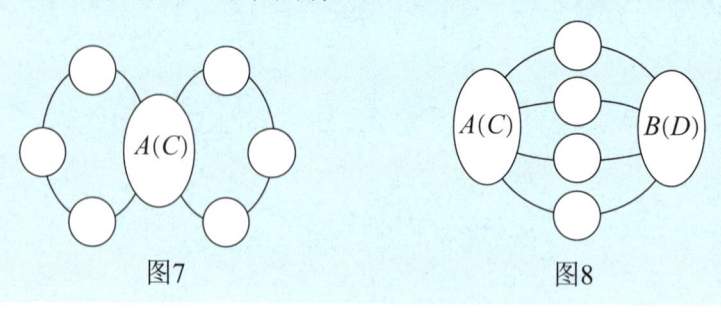

图7

图8

例题 2-2 如图 9 所示，这是公元前 260 年的战国七雄地图。请用四种颜色给齐、楚、燕、韩、赵、魏、秦七国和洛阳附近的周王室地图染色，每个染一种颜色，相邻的不同色，那么共有_____种不同的染色方法。

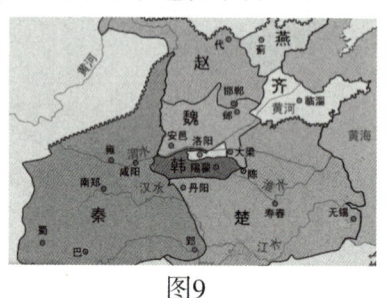

图9

答案：288

【**解答**】 (1)如图 10 所示，把七国地图相邻就连线，不相邻不连线。先不考虑周王室、韩国和燕国，魏国居中，对秦、楚、齐、赵进行环染，此为主环，如图 11 所示，共有 $4 \times (2^4 + 2) = 72$ 种染色方法。

(2)由于秦、楚、魏三国两两相邻，染的颜色互不相同，韩国只有 1 种染色方法，周王室也只有 2 种染法，燕国有 2 种染色方法，所以共有 $72 \times 1 \times 2 \times 2 = 288$ 种不同的染色方法。

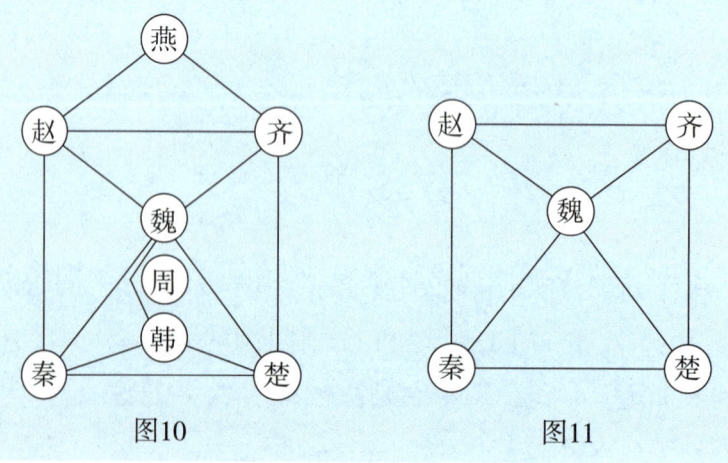

图10

图11

例题 2-3 如图 12 所示,一个直五棱柱的上、下底面都是正五边形,每个侧面都是正方形。对每个顶点染成红、蓝两种颜色之一,且每个侧面的四个顶点染的色不全相同,共有_____种不同的染色方法。

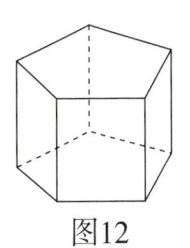

答案: 572

【解答】 (1)如图 13 所示,把直五棱柱侧面展开。对每条棱两端染色组进行分类,上、下两点染色组为(红,红)、(红,蓝)、(蓝,红)、(蓝,蓝),然后进行传球,注意首尾相同。

(2)从棱 AF 进行传球,棱 AF 染(红,红)与(蓝,蓝)的染法相同,染(红,蓝)与(蓝,红)的染法相同。共有 $(108+178) \times 2 = 572$ 种染色方法。

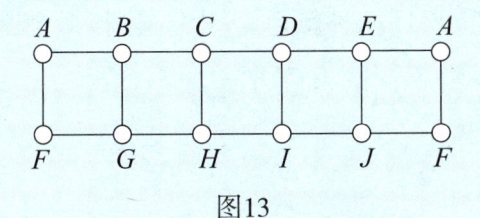

图13

	(红,红)	(红,蓝)	(蓝,红)	(蓝,蓝)
AF	1			
BG	0	1	1	1
CH	3	3	3	2
DI	8	11	11	9
EJ	31	39	39	30
AF	108			

	(红,红)	(红,蓝)	(蓝,红)	(蓝,蓝)
AF		1		
BG	1	1	1	1
CH	3	4	4	3
DI	11	14	14	11
EJ	39	50	50	39
AF		178		

针对性练习

练习❶ 如图14所示,用五种颜色染图中圆圈,每个圆圈染一种色,连线的不同色,那么共有_____种不同的染色方法。

练习❷ 如图15所示,用四种颜色染图中圆圈,每个圆圈染一种色,连线的不同色,那么共有_____种不同的染色方法。

练习❸ 如图16所示,用四种颜色染图中圆圈,每个圆圈染一种色,连线的不同色,那么共有_____种不同的染色方法。

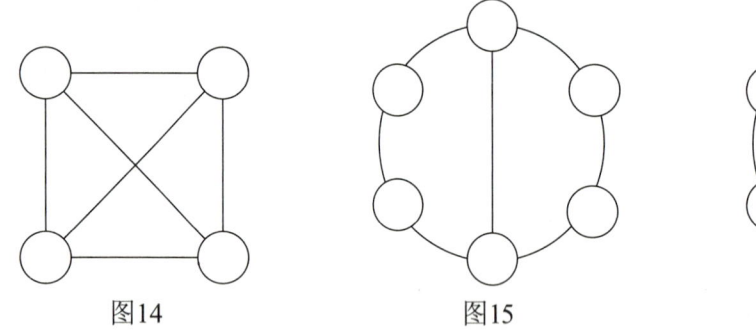

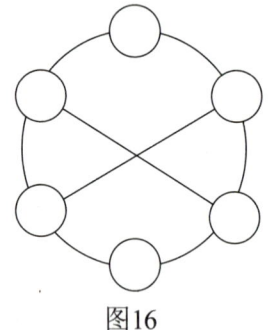

图14

图15

图16

练习❹ 如图17所示,用四种颜色染图中圆圈,每个圆圈染一种色,相邻圆圈不同色,那么共有_____种不同的染色方法。

练习❺ 如图18所示,用四种颜色对图中九个方格进行染色,相邻(有公共边或公共点)方格不同色,那么共有_____种不同的染色方法。(方格不考虑旋转)

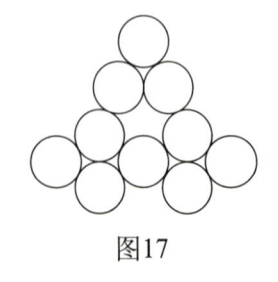

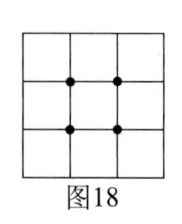

图17

图18

练习❻ 如图 19 所示,用四种颜色染图中八个圆圈,每个圆圈染一种色,连线的不同色,那么共有_____种染色方法。

练习❼ 如图 20 所示,用五种颜色染图中六个区域,每个区域染一色,相邻区域不同色,那么共有_____种染色方法。

练习❽ 如图 21 所示,用四种颜色给图中区域染色,相邻(有公共边)区域不同色,且每种颜色都要使用,而每种颜色所染区域数不限,那么共有_____种不同的染色方法。

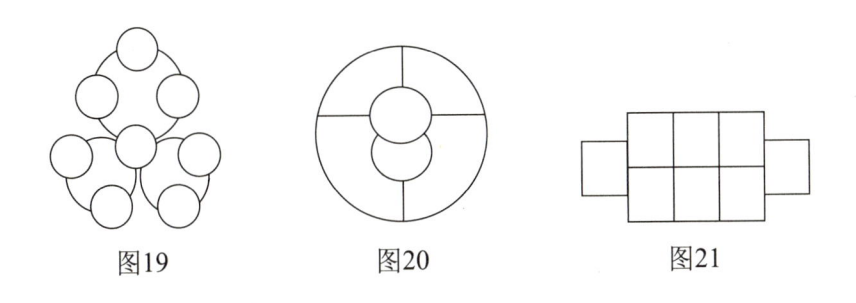

图19　　　　　图20　　　　　图21

练习参考答案

练习题号	练习1	练习2	练习3	练习4	练习5
参考答案	120	588	492	7680	72
解答提示	$5\times(3^3-3)$	$(3^6+3)-C_4^1\times 6^2$	$732-144\times 2+48$	$(3^5-3)\times 2^5$	$4\times(2^4+2)\times 1^4$
练习题号	练习6	练习7	练习8		
参考答案	3024	840	2136		
解答提示	$4\times(3\times 2)^2\times(3^3-6)$	$5\times(3^4+3)\times 2$	$(3^4+3)\times 7\times 2^2-C_4^3\times(2^4+2)\times 3\times 1^2$		

JSH-65　长方体的染色与分割

神器内容	如图1所示,对一个$(a+2)(b+2)(c+2)$的长方体表面染色,然后切成单位小正方体,需要切$(a+b+c+3)$刀。 (1) 0面染色在体内,有 abc 块。 (2) 1面染色在面中间,有 $2(ab+bc+ca)$ 块。 (3) 2面染色在棱中间,有 $4(a+b+c)$ 块。 (4) 3面染色在角上,有 8 块。 图1
要点说明	长方体,被染色,然后小块来分割。 不同染色各几个,掌握规律做一做。 分割使用去皮法,所在位置记住它。 不染色块看不见,1面染色面中间。 2面染色棱中放,3面八块在角上。

神器溯源

如图 2 所示,把一个$(a+2)(b+2)(c+2)$立方体表面染红,沿着与面平行的三个方向,分别切$(a+1)$、$(b+1)$、$(c+1)$刀(切后,每块都不拿开),则可得染色面数不同的块数。

(1) 0面染色在体内,有 abc 块。

(2) 1面染色在面中间,有 $2(ab+bc+ca)$ 块。

(3) 2面染色在棱中间,有 $4(a+b+c)$ 块。

(4) 3面染色在角上,有 8 块。

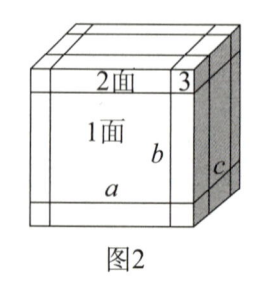

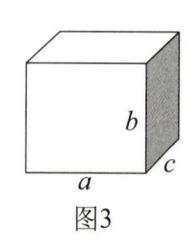

图2　　图3

把图2的各面剥去一层,得到图3。可见,没有染红的块数就是图3的体积数;染1面的块数就是图3的表面积数;染2面的块数就是图3的棱长之和;染3面的块数就是图3的顶点数。

下面来看分割的特例,可以出现一个或两个方向不切开的情况。

如图4所示,只从两个平行于长方体面的方向切割,只会产生染2面、3面、4面的小块。

如图5所示,只从一个平行于长方体面的方向切割,只会产生染4面、5面的小块。

如图6所示,如果不切割,当然只能出现一个染6面的方块啦。

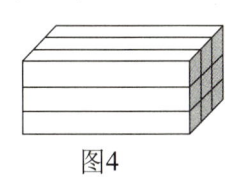

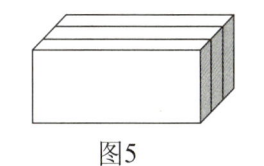

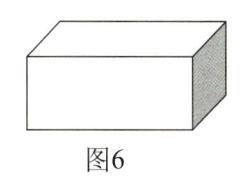

图4　　　　　图5　　　　　图6

例题精讲

例题 1-1 如图7所示,把一个 $4\times 4\times 5$ 的长方体表面染成红色,然后切成80个小正方体,那么在这些小正方体中,没被染色的有_____块,只1面染色的有_____块,只2面染色的有_____块,只3面染色的有_____块。

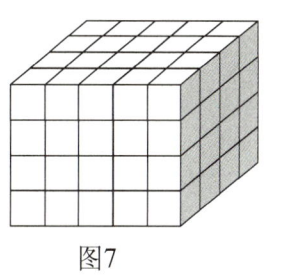

答案:12　32　28　8

图7

【解答】 各面剥去一层,得到 $a=2,b=2,c=3$,则

(1)没被染色的小正方体在体内,有 $abc=2\times 2\times 3=12$ 块。

(2)1面染色的小正方体在面中间,有 $2(ab+bc+ca)=2(2\times 2+2\times 3+3\times 2)=32$ 块。

(3)2面染色的小正方体在棱中间,有 $4(a+b+c)=4(2+2+3)=28$ 块。

(4)3面染色的小正方体在角上,有8块。

例题 1-2 如图8所示,用小正方体块粘成一个 $4\times 4\times 5$ 的长方体,再把上面4个角块拿去,又在前面粘上6个小正方体,最后把整个立体图形表面全染成红色,那么没被染色的有_____块,只1面染色的有_____块,只2面染色的有_____块,只3面染色的有_____块。

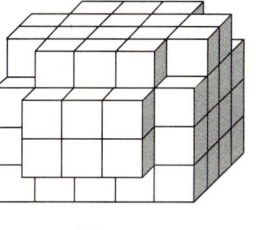

答案:18　26　18　20

图8

【解答】 先按 $4\times4\times5$ 的长方体套用公式,此时 $a=2,b=2,c=3$,再考虑增减小正方体的染色情况。得到不同染色块如下表所示。

染色情况	$4\times4\times5$ 长方体	减少4个角块	增加前面6块	合计
没被染色块数/块	$2\times2\times3$	0	+6	18
1面染色块数/块	$2(2\times2+2\times3+3\times2)$	0	−6	26
2面染色块数/块	$4(2+2+3)$	−12	+2	18
3面染色块数/块	8	+8	+4	20

例题 2-1 把一个大长方体的表面涂满红色后,再分割成若干个同样大小的小长方体,其中恰有2面涂色的小长方体共有6块,那么至少要把这个大长方体分割成_____块,至多分成_____块。

答案:20　24

【解答】 (1)6块染2面的小长方体,不可能在相同的四条棱上,只可能是有一个方向未被切开的情况。

(2)如图9所示,若对面显示的是 2×3 的面,则有 $4\times5=20$ 块;若对面显示的是 1×6 的面,则有 $3\times8=24$ 块。所以,小长方体至多有24块,至少有20块。

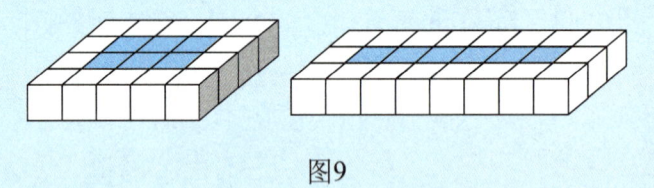

图9

例题 2-2 把一个长方体木块放在桌子上,除底面外,其他面都被染上红色。然后沿着与长方体面平行的三个方向分别切3刀、4刀、5刀,那么1面染色的方块最多有_____块,最少有_____块。

答案:56　54

【解答】 (1)沿着正方体面平行方向切3刀、4刀、5刀,可以切成 $4\times5\times6$ 的长方体,则 $a=2,b=3,c=4$。如果六个面全染,则1面染色的有 $2(2\times3+3\times4+4\times2)=52$ 块。

(2)如图10所示,长方体不染的底面为 5×6,1面染色的为 $52-3\times4+2\times(3+4)=54$ 块。

(3)如图11所示,长方体不染的底面为 4×6,1面染色的为 $52-2\times4+2\times(2+4)=56$ 块。

250

(4)如图 12 所示,长方体不染的底面为 4×5,1 面染色的为 52－2×3＋2×(2＋3)＝56 块。

综上所述,1 面染色的最多有 56 块,最少有 54 块。

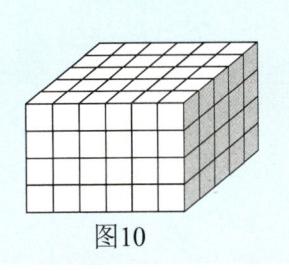

图10 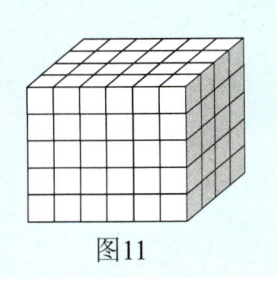　　　图11 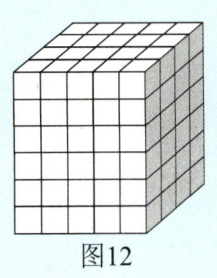　　　图12

针对性练习

练习❶　　如图 13 所示,把一个 3×4×5 的长方体表面染成红色,然后切成 60 个小正方体,那么在这些小正方体中,没被染色的有_____块,只 1 面染色的有_____块,只 2 面染色的有_____块,只 3 面染色的有_____块。

练习❷　　如图 14 所示,用小正方体块粘成一个 3×4×5 的长方体,再把上面 4 个角块拿去,最后把整个立体图形表面全染红,那么没被染色的有_____块,只 1 面染色的有_____块,只 2 面染色的有_____块,只 3 面染色的有_____块。

练习❸　　如图 15 所示,用小正方体块粘成一个 3×4×5 的长方体,然后在上面又放上 10 个小正方体,各面全被染色,那么没被染色的有_____块,只 1 面染色的有_____块,只 2 面染色的有_____块,只 3 面染色的有_____块,只 4 面染色的有_____块。

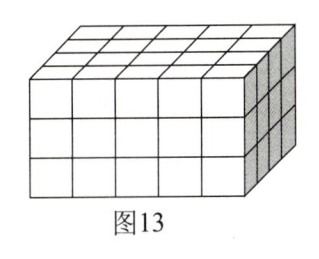

图13 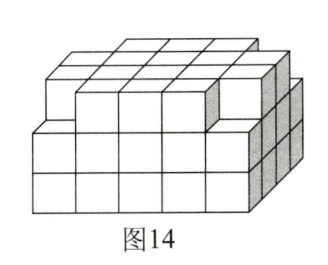　　　图14 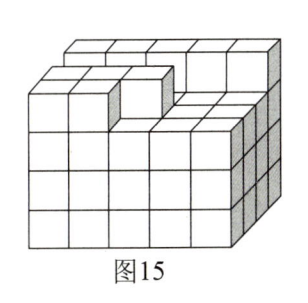　　　图15

练习 ❹ 有 99 个棱长为 1 厘米表面全白的正方体木块,另有 26 个棱长为 1 厘米表面全红的正方体木块。将这 125 个正方体粘在一起,构成一个大正方体,那么大正方体的表面为白色的面积至少是_____平方厘米。

练习 ❺ 把一个大长方体的表面涂满红色后,分割成若干个同样大小的小长方体,其中恰有 2 面涂色的长方体共有 8 块,那么至少要把这个大长方体分割成_____块,至多分成_____块。

练习 ❻ 如图 16 所示,用小正方体块粘成一个 4×5×6 的长方体,先前后贯通 1×2×4 的长方体洞,然后左右贯通 1×2×5 的长方体洞,最后把暴露的面全染成红色,那么没被染色的有_____块,只 1 面染色的有_____块,只 2 面染色的有_____块,只 3 面染色的有_____块。

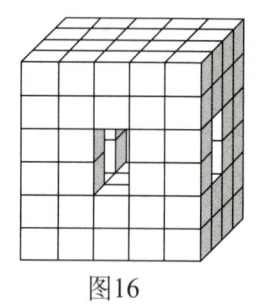

图16

练习参考答案

练习题号	练习1	练习2	练习3
参考答案	6　22　24　8	6　22　12　16	8　25　23　11　3
解答提示	基本练习	减少2面块数,增加3面块数	增加块逐个统计
练习题号	练习4	练习5	练习6
参考答案	90	16　30	4　32　52　16
解答提示	红色方块尽量放角上和棱上	分4类讨论	分上、中、下三层

JSH-66　开放型区域分割

神器内容	(1)点分直线：n 个点最多能把一条直线分成 $P(n)=C_n^0+C_n^1$ 部分。 (2)直线分平面：n 条直线最多能把平面分成 $P(n)=C_n^0+C_n^1+C_n^2$ 部分。 (3)平面分空间：n 个平面最多能把空间分成 $P(n)=C_n^0+C_n^1+C_n^2+C_n^3$ 部分。
要点说明	开放型，来分割，区域块数有几个？ 搞清图形上下级，增量分析才清晰。 点分线，线分面，面分体来算一算。 尽量产生公共点，找到规律好简单。

神器溯源

开放型图形有很多，直线是无限延伸的。角的范围也是一部分边界有限，一部分无限延伸的。平面、空间也都是开放型图形。开放型图形放在一起，会产生很多区域，并且随开放型图形的放置位置不同，产生的区域数也不同。下面重点学习开放型图形产生最多区域数的计数问题。

现在，我们引入"上下级图形"的概念。某种图形变化生成的图形称作这个图形的下级图形，原来的图形就是这个下级图形的上级图形。如点动成线，那么点是线的上级图形，线是点的下级图形；线动成面，那么线是面的上级图形，面是线的下级图形；面动成体，那么面是体的上级图形，体是面的下级图形。

在开放型区域的计数时，注意观察上级图形个数对下级图形构成的区域影响，一般采用"增量分析法"。通过增加图形对区域数的影响，找到图形间的递推公式或通项公式。上级、上上级图形对下级图形的个数的增加情况是探索的重点。

1. 点分直线

点是直线的上级图形，在直线上增加一个点，会让直线增加一部分，这部分可以是线段或者是射线。如果把直线看作一部分，那么直线上面有几个点就会增加几部分，n 个点就会增加 n 部分，也就是从已知的 n 个点中选一个点出，就确定直线上增加一部分,把原来自身一部分看作无已知点的情况,那么直线上 n 个点可以把直线分成 $P(n)=(C_n^0+C_n^1)$ 个部分,如图1所示。

图1

2. 直线分平面

直线是平面的上级图形,增加一条直线,如果与前面的直线平行就会增加 1 部分;如果是相交,就会产生一个上上级图形——交点,那么就会再增加 1 部分。如图 2 所示,增加一条直线,可以让平面增加 1 个或 2 个部分。为了让平面部分尽量多,就让直线之间的交点尽量多,新增加的直线就与它前面已知的直线都相交,每个交点确定一个部分。所以,n 条直线最多能把平面分成 $P(n)=(C_n^0+C_n^1+C_n^2)$ 个部分。其中 C_n^0 代表原来平面,C_n^1 代表增加直线时增加的平面部分数,C_n^2 表示直线相交的交点数确定的平面部分数。

图2

3. 平面分空间

平面是空间的上级图形,增加一个平面,如果与前面的平面平行就会增加 1 个部分;如果是相交,就会产生一个上上级图形——交线,那么就会再增加 1 个部分;如果与前两个平面相交,产生一个上上上级图形——交点,那么就会再增加 1 个部分。如图 3 所示,增加一个平面,可以让平面增加 1 个或 2 个或 3 个部分。为了让空间面部分尽量多,就让平面之间的交线和交点都尽量多,新增加的平面就与它前面已知的平面都有交线,尽量都有交点。所以,n 个平面最多能把空间分成 $P(n)=(C_n^0+C_n^1+C_n^2+C_n^3)$ 个部分。其中 C_n^0 代表原来空间,C_n^1 代表增加平面时增加的空间部分数,C_n^2 表示平面相交的交线数确定的空间区域数,C_n^3 表示平面相交的交点数确定的空间区域数。

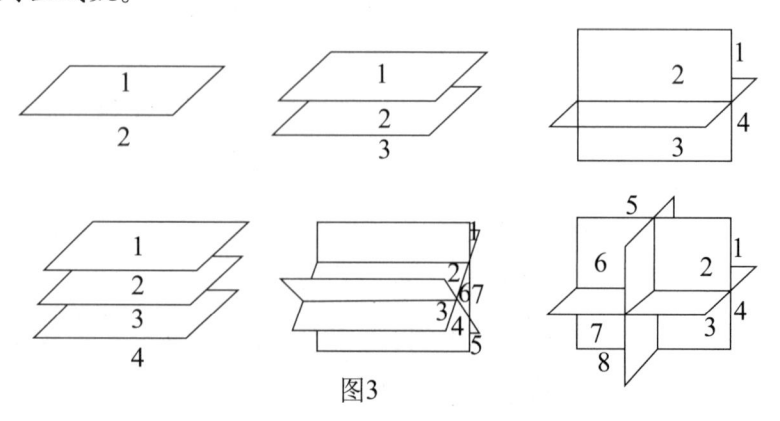

图3

例题精讲

例题 1-1 16 条直线最多能把平面分成_____个部分。

答案：137

【解法一】 采用增量分析法。

如图 4 所示，整个平面内没有直线，则 $P(0)=1, P(1)=P(0)+1, P(2)=P(1)+2, P(3)=P(2)+3, \cdots, P(16)=P(15)+16$。

$P(16)=1+1+2+3+4+\cdots+16=137$。

图4

【解法二】 $P(16)=C_{16}^0+C_{16}^1+C_{16}^2=1+16+120=137$。

例题 1-2 10 个平面最多能把空间分成_____个部分。

答案：176

【解答】 根据前面推导的公式，$P(10)=C_{10}^0+C_{10}^1+C_{10}^2+C_{10}^3=1+10+45+120=176$。

例题 2 10 个角最多能把平面分成_____个部分。

答案：191

【解法一】 从最简单的情形出发，从中找到"增量"的规律，得到 10 个角分平面的最多区域数。如图 5 所示：

① 1 个角把平面分成 2 个部分，$P(1)=2$。

②增加 1 个角，它与前面的角最多有 4 个交点，第 2 个角被分成 5 段线段、折线段或射线，从而增加了 5 个部分，共计 $P(2)=2+5=7$ 个部分。

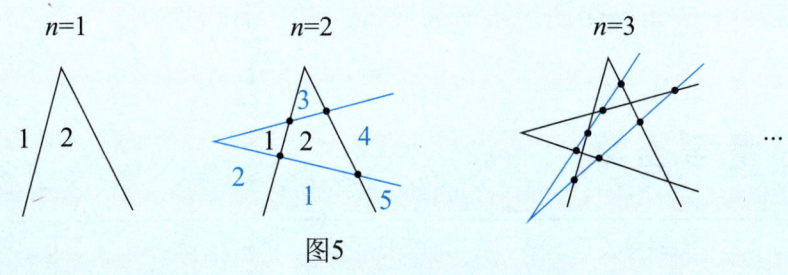

图5

③又增加 1 个角，它与前面每个角最多有 4 个交点，第 3 个角被分成 $2\times 4+1=9$ 段线段、折线段或射线，增加了 9 个部分，所以 3 个角最多能把平面分成

$P(3)=2+5+9=16$ 个部分。

以此类推,得到 10 个角最多能把平面分成 $P(10)=2+5+9+13+17+\cdots+37=191$ 个部分。

【**解法二**】 如图 6 所示,一个角由两条公共端点的射线组成,第 1 条射线,不增加部分数,仍然是 1 个部分;第 2 条射线,最多增加 1 个部分;第 3 条射线,最多增加 2 个部分……

所以,10 个角最多分平面 $P(10)=1+0+1+2+3+\cdots+(2\times10-1)=191$ 个部分。

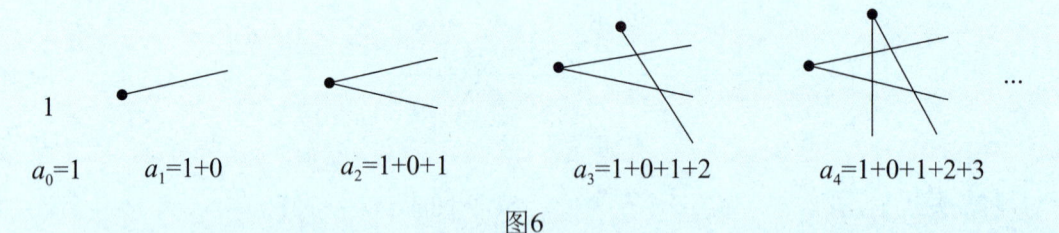

$a_0=1 \qquad a_1=1+0 \qquad a_2=1+0+1 \qquad a_3=1+0+1+2 \qquad a_4=1+0+1+2+3$

图 6

注:n 个角分平面最多区域的公式为 $P(n)=1+\dfrac{2n(2n-1)}{2}=C_{2n-1}^0+C_{2n-1}^1+C_{2n-1}^2=C_{2n}^2+1$。

针对性练习

练习❶ 10 条直线最多能把平面分成_____个部分。

练习❷ 5 个平面最多能把空间分成_____个部分。

练习❸ 一块长方体豆腐块被切 6 刀,最多能分成_____块。

练习❹ 1 个角把平面分成角内、角外 2 个部分,2 个角最多能把平面分成 7 个部分……那么 6 个角最多能把平面分成_____个部分。

练习参考答案

练习题号	练习 1	练习 2	练习 3	练习 4
参考答案	56	26	42	67
解答提示	公式或增量分析	$C_5^0+C_5^1+C_5^2+C_5^3$	$C_7^1+C_7^3$	$C_{6\times2}^2+1$

256

JSH-67　封闭型区域分割

神器内容	n 个 a 边形最多能把平面分成 $P_a(n)=[an(n-1)+2]$ 个部分。
要点说明	封闭型,来分割,区域块数有几个? 新增图形是闭环,几个区域要数点。 相邻增量来分析,增量规律去探秘。 一边形,二边形,都能纳到公式中。

神器溯源

封闭型图形很多,三角形、四边形……n 边形,这些都是封闭型图形,我们把 n 个 a 边形最多区域分割数记作 $P_a(n)$。

封闭型图形分割平面仍然采用增量分析法,每次新增的那个 n 边形,尽量和前面已知的图形产生交点,新增图形上几个交点,就会把新增图形分成几部分,从而新增几个区域。如图1所示,这是三角形的区域分割增量规律探索,图2是四边形的区域分割增量规律探索。

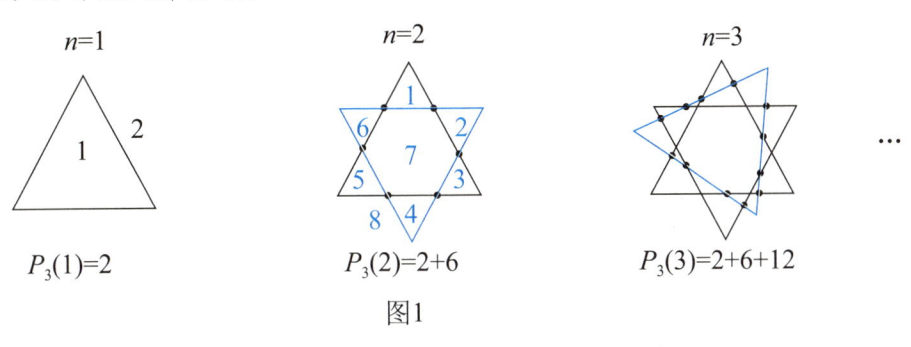

图1

$P_3(1)=2$　　$P_3(2)=2+6$　　$P_3(3)=2+6+12$

$P_3(n)=2+6+12+18+\cdots+6(n-1)=3n(n-1)+2$。

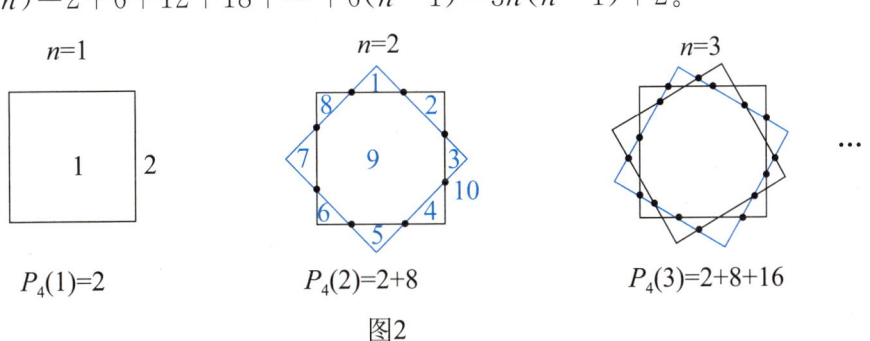

图2

$P_4(1)=2$　　$P_4(2)=2+8$　　$P_4(3)=2+8+16$

$P_4(n)=2+8+16+24+\cdots+8(n-1)=4n(n-1)+2$。

在此基础上,归纳出 a 边形的增量规律,从而得到 n 个 a 边形最多区域分割数的通项公式为 $P_a(n)=an(n-1)+2$。

封闭型图形区域分割与开放型图形区域分割的显著不同之处在于:

封闭型新增图形上 n 个交点确定 n 个区域,而开放型图形新增图形上 n 个交点确定 $(n+1)$ 个区域。

按照通项公式,$a \geqslant 3$ 是成立的,那么 $a=1$ 和 $a=2$ 成立吗?这样就会找到符合条件的一边形和二边形。可以把圆看作一边形,把椭圆、纺锤形看作二边形。

例题精讲

例题 1-1 10 个三角形最多能把平面分成_____个部分(区域,下同)。

答案:272

【解法一】 一个三角形分平面为 2 个部分。增加第 2 个三角形时,它与第 1 个三角形最多有 6 个交点,最多增加 6 个部分。继续画第 3 个三角形时,它与前 2 个三角形最多有 2×6 个交点,区域增加 2×6 个部分。如此下去得到 10 个三角形最多能把平面分成 2+6+2×6+3×6+⋯+9×6=272 个部分。

【解法二】 套用封闭型图形分割区域公式,$a=3$,$n=10$,$P_3(10)=3\times 10\times 9+2=272$ 个部分。

例题 1-2 10 个五边形最多能把平面分成_____个部分。

答案:452

【解法一】 (1)增量分析法。1 个五边形把平面分成 2 个部分,$P_5(1)=2$。

(2)如图 3 所示,画第 2 个五边形时,与第 1 个五边形最多有 10 个交点,最多增加 10 个部分,$P_5(2)=2+10=12$。

(3)以此类推,得到 $P_5(10)=2+10+2\times 10+\cdots+9\times 10=452$。

图3

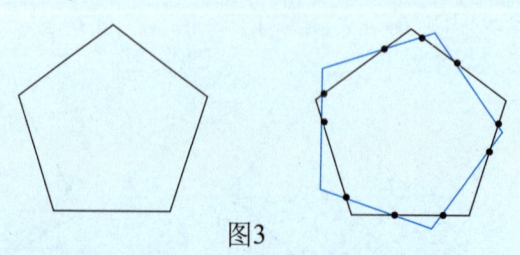

【解法二】 套用封闭型图形分割区域公式,$a=5$,$n=10$,$P_5(10)=5\times 10\times 9+2=452$ 个部分。

例题 2-1 10个圆最多能把平面分成_____个部分。

答案：92

【解法一】 如图4所示，一个圆分平面为2个部分。增加第2个圆时，它与第1个圆最多有2个交点，最多增加2个部分。继续画第3个圆时，它与前2个圆最多有2×2个交点，增加2×2个部分。如此下去得到10个圆最多能把平面分成 2+2+2×2+3×2+…+9×2=92 个部分。

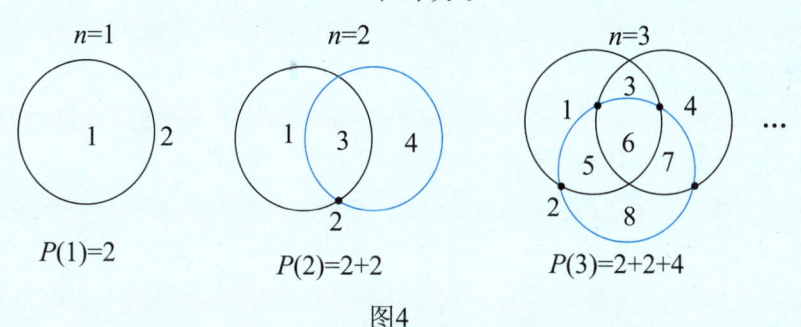

$n=1$ $P(1)=2$

$n=2$ $P(2)=2+2$

$n=3$ $P(3)=2+2+4$

图4

【解法二】 如果把圆看作一边形，则可以套用封闭型图形分割平面公式，$a=1, n=10, P_1(10)=1×10×9+2=92$ 个部分。

例题 2-2 10个半圆最多能把平面分成_____个部分。

答案：232

【解法一】 如图5所示，一个半圆分平面为2个部分。增加第2个半圆时，它与第1个半圆最多有6个交点，最多增加6个部分。继续画第3个半圆时，它与前2个半圆最多有6+4=10个交点，区域增加10个部分。画第4个半圆时，它与前3个半圆最多有6+4+6=16个交点，区域增加16个部分……如此下去得到10个半圆最多能把平面分成 2+6+(6+4)×1+(6+4)×1+6+(6+4)×2+(6+4)×2+6+…+(6+4)×4+(6+4)×4+6=232 个部分。

图5

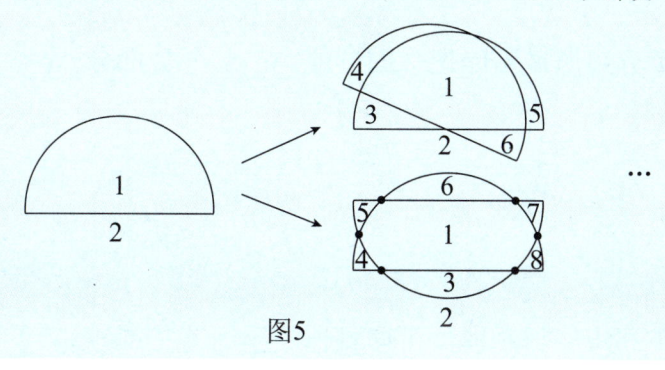

【解法二】 也可以使用半圆分平面区域数的递推公式。

$$P(1)=2, \begin{cases} P(2n-1)=P(2n-2)+10(n-1)(n\geq 2) \\ P(2n)=P(2n-1)+10(n-1)+6(n\geq 1) \end{cases}$$

$P(2)=2+6=8, P(3)=8+10=18, P(4)=18+10+6=34, P(5)=34+2\times 10=54, P(6)=54+2\times 10+6=80, P(7)=80+3\times 10=110, P(8)=110+3\times 10+6=146, P(9)=146+4\times 10=186, P(10)=186+4\times 10+6=232$。

针对性练习

练习❶ 8个圆最多能把平面分成_____个部分。

练习❷ 8个三角形最多能把平面分成_____个部分。

练习❸ 8个正方形最多能把平面分成_____个部分。

练习❹ 8个五边形最多能把平面分成_____个部分。

练习❺ 8个六边形最多能把平面分成_____个部分。

练习 ❻ 8个椭圆最多能把平面分成＿＿＿＿个部分。

练习 ❼ 如图6所示,五个凹四边形最多能把平面分成＿＿＿＿个部分。

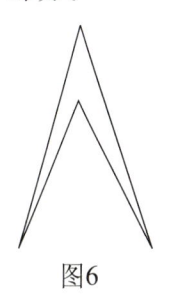

图6

练习 ❽ 在一张长方形纸片上画6个四边形,那么最多能把长方形纸片分成＿＿＿＿个部分。(四边形顶点可以在纸片的边界上)

练习参考答案

练习题号	练习1	练习2	练习3	练习4	练习5
参考答案	58	170	226	282	338
解答提示	1×8×7+2	3×8×7+2	4×8×7+2	5×8×7+2	6×8×7+2
练习题号	练习6	练习7	练习8		
参考答案	114	162	145		
解答提示	2×8×7+2	2+(1+2+3+4)×16	2+4×6×5+4×6−1		

261

JSH-68　混合型区域分割

神器内容	混合型区域分割计数,逐图交叉统计交点个数,增量分析法。
要点说明	混合型,来分割,区域块数有几个? 各类图形都交叉,交点个数统计它。 开放图形要先画,增量才能不会差。

神器溯源

不同图形混合在一起,可能既有开放型图形,又有封闭型图形,最多能把平面分成多少部分?

先把各类图形交叉分析,找到最多增加的交点个数,对应产生的区域个数,逐个图形分析得到整个图形区域分割个数。由于开放型图形增加区域数比增加的交点数多1个,最好先画开放型图形。

例题精讲

例题 1 在平面上画三个圆和两个三角形,最多能把平面分成_____个部分。

答案:50

【解答】(1)画图顺序:先画 3 个圆,再画 2 个三角形。

(2)如图 1 所示,圆与圆增加 2 个部分,三角形与圆增加 6 个部分,三角形与三角形增加 6 个部分。最多分成 2+2+2×2+3×6+4×6=50 个部分。

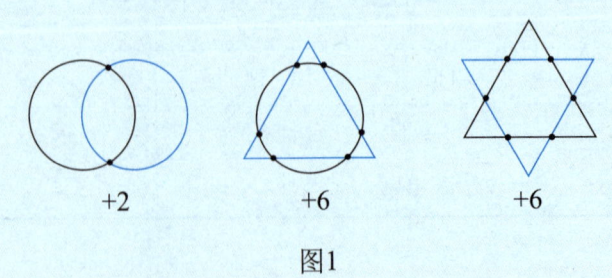

图1

例题 2-1 在平面上画 2 条直线，2 个圆，2 个四边形最多能把平面分成_____个部分。

答案：62

【解答】 (1)画图顺序：先画 2 条直线，再画 2 个圆，最后画 2 个四边形。

(2)如图 2 所示，直线与直线增加 2 个部分，圆与直线增加 2 个部分，四边形与直线增加 2 个部分，圆与圆增加 2 个部分，四边形与圆增加 8 个部分，四边形与四边形增加 8 个部分。最多分成 2+2+2×2+3×2+(2×2+2×8)+(2×2+3×8)=62 个部分。

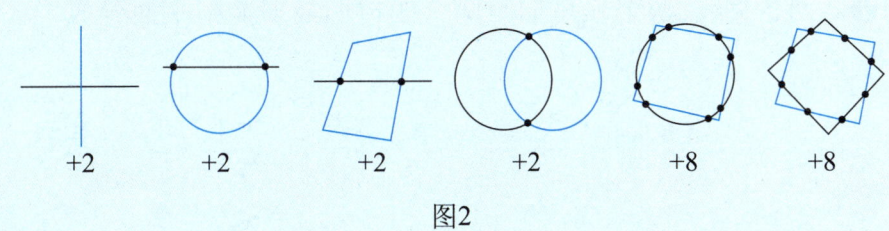

图2

例题 2-2 一个七边形，连出所有对角线，最多能把七边形分成_____个部分。

答案：50

【解答】 不妨把七边形顶点画在圆周上，考虑画线段把圆分成的区域数。整个圆为 1 个部分，任意连一条线段增加 1 个部分，增加 $C_7^2=21$ 个部分。任意两条线段由平行变为相交增加 1 个部分，能增加 $C_7^4=35$ 个部分。再排除七边形外部的 7 个弓形，共有 1+21+35-7=50 个部分。

针对性练习

练习❶ 三条直线和两个三角形最多能把平面分成_____个部分。

练习❷ 两个三角形与三个四边形最多能把平面分成_____个部分。

练习❸ 一个圆、一个三角形、一个四边形、一个五边形与一个六边形最多能把平面分成_____个部分。

练习❹ 两条直线、两个三角形与两个四边形最多能把平面分成_____个部分。

练习❺ 圆周上有 8 个点,那么任意两点连一条线段,最多能把圆分成_____个部分。

练习参考答案

练习题号	练习1	练习2	练习3	练习4	练习5
参考答案	25	68	82	58	99
解答提示	2+2+3+6+12	2+6+12+20+28	2+6+14+24+36	2+2+4+10+16+24	$C_8^0+C_8^2+C_8^4$

JSH-69　圆排列与环排列

神器内容	圆排列：n 个不同对象排成一圈，共有多少种不同排法？ 固定一个对象，不让圆产生旋转，共有 $(n-1)!$ 种方法。 环排列：n 个不同对象排成一环（立体，可翻转），共有多少种不同的排法？ 顺时针与逆时针的圆排列变成一种环排列，共有 $(n-1)! \div 2$ 种方法。
要点说明	n 个对象排一圈，要求图形不旋转。 固定一个先不动，剩下全排要使用。 也可一处先剪断，直线排列就出现。 不重就是 n 变一，除法排除记清晰。 圆排如何变环排？除以 2 后就出来。 多个圆排该咋分？看看第一斯特林。

神器溯源

把 n 个不同对象排成一圈，圈不能翻转，这就是圆排列。如果排成一个环，环可以空间翻转，这就是环排列。

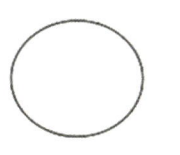

解决圆排列问题，要注意两个方面：

（1）从某一个对象开始，顺时针或逆时针排列，对象的顺序不变，视作同一种排列，如图 1 所示，把数字 1～4 排成一圈，这 4 种排法就视作同一种排法。

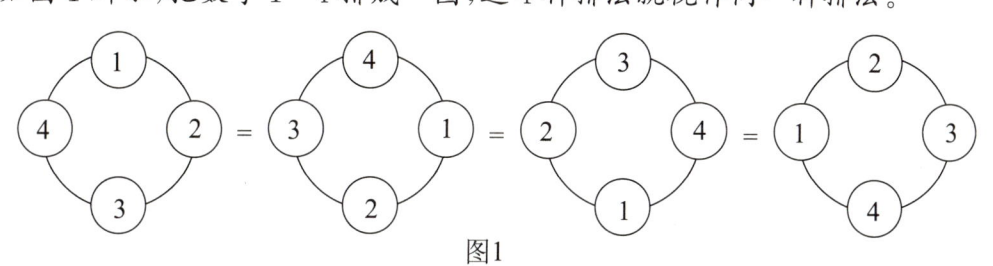

图1

为什么这四种排法算一种呢？原因就是它们只是转圈了，并没有本质不同，从1开始顺时针看过去，都是1,2,3,4。为了不让数字转圈，可以采用"固定法"。固定法就是让其中任意一个数字先排好，其他数字任意排列。这样 n 个对象的环形排列就变成了 $(n-1)$ 个对象的直线排列问题,排列方法有 $(n-1)!$ 种，或者写成排列形式 A_{n-1}^{n-1}。

如图2所示，如果把圆排列从一个空隙中剪开，逆时针排序就变成直线排列，那么4个空隙剪开得到4种直线排列，它们其实是一种圆排列得到的，所以也可以理解为 $A_n^n \div n = A_{n-1}^{n-1}$ 种。

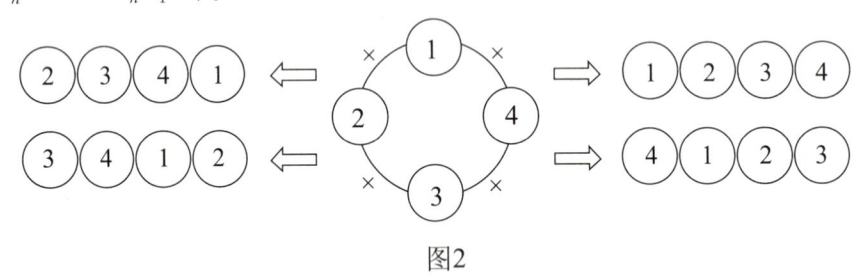

图2

（2）另一方面，如图3所示，如果圆排列的实物是可以翻转的，如手链等，那么逆时针排列和顺时针排列是相同的，也视作同一种，这就是环排列，其总排列就有 $(n-1)! \div 2$ 种。

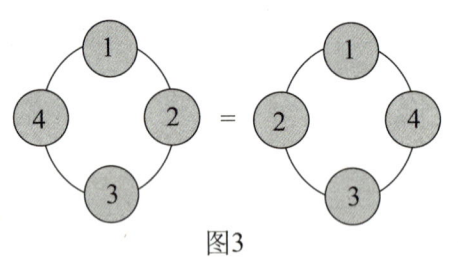

图3

例题精讲

例题 1-1 6名小朋友坐在游乐园的旋转木马上，那么共有_____种选座方法。

答案：120

【解答】 6人的圆排列，旋转相同算一种。先固定一名小朋友，共有 $5! = 120$ 种选座方法。

例题 1-2 5对夫妻围坐在一个大圆桌边就餐，要求每对夫妻两人要相邻在一起，那么共有_____种就座方法。

答案：768

【解答】 各对夫妻可以选丈夫做代表，让5位丈夫先就座，就是圆排列，然后每位妻子坐在丈夫身边即可。共有 $4! \times 2^5 = 768$ 种。

例题 2-1 7颗颜色不同的珠子串成一个手串,那么手串共有_____种串法。

答案:360

【解答】 7颗不同对象的环排列。共有 6!÷2=360 种串法。

例题 2-2 如图4所示,用红、橙、黄、绿、青、蓝、紫七色给图中正六边形木块染色,每个木块染一种颜色(正反面同色),每种颜色染一块,那么这个木块黏合体共有_____种不同的黏合方法。

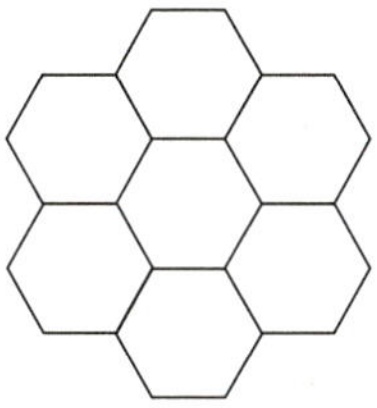

图4

答案:420

【解答】 选一种颜色染中心块,然后是6块的环排列。共有 $C_7^1 \times 5! \div 2 = 420$ 种黏合方法。

针对性练习

练习❶ 把数字1~8各一次写成一圈,共有_____种写法。

练习❷ 七名同学围着一个桌子聚会,好朋友小明和小亮被安排坐在一起,那么共有_____种排座方法。

练习❸ 用8颗颜色不同的宝石串成一个环形宝石串,那么共有_____种不同的串法。

练习❹ 现有6对夫妻,被安排到两张圆桌吃饭。要求每张桌子坐3对夫妻,每对夫妻都相邻坐,则有_____种安排方案。(两张桌子相同)

练习❺ 6男3女围坐成一圈,要求女生互不相邻,那么共有_____种安排方案。

练习❻ 如图5所示,大小相同的金、银、铜、铁、锡正方体金属块各一个,拼成"十"字形,那么共有_____种不同的拼法。(旋转以后可以重合的拼法是相同的拼法。)

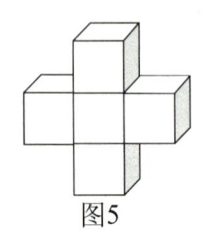

图5

练习❼ 9名小朋友玩"猫捉老鼠"游戏:其中1人扮演猫,2人扮演老鼠,其他6人手拉手站成一圈,那么共有_____种不同的编排方法。

练习参考答案

练习题号	练习1	练习2	练习3	练习4	练习5
参考答案	5040	240	2520	2560	14400
解答提示	圆排列固定法	圆排列+捆绑	环排列	先选人,每桌圆排列	$5! \times A_6^3$
练习题号	练习6	练习7			
参考答案	15	30240			
解答提示	环排列	$C_9^1 \times C_8^2 \times 5!$			

268

JSH-70　错位排列

神器内容	错位排列数列：0，1，2，9，44，265，…。 通项公式：$D_n = n! \times \left[1 - \frac{1}{1!} + \frac{1}{2!} - \frac{1}{3!} + \frac{1}{4!} - \cdots + (-1)^n \times \frac{1}{n!}\right]$。 递推公式：$D_1 = 0, D_2 = 1, \cdots, D_n = (n-1) \times (D_{n-2} + D_{n-1}) (n \geq 3)$。
要点说明	几个对象都错位，没有一个能排对。 错排方法有多少？给个数列要记好。 圆排容斥都可证，关键记住怎么用。 欧拉约翰伯努利，错装信封把名起。

神器溯源

把几封写好的信笺装到信封里，结果发现信封和信笺都装错了，那么装错的情况共有多少种？这就是欧拉-约翰·伯努利错装信封问题。

下面给出错排数列的前四项的一种简单推导：

(1) 1 封信笺、1 个信封：信笺记作 a，对应的信封记作 A，则错装的情况有 0 种方法。

(2) 2 封信笺、2 个信封：把信笺记作 a、b，对应的信封作 A、B。把 a、b 填入圆排列中，按照逆时针方向，每个字母都配到下一个字母对应的大写字母，这样都会配错。从而转化为两个对象的圆排列，有 (2-1)! = 1 种错装方法。

约翰·伯努利(1667—1748)

(3) 3 封信笺、3 个信封：把信笺记作 a、b、c，对应的信封记作 A、B、C。如图 1 所示，把 a、b、c 填入圆排列中，得到 (3-1)! = 2 种错装方法。

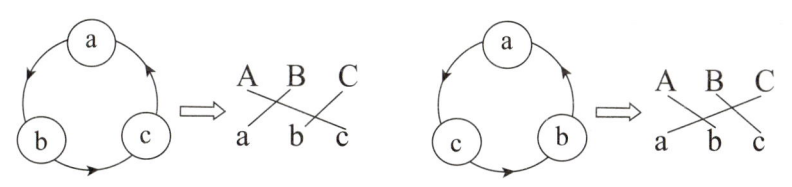

图1

(4)4封信笺4个信封:把信笺记作a,b,c,d,对应的信封记作A,B,C,D。如图2所示,把a,b,c,d填入圆排列中,首先4个对象的大循环有(4-1)!=6种;两两分组的小循环有$C_4^2 \div 2 \times 1 \times 1 = 3$种,共有6+3=9种错装方法。

大循环　　　　小循环

(4-1)!=6　　$C_4^2 \div 2 \times 1 \times 1 = 3$

图2

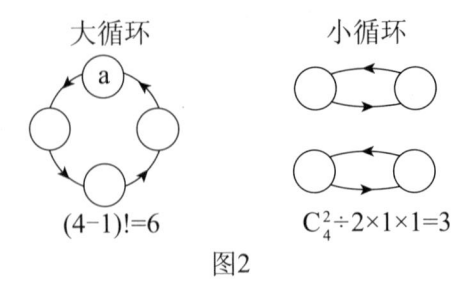

以此类推,可推出5封信笺错装到5个信封中的错装方法有44种,留给读者练习。

错排数列为0,1,2,9,44,265,…。

下面给出递推公式。显然,$D_1=0$,$D_2=1$,对于第n封信笺,排错的情况有$(n-1)$种。不妨设第n封信笺装入第k个信封,如果第k封信笺恰好装入第n个信封,那么剩下的$(n-2)$封信笺再去错排,退化为D_{n-2};如果第k封信笺不装入第n个信封,完全可以把第n个信封改成第k个信封,这样就是$(n-1)$封信笺再去错排,退化为D_{n-1},所以错排方法有$(n-1)(D_{n-2}+D_{n-1})(n \geq 3)$种。

$D_1=0$,$D_2=1$,…,$D_n=(n-1)(D_{n-2}+D_{n-1})(n \geq 3)$。

错排数列的通项公式也可以反复使用容斥原理得到:

n个对象的全排列为$n!$。

至少1个对象排对的情况为$C_n^1 \times (n-1)! = \dfrac{n!}{1!}$。

至少2个对象排对的情况为$C_n^2 \times (n-2)! = \dfrac{n!}{2!}$。

至少3个对象排对的情况为$C_n^3 \times (n-3)! = \dfrac{n!}{3!}$。

……

至少$(n-1)$个对象排对的情况为$C_n^{n-1} \times 1! = \dfrac{n!}{(n-1)!}$。

n个对象全排对的情况为$C_n^n \times 0! = \dfrac{n!}{n!}$。

$$D_n = n! - \dfrac{n!}{1!} + \dfrac{n!}{2!} - \dfrac{n!}{3!} + \dfrac{n!}{4!} - \cdots + (-1)^n \dfrac{n!}{n!}$$

$$= n! \times \left[1 - \dfrac{1}{1!} + \dfrac{1}{2!} - \dfrac{1}{3!} + \dfrac{1}{4!} - \cdots + (-1)^n \dfrac{1}{n!}\right]。$$

例题精讲

例题 1-1 5 名小学生把书包放在一起,立即跑操场去玩了。过了一会,听到上课铃响了,都立即背起一个书包去上课,结果发现他们都背错了书包,那么背错书包的情况共有_____种。

答案:44

【解答】 5 个对象的错排,根据错排数列第 5 项为 44,所以他们有 44 种背错书包的情况。或者把 $n=5$ 代入错排通项公式,$D_5 = 5! \times (1 - \frac{1}{1!} + \frac{1}{2!} - \frac{1}{3!} + \frac{1}{4!} - \frac{1}{5!}) = 60 - 20 + 5 - 1 = 44$ 种。

例题 1-2 小明把 8 把锁配好的钥匙都取下来,然后把钥匙随意配到锁上,结果发现仅有 3 把锁和钥匙配对了,那么小明配钥匙的情况共有_____种。

答案:2464

【解答】 先找到其中 3 把配对情况,然后剩下的 5 把锁错排,共有 $C_8^3 \times 44 = 2464$ 种。

例题 2-1 有 6 个木箱,编号为 1,2,3,4,5,6,每个箱子有一把钥匙,6 把钥匙各不相同,每个箱子任意放进一把钥匙,然后锁好。先打开 1,2 号箱子,可以取出钥匙去开对号箱子上的锁。如果最终能把 6 把锁都打开,则称这种放钥匙的方法为"凑巧",那么钥匙的"凑巧"放法共有_____种。

答案:240

【解答】 如图 3 所示,采用圆排列进行错排,得到 $120 + 48 + 48 + 24 = 240$ 种。

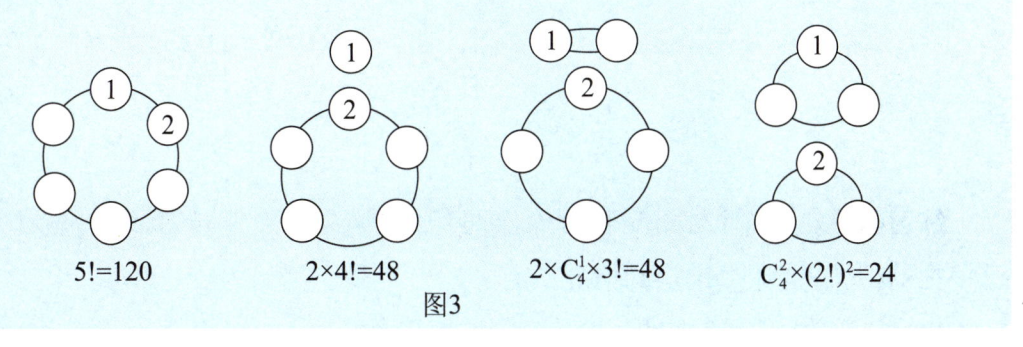

$5! = 120$ $2 \times 4! = 48$ $2 \times C_4^1 \times 3! = 48$ $C_4^2 \times (2!)^2 = 24$

图3

例题 2-2 小明默写英语单词 student 时,发现每个字母都写错了位置,那么他写错的单词拼写共有_____种情况。

答案:1810

【解答】 (1)把相同的 t 进行标记,可以设为"student′",转化为 7 个不同字母的错位排列,有 $D_7=7!\times\left(1-\dfrac{1}{1!}+\dfrac{1}{2!}-\dfrac{1}{3!}+\dfrac{1}{4!}-\dfrac{1}{5!}+\dfrac{1}{6!}-\dfrac{1}{7!}\right)=1854$ 种。

(2)当 t 与 t' 进行错位时也是不符合条件的,应该减法排除 $D_5=44$。

所以,小明错误的拼写有 $1854-44=1810$ 种。

针对性练习

练习❶ 4 封不同的信笺装到已经写好了不同地址的信封里,结果发现都装错了,那么共有_____种装错方法。

练习❷ 为了防止腐败,组织部决定对某地的 5 位领导进行轮换,都不在自己原来的岗位,那么共有_____种轮换方法。

练习❸ 如图 4 所示,一位一年级小朋友做加法连线题目,由于刚刚学习不熟练,结果 8 道题目只有一半连对了,且 8 条线都连好了,每题每个答案都是连一条线,那么这位小朋友的连线情况共有_____种。

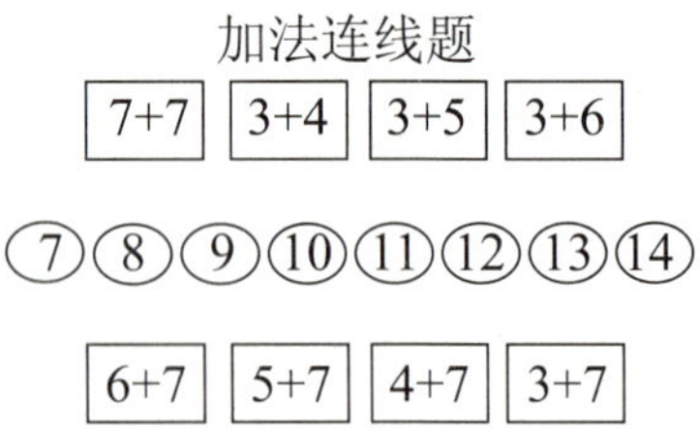

加法连线题

| 7+7 | 3+4 | 3+5 | 3+6 |

⑦ ⑧ ⑨ ⑩ ⑪ ⑫ ⑬ ⑭

| 6+7 | 5+7 | 4+7 | 3+7 |

图4

练习❹ 英语单词 apple 由 5 个字母组成,结果每个字母都不错,就是不在自己该在的位置上,那么拼错的情况共有_____种。

272

练习❺ 在一次国际小学生交流活动中,各国小朋友都进行文艺表演。其中有个童趣节目"捉迷藏",分别由中国、印尼、泰国、印度、韩国、新加坡和马来西亚七个国家各派 2 名小朋友参加表演。各国的一位小朋友被捂着眼睛,另一个藏起来让同伴去找。结果只有 2 个国家的小朋友找到自己国家的同伴,其他国家的小朋友虽然每人都找到一个小朋友,但都不是自己国家的同伴,那么这个节目的找同伴结果共有_____种。

练习❻ 有 6 个箱子,编号为 1,2,3,4,5,6,每个箱子有一把钥匙,6 把钥匙各不相同,每个箱子任意放进一把钥匙,然后锁好。先打开 1,2,3 号箱子,可以取出钥匙去开对应箱子上的锁。如果最终能把 6 把锁都打开,则称这种放钥匙的方法为"凑巧",那么钥匙的"凑巧"放法共有_____种。

练习参考答案

练习题号	练习1	练习2	练习3	练习4	练习5	练习6
参考答案	9	44	630	42	924	324
解答提示	基本练习	基本练习	$C_8^4 \times 9$	排除"p"互错情况,44−2=42	$C_7^2 \times 44$	分类讨论

273

JSH-71 计数中的对称问题

神器内容	把一条线段或一根木棒进行 n 等分,然后染色。 不对称染色时,翻转相同的两种染色变成一种,简记为"不对称2变1"; 对称染色时,翻转后染色不变,简记为"对称1变1"。
要点说明	木棒等分成几段,每段都被颜色染。 染色条件要自问,结果对称不对称? 对称翻转是自己,否则都是二变一。

神器溯源

把一条线段或一根木棒进行 n 等分,然后染色。如果声明翻转相同算一种,或者被染物品可以在空中翻转,那么不对称染色时,翻转相同的两种染色方法就是同一种,简记为"不对称2变1";对称染色时,翻转后仍是它本身,简记为"对称1变1"。总染色方法数为

(总染色数＋对称染色数)÷2,或者(总染色数－对称染色数)÷2＋对称染色数。

例题精讲

例题 1-1 把一根木棒进行六等分,每段可以用红、黄、蓝三种颜色之一染色,那么做成的颜色不同的木棒共有_____根。

答案:378

【解答】 (1)如图1所示,木棒的每段的染色方法都有3种,共有 $3^6=729$ 种。如图2所示,对称的染色方法有 $3^3=27$ 种。

(2)对称染色的木棒翻转后仍是它本身,就是1变1。不对称染色的木棒翻转后为倒序染色,就是2变1。所以做成的颜色不同的木棒共有 $(729+27)\div 2=378$ 种。

3	3	3	3	3	3

图1

3	3	3	1	1	1

图2

例题 1-2 把一根木棒进行六等分,每段可以用红、黄、蓝三种颜色之一染色,相邻两段不同色,那么做成颜色不同的木棒共有_____根。

答案:48

【解答】 如图 3 所示,相邻两段不同色,共有 $3\times 2^5=96$ 种。如图 4 所示,对称染色时,中间两段的颜色矛盾,共有 0 种。所以颜色不同的木棒共有 $96\div 2=48$ 根。

| 2 | 3 | 2 | 2 | 2 | 2 |

图3

| 2 | 2 | 3 | 0 | 1 | 1 |

图4

例题 2 把 3 个相同的红球、4 个相同的蓝球、2 个相同的黄球排成一行,那么共有_____种不同的排法。(翻转 180°相同的算一种)

答案:636

【解答】 重复对象的排列,共有 $C_9^3\times C_6^4\times C_2^2=1260$ 种排列方法。其中翻转 180°相同的就是对称排列,中间必须是红球,则有 $A_4^2\times C_2^2=12$ 种。根据对称计数,得到不同的排法有 $(1260+12)\div 2=636$ 种。

针对性练习

练习❶ 把一根木棒进行七等分,每段可以用红、黄、蓝三种颜色之一染色,那么做成的颜色不同的木棒共有_____根。

练习❷ 把一根木棒进行七等分,每段可以用红、黄、蓝三种颜色之一染色,相邻两段不同色,那么做成的颜色不同的木棒共有_____根。

练习❸ 把 2 个相同的红球、2 个相同的蓝球、4 个相同的黄球排成一行,那么共有_____种不同的排法。(翻转 180°相同的算一种)

练习❹ 把一根木棒进行五等分,每段可以用红、黄、蓝、白四种颜色之一染色,相邻两段不同色,那么做成的颜色不同的木棒共有_____根。

练习❺ 把 5 个相同的红球,4 个相同的黄球排成一行,那么共有_____种不同的排法。(翻转 180°相同的算一种)

练习❻ 只允许从 0,1,2,3 中选用数字并组成一个六位数,相邻数字不相同。正序数与它的反序数只算一个,那么这样的六位数共有_____个。

练习❼ 一架托盘天平,左右盘均可放砝码,共有五个砝码,其中两个砝码分别为 5 克和 10 克,另外三个砝码质量未知,那么用这架天平最多能称量出_____种不同质量的物品。

练习参考答案

练习题号	练习1	练习2	练习3	练习4	练习5
参考答案	1134	108	216	180	66
解答提示	$(3^7+3^4)\div 2$	$(3\times 2^6+3\times 2^3)\div 2$	$(C_8^4\times C_4^2+A_4^2)\div 2$	$(4\times 3^4+4\times 3^2)\div 2$	$(C_9^4+C_4^2)\div 2$
练习题号	练习6	练习7			
参考答案	456	94			
解答提示	$(4\times 3^5-3^4+3^3-3^2+3^1)\div 2$	$(3^5-1)\div 2-3^3$			

276

JSH-72　计数中的旋转问题

神器内容	在计数问题中,如果有"旋转相同算一种"的条件限制,那么一般采用固定法。 n 个对象中有 $m(m<n)$ 个相同,进行圆排列时,其排列数为 $\dfrac{(n-1)!}{m!}$。
要点说明	旋转相同算一种,这类计数难出名。 选择一个来固定,其他全排就是乘。 方法找到也轻松,圆排这里多使用。

神器溯源

在二维空间中,如果一个图形每次绕着一个点旋转一定角度,得到的图形都与原图形完全重合,这样的图形叫作旋转对称图形。如果一个图形绕一点旋转 $180°$,能与原图形完全重合,这个旋转对称图形被称作中心对称图形。如正三角形绕中心旋转 $120°$,正方形绕中心旋转 $90°$,正六边形绕中心旋转 $60°$ 等,它们都是旋转对称图形。

题目中有关键词"旋转相同算一种",为了不让图形旋转,解题策略就是"固定法",固定一个位置,直接安排一个对象,然后其他对象进行排列即可。

对于圆排列问题,旋转相同的算一种,也可以采用固定法,也可以变成相同次数的"n 变 1"情况,需要考虑加上旋转相同的情况。

在圆排列中,如果还有相同元素,就会出现一些不是 n 变 1 的情况。这种情况分为两类:

(1)一类有单一元素且还有相同元素的圆排列。

如 n 个对象中有 $m(m<n)$ 个相同,进行圆排列,其排列数为 $\dfrac{(n-1)!}{m!}$。

(2)一类无单一元素且有相同元素的圆排列。此类出现周期现象,需要通过添补,把每种情况都变成"n 变 1"的情况。

例如:x_1 个 a,x_2 个 b,x_3 个 c 的圆排列,旋转相同算一种。设 x_1,x_2,x_3 有 r

个公约数,分别为 $g_1, g_2, \cdots, g_r$, 且 $n = x_1 + x_2 + x_3$, 则圆排列数为

$$p = \left[\frac{\varphi(g_1) \times \left(\frac{n}{g_1}\right)!}{\left(\frac{x_1}{g_1}\right)! \times \left(\frac{x_2}{g_1}\right)! \times \left(\frac{x_3}{g_1}\right)!} + \frac{\varphi(g_2) \times \left(\frac{n}{g_2}\right)!}{\left(\frac{x_1}{g_2}\right)! \times \left(\frac{x_2}{g_2}\right)! \times \left(\frac{x_3}{g_2}\right)!} + \cdots + \frac{\varphi(g_r) \times \left(\frac{n}{g_r}\right)!}{\left(\frac{x_1}{g_r}\right)! \times \left(\frac{x_2}{g_r}\right)! \times \left(\frac{x_3}{g_r}\right)!} \right] \div n。$$ [其中 $\varphi(x)$ 为欧拉数]

例题精讲

例题 1-1 把 1,2,2,3,3,3 排成一圈,旋转相同算一种,那么共有_____种不同的排法。

答案: 10

【解法一】 如图 1 所示,含有单一元素 1,先把 1 固定下来,接下来就是按照重复对象进行排列,共有 $\frac{5!}{2! \times 3!} = 10$ 种排法。

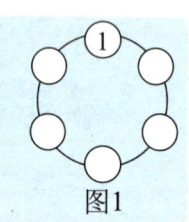

【解法二】 $C_5^2 \times C_3^3 = 10$ 种排法。

图1

例题 1-2 把 2 个相同的黑球,6 个相同的灰球排成一圈,旋转相同算一种,那么共有_____种不同的排法。

答案: 4

【解答】 如图 2 所示,2 个相同的黑球与 6 个相同的灰球的直线排列为 C_8^2 种。分成两组,每组为 1 个黑球 3 个相同的灰球的排法有 C_4^1 种圆排列时,没有周期的都是"8 变 1",而分成两组的出现周期,都是"4 变 1"。补足"8 变 1",得到不同的圆排列为 $\frac{C_8^2 + C_4^1}{8} = 4$ 种。

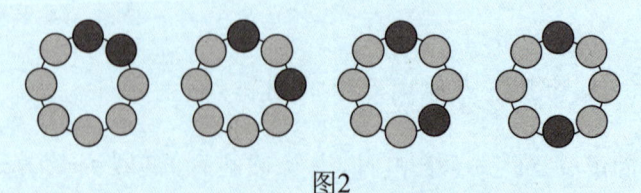

图2

例题 2-1 如图 3 所示,从 9 个小正三角形中选 3 个染成红色,那么共有_____种不同的排法。(旋转相同算一种)

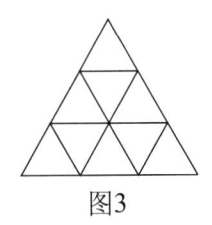

图3

答案:30

【解答】 (1)在 9 个小正三角形中染 3 个,有 C_9^3 种方法。

(2)如图 4 所示,把图形分割成三个区域,把其中一个区域的一个正三角形染红,染法有 C_3^1 种方法,然后旋转 120° 两次,所以共有 $(C_9^3+2C_3^1)\div 3=30$ 种染色方法。

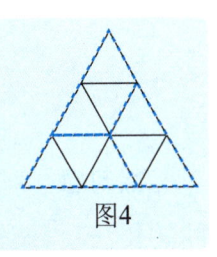

图4

例题 2-2 如图 5 所示,用红、黄、蓝给图中每个圆圈染一种色,相邻圆圈不同色,且旋转相同的染色方法算一种,那么共有_____种不同的染色方法。

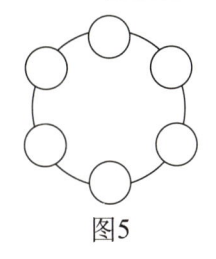

图5

答案:14

【解答】 (1)先根据环染公式,得到相邻圆圈不同色的染法有 $2^6+2=66$ 种。

(2)如果没有周期出现,旋转后是"6 变 1";而由 3 个圆圈组成,形成 2 个周期,每个周期内有 $3\times 2\times 1=6$ 种染法,旋转后是"3 变 1";由 2 个圆圈组成,形成 3 个周期,每个周期内有 $3\times 2=6$ 种染法,旋转后是"2 变 1"。共有 $(66+6+2\times 6)\div 6=14$ 种不同的染法。

针对性练习

练习❶ 甲、乙、丙、丁、戊五人围成一圈,旋转相同算一种的不同排列方法共有_____种。

练习❷ 把 1,2,2,2,3,3,3 排成一圈,旋转相同算一种,那么共有_____种不同的排法。

279

练习 ❸ 如图 6 所示,在 12 个小正三角形中放入 3 个相同黑棋子,那么共有 _____ 种不同的排法。(旋转相同算一种)

练习 ❹ 如图 7 所示,在 3×3 的九宫格中放入 5 枚相同的棋子,每宫最多放一枚棋子,那么共有 _____ 种不同的排法(旋转相同算一种)

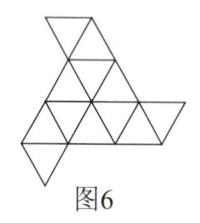

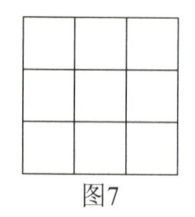

图6

图7

练习 ❺ 把 3 个相同红球与 3 个相同蓝球排成一圈,那么共有 _____ 种不同的排法。(旋转相同算一种)

练习 ❻ 把 2 个相同红球,2 个相同的蓝球,2 个相同黄球排成一圈,那么共有 _____ 种不同的排法。(旋转相同算一种)

练习 ❼ 如图 8 所示,用红、黄、蓝、白给图中每个圆圈染一种色,相邻圆圈不同色,且旋转相同的染色方法算一种,那么共有 _____ 种不同的染色方法。

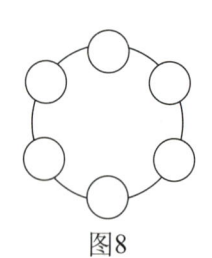

图8

练习参考答案

练习题号	练习1	练习2	练习3	练习4	练习5
参考答案	24	20	76	34	4
解答提示	$5! \div 5$	$C_6^3 \times C_3^3$	$(C_{12}^3 + 2C_4^1) \div 3$	$(C_9^5 + C_4^2 + 2C_2^1) \div 4$	枚举或 $(C_6^3 + 2 \times 2) \div 6$
练习题号	练习6	练习7			
参考答案	16	130			
解答提示	枚举或 $(C_6^2 \times C_4^2 + A_3^3) \div 6$	$(3^6 + 3 + A_4^3 + 2A_4^2) \div 6$			

280

JSH-73　计数中的翻转问题

神器内容	对于立体图形的计数，如果旋转或翻转相同的算一种，则需要固定一个面作为底，物体不能翻转，再固定一个侧面，物体就不能旋转了。
要点说明	计数对象是立体，旋转翻转视为一。 选择一面底固定，立体图形翻不动。 再把正面来固定，旋转问题不发生。

神器溯源

在三维空间中的立体图形计数中，如果旋转或者翻转相同的算一种，一般需要固定一个底，避免翻转；再固定一个侧面，避免旋转，其他情况再进行排列即可。比如正方体表面染色，需要固定底面和正面，这样正方体就不能翻转也不能旋转了。

例题精讲

例题1 把1个红玻璃球、1个蓝玻璃球、2个相同黄玻璃球、4个相同绿玻璃球串成一串，做成一个手串，那么可以串成_____种不同的手串。

答案：54

【解答】（1）先固定红色玻璃球。其他玻璃球进行重复排列，共有 $C_7^1 \times C_6^2 \times C_4^4 = 105$ 种排法。

（2）如图1所示，左右对称的排列有 $C_3^1 \times C_2^2 = 3$ 种。

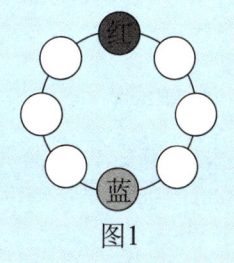

图1

所以共可以串成 $(105+3) \div 2 = 54$ 种不同的手串。

例题 2 从红、橙、黄、绿、青、蓝、紫中选出六种颜色,给一个正方体木块的六个面进行染色,每个面染一种颜色,那么共有_____种不同的染色方法。(旋转或翻转相同的算一种)

答案:210

【解答】 (1)从 7 种颜色选 6 种,有 $C_7^6=7$ 种。

(2)如图 2 所示,先固定底面,则上面的颜色选择方法有 $C_5^1=5$ 种。再固定前面,其他 3 个面还有 3 种颜色选择,共 $A_3^3=6$ 种染法。所以,共有 $7\times5\times6=210$ 种不同的染法。

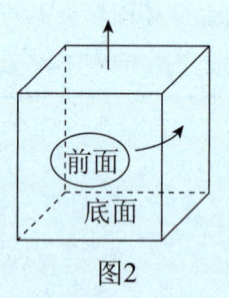

图2

针对性练习

练习❶ 用 8 颗不同色的砭石做成手串,那么做成的手串共有_____种。

练习❷ 如图 3 所示,用 1×2 的长方形纸片 9 张不重复无空隙地贴在 2×9 的方格纸上。如果旋转或翻转相同算一种,那么共有_____种不同的贴法。

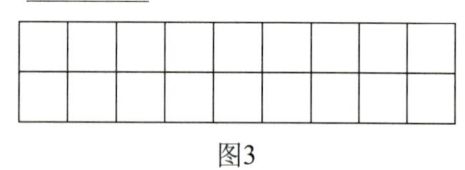

图3

练习❸ 用 4 朵相同红花、3 朵相同黄花、2 朵相同白花扎成一个花环,那么做成的花环共有_____种。

练习 ❹ 从六种不同色中选出四种,给一个正三棱锥的四个面染色,每个面染一种颜色,那么共有_____种不同的染色方法。(旋转或翻转相同的算一种)

练习 ❺ 给定六种不同色,给一个正方体木块的六个面进行染色,每个面染一种颜色,那么共有_____种不同的染色方法。(旋转或翻转相同的算一种)

练习 ❻ 从四种不同色中选色,给一个正方体的六个面染色,每个面染一种颜色,有公共棱的面不能同色,不一定每种颜色都使用,那么共有_____种不同的染色方法。(旋转或翻转相同的算一种)

练习参考答案

练习题号	练习1	练习2	练习3	练习4	练习5
参考答案	2520	30	76	30	30
解答提示	$7!\div 2$	$(55+5)\div 2$	$\left(\dfrac{9!\div 9}{4!\times 3!\times 2!}+2C_4^2\right)\div 2$	$C_6^4\times 2$	固定底面和正面

练习题号	练习6
参考答案	10
解答提示	$C_4^2\times 1+C_4^3\times 1$

283

JSH-74　波利亚计数★

神器内容	对于一些图形,经过旋转、翻转达成一致,在分类中视为一种,那么所有不同的分类,都补成相同的个数,然后进行"多变一",得到分类种数。
要点说明	图形点面色来染,考虑旋转和翻转。 通过旋翻两变换,相同只有一种算。 此类计算用何法? 分类枚举搞定它。 探索规律根在哪? 置换请出波利亚。

神器溯源

美籍匈牙利数学家波利亚在伯恩赛德引理的基础上,利用置换证明了空间物体的不同分类的个数问题,被称为波利亚计数定理。其定理就是利用置换,把每种类型的图形补成相同的个数,然后统一除以同一个数,得到分类种数。

例如:用 m 种颜色,给正方体的六个面染色,每个面染一种颜色,且每个面都要染,共有 $\frac{1}{24} \times (m^6 + 3m^4 + 12m^3 + 8m^2)$ 种染法。

关于波利亚计数定理的具体证明,读者可以查阅组合数学中的相关内容。

为了深刻理解波利亚计数定理,这里介绍一下置换的概念。

波利亚(George Polya,1887—1985),美籍匈牙利数学家

以有序六元数组(1,2,3,4,5,6)为例,通过适当的自己不变、两者替换、多者轮换,得到由数字 1~6 组成的新数组,这个过程叫作置换。

$1 \to 1, 2 \to 5, 3 \to 6, 4 \to 2, 5 \to 4, 6 \to 3$,记作:(1),(254),(36),代表 1 不变,2,5,4 三者轮换,3,6 替换。

反过来,对于置换(1234),(56),则表示 1,2,3,4 四者轮换:$1 \to 2, 2 \to 3, 3 \to 4, 4 \to 1$;5,6 替换 $5 \to 6, 6 \to 5$。

如果数组(1,2,3,4,5,6)的元素 1~6 代表图形的点、线段或面,在每组对象染色相同的情况下,这些图形就会出现旋转、翻转相同的情况,出现"多变一",波利亚计数定理就是给出"多变一"的公式。

例题精讲

例题 1-1 分别用红、黄、蓝三种颜色把正三角形的三个顶点染色,每个顶点都要染一种颜色,共有_____种不同的染法。(旋转、翻转相同算一种)

答案:10

【解法一】 分类枚举。

如图1所示,三个顶点同色:$C_3^1=3$ 种染法;两点同色:$C_3^2 \times C_2^1 = 6$ 种染法;三点均不同色:1种染法。所以,共有 $3+6+1=10$ 种不同的染法。

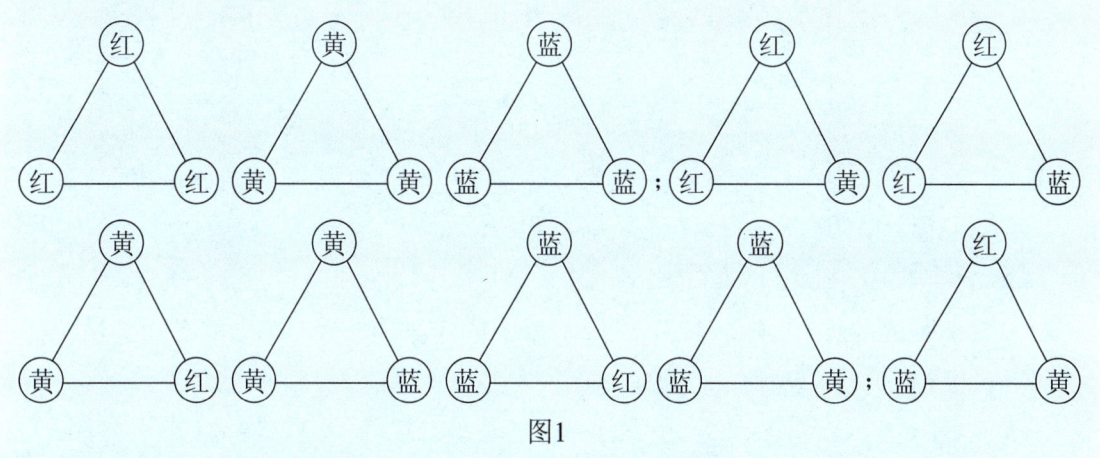

图1

【解法二】 波利亚计数定理。

(1)如图2所示,把正三角形的三个顶点标记为1,2,3号。正三角形固定下来共有 $3 \times 2 = 6$ 种情况。

(2)三组置换:(1)(2)(3),共1种。

(3)翻转:(1)(23),(2)(13),(3)(12),共3种。

(4)旋转:(123),(132),共2种。

所以,共有 $\dfrac{3^3 + 3 \times 3^2 + 2 \times 3^1}{6} = 10$ 种不同的染法。

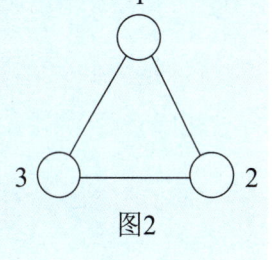

图2

例题 1-2 有两种颜色的珠子足够多,珠子只有颜色不同。从中取6枚穿成一个手串,可以得到穿法不同的手串共有_____种。(旋转、翻转相同算一种)

答案:13

【解法一】 分类枚举。

如图 3 所示,根据两种颜色珠子("▢"表示另一种颜色的珠子)的个数分类枚举,共有 2+2+6+3=13 种。

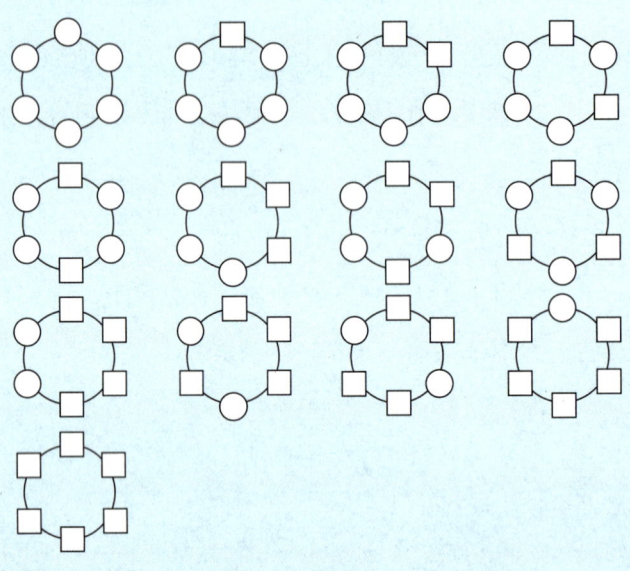

图3

【解法二】 波利亚计数定理。

如图 4 所示,标记 1,2,3,4,5,6 号位,手串固定共有 6×2=12 种不同的情况。

(1)(2)(3)(4)(5)(6),有 1 种。

(1)(26)(35)(4),有 3 种;

(16)(25)(34),有 3 种;

(14)(25)(36),有 1 种;

(135)(246),有 2 种;

(123456),有 2 种。

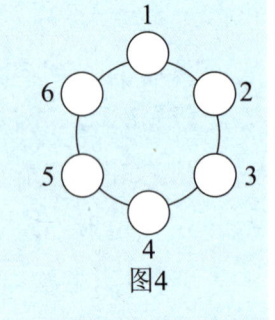

所以,手串共有 $\dfrac{2^6+3\times 2^4+4\times 2^3+2\times 2^2+2\times 2^1}{12}=13$ 种不同的穿法。

图4

例题 2 用红、蓝两种颜色给正方体的表面染色,每个面染一种色,那么共有_____种不同的染法。(旋转、翻转相同算一种)

答案:10

【解答】 (1)如图 5 所示,正方体在空间中的放置方法有 $C_6^1\times C_4^1=24$ 种。

(2)正方体不动,置换(1)(2)(3)(4)(5)(6),有 1 种。

(3)以正方体两个对面中心连线为旋转轴,旋转±90°,(1)(2)(3456),共有 6 种。

286

(4)以正方体两个对面中心连线为旋转轴,旋转180°,(1)(2)(35)(46),共有3种。

(5)以正方体的体对角线为旋转轴旋转±120°,(136)(254),共有8种。

(6)以正方体的两条对棱中点连线为旋转180°,(15)(23)(46),共有6种。

所以,根据波利亚计数定理,共有 $\frac{1}{24} \times (2^6 + 6 \times 2^3 + 3 \times 2^4 + 8 \times 2^2 + 6 \times 2^3) =$ 10 种不同的染法。

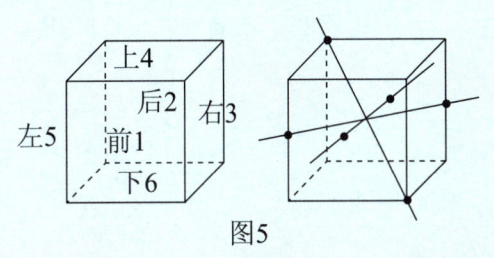

图5

针对性练习

练习❶ 用黑、白两色染 2×2 的方格,旋转或翻转相同算一种,共有_____种不同的染法。

练习❷ 墙壁上画有一个正五边形,用红、黄、蓝三种颜色给其五个顶点染色,每个顶点染一种颜色,共有_____种不同的染法。(旋转相同算一种)

练习❸ 用红、黄、蓝三种颜色给正四面体的四个顶点染色,每个顶点染一种色,那么共有_____种不同的染法。(旋转、翻转相同算一种)

练习❹ 如图 6 所示,用红、黄、蓝三种塑料片制作正三棱柱(每条侧棱都垂直底面,每个底面都是等边三角形),每个面一种颜色,那么制作的大小相同、颜色不同的正三棱柱共有_____种。

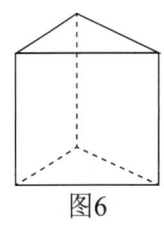

图6

练习❺ 如图 7 所示,用红、黄、蓝三种颜色给正三棱柱的六个顶点染色,每个顶点染一种颜色,那么共有_____种不同的染法。(旋转、翻转相同算一种)

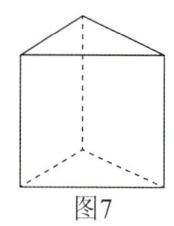

图7

练习❻ 如图 8 所示,用红、黄、蓝三种颜色给正三棱柱的九条棱染色,每条棱染一种颜色,每种颜色不一定都用,那么共有_____种不同的染法。(旋转、翻转相同算一种)

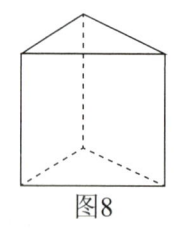

图8

练习❼ 用三种颜色给正方体的表面染色,每个面只能染一种色,那么共有_____种不同的染法。(旋转、翻转相同算一种)

练习❽ 图 9 是一个正五棱柱,上下底面都是正五边形,每个侧面都是正方形。把每个顶点染成黑、白两种颜色之一,共有_____种不同的染法。(旋转、翻转相同算一种)

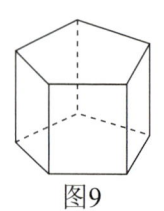

图9

练习参考答案

练习题号	练习1	练习2	练习3	练习4
参考答案	6	51	15	63
解答提示	$\dfrac{2^4+2\times 2^3+2\times 2^2+4\times 2^1}{8}$	$\dfrac{3^5+4\times 3}{5}$	$\dfrac{3^4+8\times 3^2+3\times 3^2}{12}$	$\dfrac{3^5+2\times 3^3+3\times 3^3}{6}$
练习题号	练习5	练习6	练习7	练习8
参考答案	138	3411	57	120
解答提示	$\dfrac{3^6+3\times 3^3+2\times 3^2}{6}$	$\dfrac{3^9+3\times 3^5+2\times 3^3}{6}$	$\dfrac{3^6+3\times 3^4+12\times 3^3+8\times 3^2}{24}$	$\dfrac{2^{10}+5\times 2^5+4\times 2^2}{10}$

五　计数拾遗与概率

JSH-75　对称数字

神器内容	(1)规定翻转不变的对称数字有 0,1,8;旋转 180°可以互变的有 6 和 9,旋转 180°不变的有 0,1,8。(不要受字体影响) (2)回文数。
要点说明	数字旋转可不变,只有三个记心间。 三个数字 0,1,8,旋转之后还是它。 6,9 旋转可互换,注意此数做卡片。 回文之数啥长相?正序反序都一样。

神器溯源

在 10 个阿拉伯数字中,翻转不变的对称数字有 0,1,8,旋转 180°不变的也是这三个数字,而旋转互变的只有 6 和 9。

如果把这些数字做成卡片,由于可以进行旋转,仍能表示为这个数。而数字 9 的可以作为 9,也可以作为 6 看待,数字 6 可以作为 6,也可以作为 9 看待。

一个自然数,如果从左至右与从右至左读,得到的两个数是同一个数,那么这样的自然数叫作回文数。把回文数按照位数可以进行分类,当然一位数是否是对称数,没有确切的说法,涉及这个问题的题目,一般会给出说明。

位　数	类　型	个　数
一位数	（题目会给出说明）	
两位数	$\overline{aa}$	9
三位数	$\overline{aba}$	9×10=90
四位数	$\overline{abba}$	9×10=90
五位数	$\overline{abcba}$	9×10×10=900
…	…	…

规定左右对称的英文大写字母有 11 个:A、H、I、M、O、T、U、V、W、X、Y。

例题精讲

例题 1 数字 0,1,8 旋转 180°不变,6 旋转 180°变为 9,那么每张卡片上写有一个三位数,其中旋转不变共有_____张卡片。

答案:12

【解答】 (1)用数字 0,1,8 组成的三位数旋转不变的有 2×3×1=6 张。
(2)含有 6 和 9 旋转不变的为 6□9 和 9□6 两类。共有 2×3=6 张。
所以共有 6+6=12 张。

例题 2 一个自然数,从左到右读与从右到左读都是一样的,这样的数叫作回文数。如 66,121,2882 都是回文数,那么在 10~2030 之间,共有_____个回文数。

答案:110

【解答】 根据位数进行分类,
(1)$\overline{aa}$ 型的回文数有 9 个。
(2)$\overline{aba}$ 型的回文数有 9×10=90 个。
(3)$\overline{1bb1}$ 型的回文数有 10 个,$\overline{2bb2}$ 型的只有 2002 这 1 个,四位数共有 11 个。
所以,10~2030 之间的回文数有 9+90+11=110 个。

针对性练习

练习 ❶ 用对称数字 0,1,8 和旋转互换数字 6 和 9 组成的四位数中,整体旋转不变的共有_____个。

练习 ❷ 四张卡片上分别写有数字 1,2,3,6。如果卡片 6 旋转后可以当 9 使用,那么从中选取几张卡片组成的自然数共有_____个。

练习❸ 每张卡片上写有一个三位数,由于有些卡片旋转180°后可以代替另一个三位数,如118可以代替811;也有些卡片旋转180°后不是三位数,如123旋转180°后成为ε21,连三位数都不是;也有些卡片旋转180°后仍是原来的三位数,如609旋转180°后还是609。如果表达出所有三位数,那么最少需要做_____张卡片。

练习❹ 由五个大写英文字母组成左右对称的字母串,且相邻字母不同,如MOAOM,HAXAH,那么这样的字母串共有_____个。(对称的字母有A、H、I、M、O、T、U、V、W、X、Y)

练习❺ 一个四位数,上下翻转后仍能表示一个四位数。如图1所示,5810翻转后为2810,那么这样的四位数共有_____个。

图1

练习参考答案

练习题号	练习1	练习2	练习3	练习4	练习5
参考答案	20	113	866	1100	1080
解答提示	分类枚举	按数位分类	900−(4×5×4−12)÷2	11×10×10	5×6³

JSH-76　数字谜计数

神器内容	在数字谜中,已知数字而位置未知的数字谜共有多少种不同的填法?可以先使用各数位上的数字和分析,每进位一次,"和的数字和"比"加数的数字和"减少9。
要点说明	数字谜中有计数,几种填法不清楚。 所填数字都已知,不知放到何位置。 数字之和都会求,进位一次和少9。

神器溯源

如图 1 所示,加数的各数位上的数字和为 33,和的各数位上的数字和为 15,数字和减少 $33-15=18=2\times 9$,发生了 2 次进位。在加法数字谜中,每发生一次进位,"和的数字和"比"加数的数字和"减少 9。在减法数字谜中,每借位一次,"减数与差的数字和"比"被减数的数字和"增加 9。

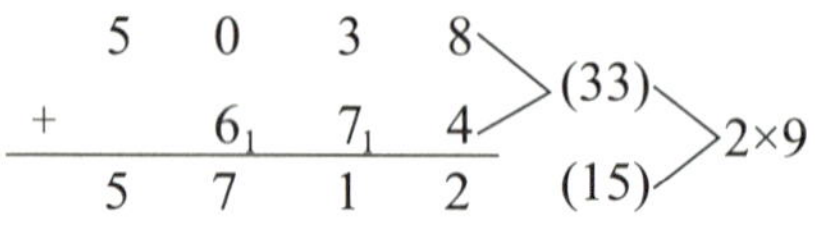

$$\begin{array}{r} 5\ 0\ 3\ 8 \\ +\ \ 6_1\ 7_1\ 4 \\ \hline 5\ 7\ 1\ 2 \end{array}\begin{array}{l}(33)\\ (15)\end{array}\Big\} 2\times 9$$

图1

例题精讲

例题 1-1 如图 2 所示,在方框内填入九个互不相同的数字,使得三个加数之和为 2026 的竖式成立,那么这样的竖式共有_____种不同的填法。

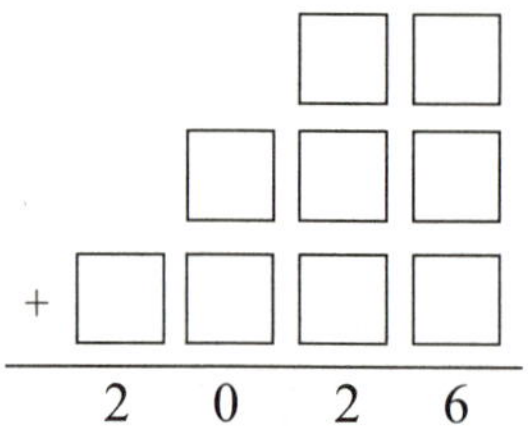

答案:480

【解答】 如图 3 所示,十个不同的数字的和为 $0+1+2+\cdots+9=45$,设不选的数字为 x,进位发生 k 次,则 $(45-x)-(2+0+2+6)=9k$,$35-x=9k$,解得 $\begin{cases}x=8\\k=3\end{cases}$。这说明该加法竖式中,不填数字 8,发生 3 次进位。

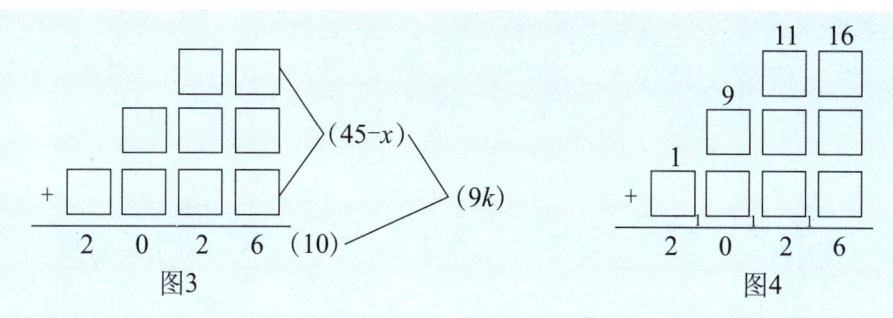

图3

图4

①若个位、十位、百位分别向前一位进1次,如图4所示。百位和十位上的组合搭配,如图5所示。

共有 $2\times A_3^3\times A_3^3+4\times A_2^2\times(C_2^1\times A_2^2)\times A_3^3+2\times A_2^2\times A_3^3\times A_3^3=72+192+144=408$ 种不同的填法。

②若百位向千位进1次,十位向百位进2次,如图6所示。$8=3+5,6=0+2+4$,共有 $A_2^2\times A_3^3\times A_3^3=72$ 种。

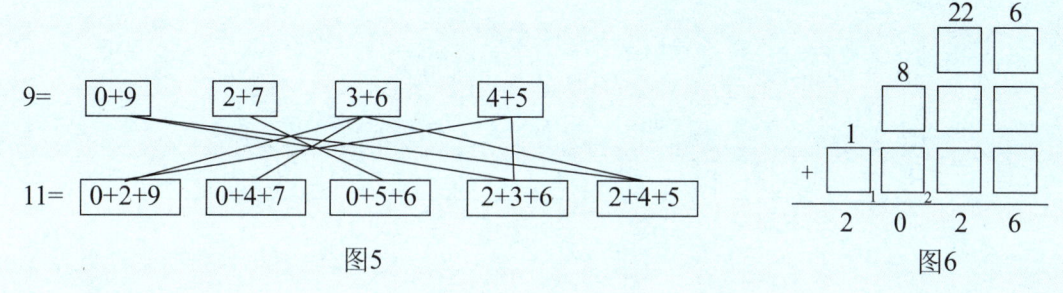

图5

图6

综上所述,这个竖式有 $408+72=480$ 种填法。

例题 1-2 如图7所示,每个方框内填入互不相同的数字,使得和最大的竖式共有_____种不同的填法。

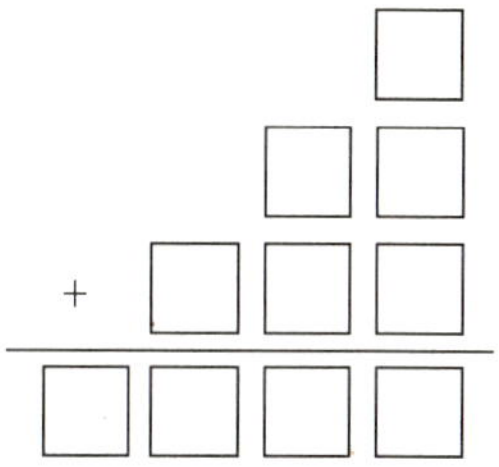

答案:12

图7

【解答】 (1)如图8所示,先填好黄金三角109,十个不同的数字的和为 $0+1+2+\cdots+9=45$,设和的各数位上的数字和为 a,进位发生 k 次,则 $(45-a)-a=9k,45-2a=9k$,解得 $\begin{cases}a=9\\k=3\end{cases}$。说明加法竖式中,发生3次进位,只能是个位、十位、百位分别向前进1次位。

(2)如图9所示,和的各数位上的数字和为9,和最大为1062,此时 $15=7+8$,共有 $A_2^2\times A_3^3=12$ 种不同的填法。

293

图8

图9

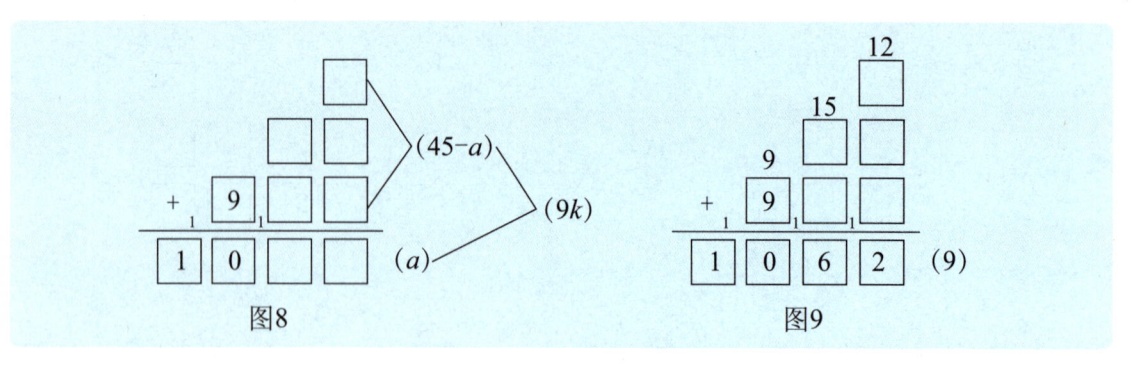

例题 2-1 一个三位数,加上 1234 做加法竖式,发生了 2 次进位,那么这样的三位数共有_____个。

答案:198

【解答】 根据 2 次进位的位置不同,得到三种情况。如图 10 所示,共有 $6\times 4\times 4+2\times 6\times 4+3\times 3\times 6=96+48+54=198$ 个这样的三位数,且三者之间没有重复。

图10

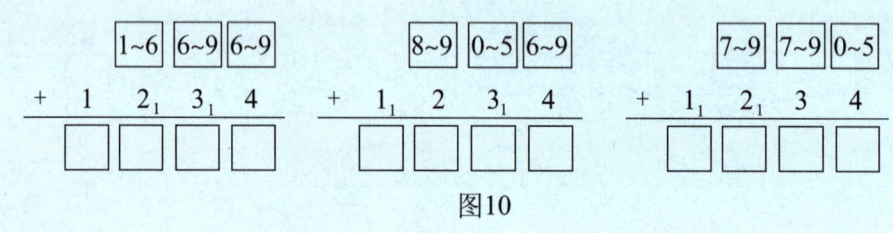

例题 2-2 把一个两位数 $\overline{ab}$ 进行 M 运算,$M(\overline{ab})$ 表示每个数位上的数字被 2 去除,得到的余数排成二进制数码。如 $M(26)=00_{(2)}$,$M(16)=10_{(2)}$,$M(35)=11_{(2)}$,$M(63)=01_{(2)}$。如果 $M(\overline{ab}+\overline{cd})=M(\overline{ab})+M(\overline{cd})$,那么则称两位数 $\overline{ab}$ 与 $\overline{cd}$ 互为"模 2 和谐数"。$M(23+36)=M(59)=11_{(2)}$,$M(23)+M(36)=01_{(2)}+10_{(2)}=11_{(2)}$,则 23 和 36 互为"模 2 和谐数"。$M(23+95)=M(118)=110_{(2)}$,$M(23)+M(95)=01_{(2)}+11_{(2)}=100_{(2)}$,则 23 和 95 就不互为"模 2 和谐数",那么与 76 互为"模 2 和谐数"的两位数共有_____个。

答案:20

【解答】 对两位数 $\overline{ab}$ 的每个数字按奇偶分成四类。

(1)$M(\overline{奇奇})+M(76)=11_{(2)}+10_{(2)}=101_{(2)}$,$M(\overline{奇奇}+76)=101_{(2)}$,十位数字相加要进位,个位数字相加不进位,有 $4\times 2=8$ 种。

(2)$M(\overline{奇偶})+M(76)=10_{(2)}+10_{(2)}=100_{(2)}$,$M(\overline{奇偶}+76)=100_{(2)}$,十位数字相加要进位,个位数字相加不进位,有 $4\times 2=8$ 种。

(3)$M(\overline{偶奇})+M(76)=01_{(2)}+10_{(2)}=11_{(2)}$，$M(\overline{偶奇+76})=11_{(2)}$，十位数字相加不进位，个位数字相加不进位，有 $1\times2=2$ 种。

(4)$M(\overline{偶偶})+M(76)=00_{(2)}+10_{(2)}=10_{(2)}$，$M(\overline{偶偶+76})=10_{(2)}$，十位数字相加不进位，个位数字相加不进位，有 $1\times2=2$ 种。

所以共有 $8+8+2+2=20$ 个。

针对性练习

练习 ❶ 如图 11 所示，每个方框内填入互不相同的数字，使得和最小的竖式共有_____种不同的填法。

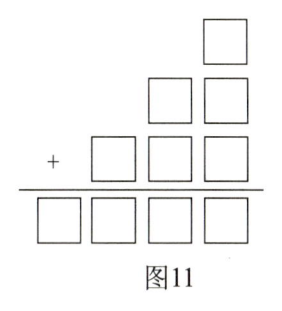

图11

练习 ❷ 如图 12 所示，在加法数字谜的方框内填入互不相同的九个数字，使得竖式成立，那么竖式成立的不同的填法共有_____种。

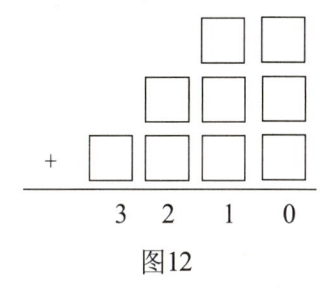

图12

练习 ❸ 如图 13 所示，每个方框内填入互不相同的数字，使得数字谜成立，那么共有_____种不同的填法。

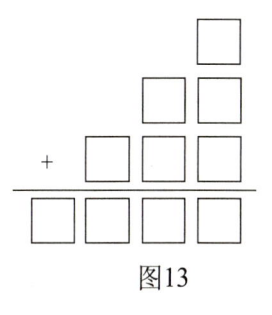

图13

练习❹ 如图 14 所示,用数字 1~9 各一次填入方框内,使得和最小时竖式成立,那么共有_____种不同的填法。(加数交换位置算一种)

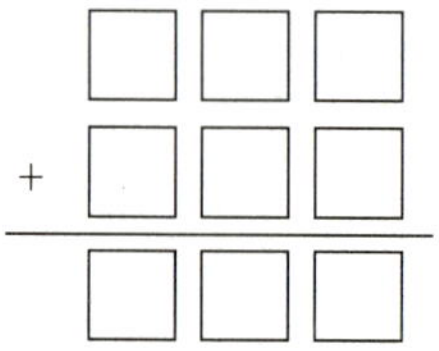

$$
\begin{array}{r}
\square\square\square \\
+\ \square\square\square \\
\hline
\square\square\square
\end{array}
$$

图14

练习❺ 一个三位数码(首位数字可为 0),加上 236 后,得到"和的数字和"比"三位数码的数字和的一半"少 1,那么这样的三位数码共有_____个。

练习❻ $S(n)$ 表示 n 的各数位上的数字和。如 $S(123)=1+2+3=6$。当多位数 n 的各数位上的数字和最小,满足 $S(5n)=3S(n)$ 时,多位数 n 不含数字 0 的取值共有_____个。

练习参考答案

练习题号	练习1	练习2	练习3	练习4	练习5
参考答案	24	240	60	4	7
解答提示	和为 1026	对进位 4 次分类讨论	和为 1026,1035,1053,1062	和最小为 459	804,264,174,165,084,075,066

练习题号	练习6				
参考答案	72				
解答提示	$n\times 5$ 时发生进位 2 次,各数位上的数字和为 9				

JSH-77　整除性计数

神器内容	根据数的整除特征计数。
要点说明	数论计数综合题,知识熟练是必须。 根据数的整除性,谁先谁后要慎重。 9 和 11 来整除,计数题目经常出。

神器溯源

数论与计数的综合题是一个难点,既要熟练掌握数的整除特征,还要掌握计数的各种方法。这里把 2 至 12 的整除特征罗列出来,以备解题中使用。

2 的整除特征:末位数字为偶数字。

3 的整除特征:各数位上的数字和能被 3 整除。

4 的整除特征:末两位数码能被 4 整除。

5 的整除特征:末位数字为 0 或 5。

6 的整除特征:既能被 2 整除,又能被 3 整除。

7 的整除特征:三位一截做减加,得到的结果能被 7 整除。

8 的整除特征:末三位数码能被 8 整除。

9 的整除特征:随意截位,乱加形成的各数码之和是 9 的倍数。

10 的整除特征:末位数字为 0。

11 的整除特征:奇数位上数字之和与偶数位上数字之和的差能被 11 整除,或者两位一截形成的各数码之和是 11 的倍数。

12 的整除特征:既能被 3 整除,也能被 4 整除。

例题精讲

例题 1-1 用 1,2,3,6,7,9 各一次,组成能被 11 整除的六位数共有_____个。

答案:72

【解答】 (1)如图1所示,设偶数位上的数字和为 a,奇数位上的数字和为 b,根据 11 的整除特征和奇偶性,得到 $\begin{cases} a+b=28 \\ a-b=0 \end{cases}$, $\begin{cases} a=14 \\ b=14 \end{cases}$。对 14 进行三项分拆 $14=9+3+2=7+6+1$。

图1

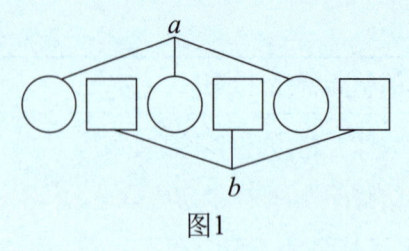

(2)能被 11 整除的六位数有 $2 \times A_3^3 \times A_3^3 = 72$ 个。

例题 1-2 在用数字 1~8 各一次组成的八位数中,其中能被 72 整除的有_____个。

答案:5040

【解答】 因为 $1+2+3+\cdots+8=36$,36 能被 9 整除,数字可以随意排,只需满足 8 的整除性,考虑末三位数字的奇偶性搭配情况,前五位的排列都是 $A_5^5 = 120$ 个。

①末三位数若为 $\overline{奇12}$、$\overline{奇52}$ 时,有 $2 \times C_3^1 = 6$ 个;若为 $\overline{偶32}$、$\overline{偶72}$ 时,有 $2 \times C_3^1 = 6$ 个。共有 $6 \times 2 = 12$ 个。

②末三位数若为 $\overline{偶24}$、$\overline{偶64}$ 时,有 $2 \times C_2^1 = 4$ 个;若为 $\overline{奇84}$ 时,有 $C_4^1 = 4$ 个。共有 $4 \times 2 = 8$ 个。

③末三位数若为 $\overline{偶16}$、$\overline{偶56}$ 时,有 $2 \times C_3^1 = 6$ 个;若为 $\overline{奇36}$、$\overline{奇76}$ 时,有 $2 \times C_3^1 = 6$ 个。共有 $6 \times 2 = 12$ 个。

④末三位数若为 $\overline{奇28}$、$\overline{奇68}$ 时,有 $2 \times C_4^1 = 8$ 个;若为 $\overline{偶48}$ 时,有 $C_2^1 = 2$ 个。共有 $8+2=10$ 个。

所以,这样的八位数共有 $120 \times (12+8+12+10) = 5040$ 个。

例题 2-1 从 1~10 中选出三个数相乘,乘积能被 18 整除的选择方法有_____种。

答案:37

【解答】 (1)$18=2 \times 3^2$,把十个数分成三组:
$\{3,6,9\}$ $\{2,4,8,10\}$ $\{1,5,7\}$

(2)重点对第一组的数根据选择个数分类：

3,6,9：只有 1 种；

3,6：有 7 种；

3,9：有 4 种；

6,9：有 7 种；

9：有 $C_4^2+4\times 3=18$ 种。

所以共有 $1+7+4+7+18=37$ 种选择方法。

例题 2-2 已知 $9|\overline{abcde}$，$8|\overline{abcd}$，$6|\overline{abc}$，$5|\overline{ab}$。如果五个数字互不相同，那么这样的五位数 $\overline{abcde}$ 共有_____个。

答案：9

【解答】（1）因为 $5|\overline{ab}$，所以 $b=0$ 或 5。再考虑 c,d 都为偶数字的搭配情况，最后首位弃三法，末尾弃九法。

（2）当 $b=0$ 时，

□024□=70245；□048□=50481；□064□=30645 或 90648。

（3）当 $b=5$ 时，

□504□=15048 或 75042；□520□=85203；□528□无解；□54□□无解；□560□=45603 或 75609；□584□无解。

所以，这样的五位数共有 9 个。

针对性练习

练习❶ 用 1,2,3,4,5,7 各一次，组成能被 11 整除的六位数，共有_____个。

练习❷ 用 0,1,2,4,5,5 这六个数字组成能被 11 整除的六位数，共有_____个。

练习❸ 一个五位数，其各数位上的数字和为 33，且能被 33 整除，那么这样的五位数共有_____个。

· 299 ·

练习 ❹　从 1～10 这十个整数中选出三个相乘,乘积能被 12 整除的选择方法有_____种。

练习 ❺　一个不含重复数字的五位数,前四位能被 4 整除,前三位能被 5 整除,后两位能被 7 整除,那么这样的五位数共有_____个。

练习 ❻　三个连续的三位数从小到大排成一个九位数,前三位能被 4 整除,中间三位能被 5 整除,后三位能被 7 整除,那么这样的九位数共有_____个。

练习 ❼　用数字 1～8 各一次组成八位数,其中能被 396 整除的有_____个。

练习参考答案

练习题号	练习1	练习2	练习3	练习4	练习5
参考答案	72	30	168	52	234
解答提示	$2 \times A_3^3 \times A_3^3$	$(2A_2^2 + A_3^3) \times C_3^1$	$C_{5+2}^2 \times 8$	按2倍、3倍数分类枚举	按整除性讨论

练习题号	练习6	练习7			
参考答案	7	1152			
解答提示	同余分析	$4 \times 8 \times A_3^3 \times A_3^3$			

JSH-78　有向一笔画

神器内容	根据一笔画的方向,使用加法原理或乘法原理计数。
要点说明	一笔画,有方向,这个条件真是棒。 有些问题乱无章,有向图形来增光。 一笔画图多少种? 分类计数或加乘。

神器溯源

在一笔画问题中,除了考虑奇偶点的个数、每个点的度数,每条线的经过的次数,还要考虑每条线的方向性。有了方向,并不是每个奇点都可以作为起点或者终点了。根据线的方向性,探寻一笔画的画法有多少种? 分类计数,加乘原理。

例题精讲

例题 1 图 1 是一个小镇的道路示意图,标有箭头的道路只能按箭头指示的方向单向行驶。如果将所有的道路不重复地走过一遍,那么共有_____条不同的路线。

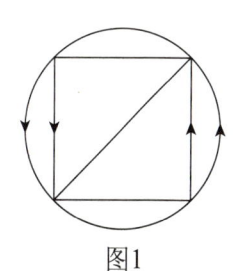

答案:96

图1

【解答】 图 2 中只有两个奇点 A,B。根据一笔画的性质,其中一个是起点一个是终点。不妨设 A 为起点,则 B 为终点,且中间的线段方向固定,每条路线都有 2^4 种选择方法。共有 $2\times 3\times 2^4=96$ 条不同的路线。

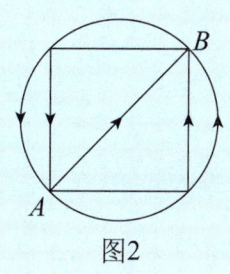

图2

例题 2 如图 3 所示,这是一个"棒棒糖"形状的图形。如果一笔画出这个图形,共有_____种不同的画法。(点可以多次经过,线路只能经过一次,且只能按箭头方向单向画出。)

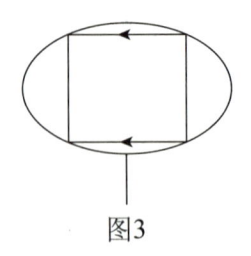

图3

答案: 32

【解答】 根据一笔画的性质,起点可以是 A 点或 B 点,且对应的另一点为终点。以 A 点为起点为例:

(1)如图 4-1 所示,若 $A \to B \to C \to F \to \cdots$,则有 $2 \times 1 \times 2 = 4$ 种。

(2)如图 4-2 所示,若 $A \to B \to C \to D \to C \to \cdots$,则有 $2 \times 1 \times 2 = 4$ 种。

(3)如图 4-3 所示,若 $A \to B \to C \to D \to E \to D \to \cdots$,则有 $2 \times 1 \times 2 = 4$ 种。

(4)如图 4-4 所示,若 $A \to B \to C \to D \to E \to F \to \cdots$,则有 $2 \times 1 \times 2 = 4$ 种。

所以,一笔画的方法共有 $2 \times 4 \times 4 = 32$ 种不同的画法。

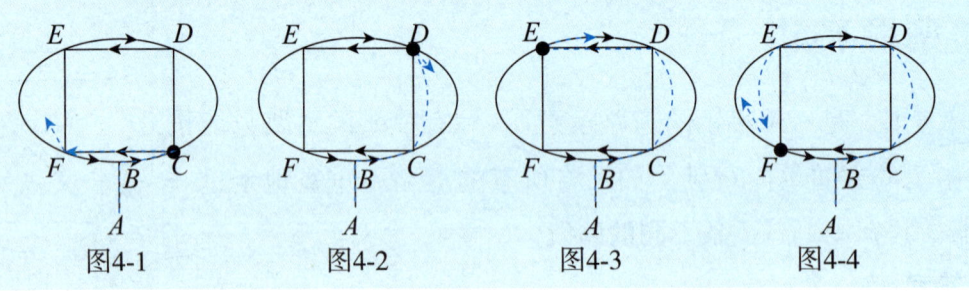

图4-1　　图4-2　　图4-3　　图4-4

针对性练习

练习 ❶ 如图 5 所示,如果要求一笔画出此图,那么共有_____种不同的画法。

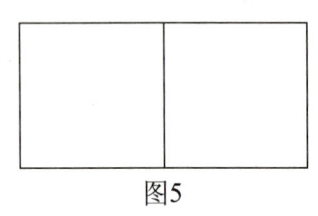

图5

练习 ❷　如图6所示,一笔画出这个图形,且带箭头的线段只能按箭头指示的方向画出,那么共有_____种不同的画法。

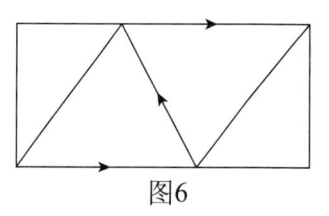

图6

练习 ❸　如图7所示,按照箭头指示的方向一笔画出这个图形,那么共有_____种不同的画法。

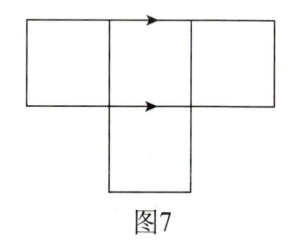

图7

练习 ❹　如图8所示,按照箭头指示的方向一笔画出这个图形,那么共有_____种不同的画法。

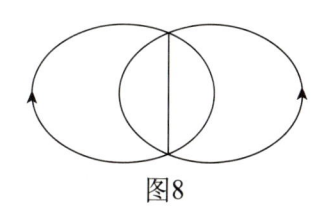

图8

练习参考答案

练习题号	练习1	练习2	练习3	练习4
参考答案	12	20	16	48
解答提示	基本练习	分类讨论	分类讨论	3×2×2×(3+1)

JSH-79 "暗箱"操作

神器内容	在计数相同的情况下,可以作为"暗箱"操作,整体考虑此部分的方法数。
要点说明	计数也可来分段,每段相同不用看。 作为暗箱来处理,各段得数再乘起。 一段一段连续做,简单轻松更快乐。

神器溯源

在计数过程中,当分段计数情况相同时,可以把每段作为"暗箱"进行计数,然后使用乘法原理相乘,可减少分类讨论情况。

例题精讲

例题1 如图1所示,从 A 点出发,一笔画出这个"五环图",那么共有_____种不同的画法。

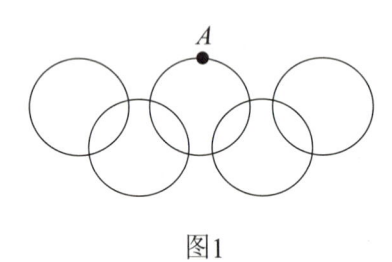

图1

答案: 2592

【解答】 (1)如图2所示,从 A 点出发并到 B 点结束的一笔画法共有 $3\times2=6$ 种。如图3所示,可以把两条虚线之间作为一个"暗箱",每个"暗箱"的画法共有 6 种,从 A 点到 B 点的一笔画法共有 $6\times6=36$ 种。

(2)如图4所示,可以分成 4 个暗箱,且每个"暗箱"画完后再进入下一个"暗箱"。所以,"五环图"的画法共有 $2\times6^4=2592$ 种不同的画法。

图2   图3   图4

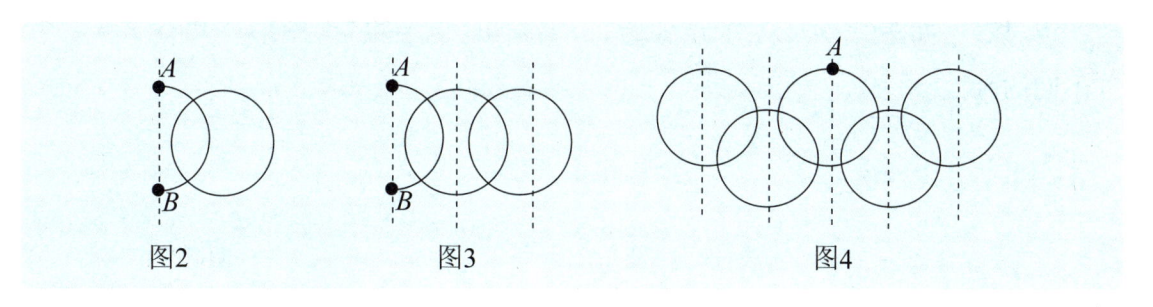

例题 2 如图 5 所示，用红、黄、蓝给图中的 10 个方格进行染色，每个方格使用一种颜色，且有公共边的方格不同色。共有_____种不同的染色方法。

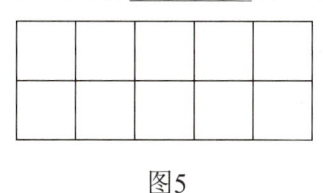

图5

答案：486

【**解答**】 (1)如图 6 所示，A 有 3 种染法，B 有 2 种染法。当 C 与 A 同色时，D 有 2 种染法；当 C 与 A 不同色时，D 有 1 种染法。所以，共有 $3 \times 2 \times (2+1) = 18$ 种不同的染法。

(2)如图 7 所示，可以把后面每列的染法作为一个"暗箱"进行染色。共有 $3 \times 2 \times 3^4 = 486$ 种不同的染法。

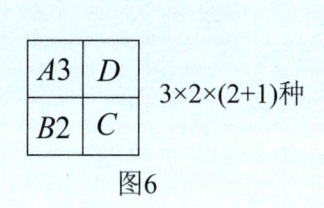

图6 $3 \times 2 \times (2+1)$ 种

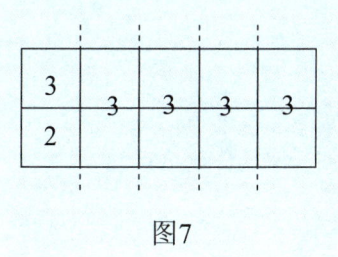

图7

针对性练习

练习 ❶ 如图 8 所示，一笔画出这个图形，那么共有_____种不同的画法。

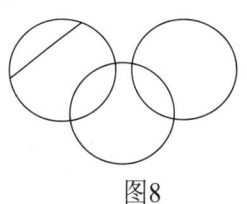

图8

练习❷ 如图9所示，从 A 点开始，一笔画出"毛毛虫"的图形。共有_____种不同的画法。

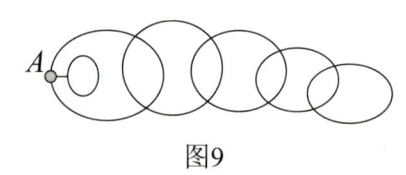

图9

练习❸ 如图 10 所示，用红、黄、蓝三种颜色给图中的 9 个方格进行染色，每个方格使用一种颜色，且有公共线段的方格不同色，那么共有_____种不同的染色方法。

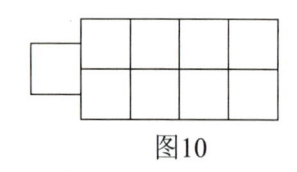

图10

练习❹ 如图 11 所示，用红、黄、蓝、绿四种颜色给图中的 10 个方格进行染色，每个方格使用一种颜色，且有公共线段的方格不同色，那么共有_____种不同的染色方法。

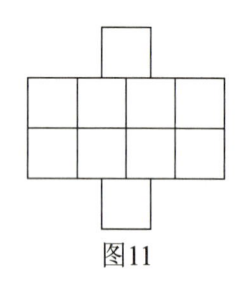

图11

练习参考答案

练习题号	练习1	练习2	练习3	练习4
参考答案	144	5184	162	16464
解答提示	2×2×6×6 分成两个暗箱	四个暗箱	一个环染，三个暗箱	一个环形，两个暗箱

· 306 ·

JSH-80 补齐或排除的多变一

神器内容	当一些情况在计数中出现的次数不相同时,可以都补成相同次数或先排除不同次数的情况,然后除以重复次数,从而得到多变一。
要点说明	计数问题要归一,次数一样要谨记。 多的可以先拿去,少的一定给补齐。 此种方法很常用,计数之中最流行。

神器溯源

在计数问题中,往往有些情况被多次统计,有的却一次也没有统计到。可以把多统计的次数用减法排除掉,把没有统计的进行补齐,都变成相同的次数,实现多变一。

例题精讲

例题 1-1 已知两个正整数 a,b,它们的最小公倍数是 90。如 $[2,90]$ 与 $[90,2]$ 仅是交换位置只算一组,那么这样的数组共有_____组。

答案:23

【解答】(1) $[a,b]=90=2\quad\quad\times 3^2\quad\quad\times 5$

$\quad\quad\quad a: 2^0\ 2^1 \quad\quad\quad 3^0\ 3^1\ 3^2 \quad\quad 5^0\ 5^1$

$\quad\quad\quad b: 2^0\ 2^1 \quad\quad\quad 3^0\ 3^1\ 3^2 \quad\quad 5^0\ 5^1$

$(2^2-1^2)\times(3^2-2^2)\times(2^2-1^2)=3\times 5\times 3=45$(组)。

(2) 当 $a=b=90$ 时,只有 1 组,其他两数可以交换位置算一组,所以共有 $\dfrac{45+1}{2}=23$(组)。

例题 1-2 已知三个正整数 a,b,c。若 $[a,b,c]=360$,且 a,b,c 无顺序之分,即 $[1,2,360]$ 与 $[1,360,2]$ 算同一组,那么这样的数组共有_____组。

答案:873

【解答】 (1)$[a,b,c]=360=2^3 \times 3^2 \times 5$

$a: 2^0\ 2^1\ 2^2\ 2^3 \qquad 3^0\ 3^1\ 3^2 \qquad 5^0\ 5^1$

$b: 2^0\ 2^1\ 2^2\ 2^3 \qquad 3^0\ 3^1\ 3^2 \qquad 5^0\ 5^1$

$c: 2^0\ 2^1\ 2^2\ 2^3 \qquad 3^0\ 3^1\ 3^2 \qquad 5^0\ 5^1$

$(4^3-3^3)\times(3^3-2^3)\times(2^3-1^3)=37\times19\times7=4921$(组)。

(2)仅两数相同的数组：$[a,a,b]=[a,b]=360=2^3\times3^2\times5$，共有 $\dfrac{(4^2-3^2)(3^2-2^2)(2^2-1^2)-1}{2}\times2=104$ 组。

(3)三数相同的数组,只有1组。

所以，两数相同的需要补3次，三数相同的需要5次，从而每组都是 A_3^3 次。

这样的数组共有 $\dfrac{4921+104\times3+1\times5}{A_3^3}=873$ 组。

或者把两数相同的去掉3次，三数相同的去掉1次，然后再加上这些情况，

得到 $\dfrac{4921-104\times3-1\times1}{A_3^3}+104+1=873$ 组。

例题2 一个长方形的体积为27000，每条棱都是整数，那么这样的长方体共有_____种不同的形状。（旋转、翻转相同算一种）

答案：171

【解答】 (1)设三条棱长分别为 a,b,c，则 $a\times b\times c=27000=2^3\times3^3\times5^3$。三数之积为27000的组合共计 $C_5^2\times C_5^2\times C_5^2=1000$ 种。

(2)仅有两条棱相同的情况：$a\times a\times b=a^2\times b=27000=2^3\times3^3\times5^3$。共有 $2\times2\times2-1=7$ 种。

(3)三条棱都相同的只有"30,30,30"这1种组合。

由于长方体旋转、翻转算一种，需要把 A_3^3 种变为1种。仅两条棱相同的情况需要增加 3 种，三条棱相同的增加 5 种。所以，不同形状的长方体共有 $\dfrac{1000+7\times3+1\times5}{A_3^3}=171$ 种，或者 $\dfrac{1000-7\times3-1\times1}{A_3^3}+7+1=171$ 种。

针对性练习

练习❶ 两个不同的正整数 $a,b(a>b)$,它们的最小公倍数是 60,这样的数组共有_____组。

练习❷ 三个自然数 $0<a\leqslant b\leqslant c$,且 $abc=240$,这样的数组共有_____组。

练习❸ 四个互不相同的自然数之积为 840,那么这四个数从小到大排列的数组共有_____组。

练习❹ 已知三个正整数 a,b,c。若 $[a,b,c]=180$,且 a,b,c 无顺序之分,即 $[1,2,180]$ 与 $[1,180,2]$ 算同一组,这样的数组共有_____组。

练习❺ 一个长方体的体积为 8000,每条棱长都是整数,那么这样的长方体共有_____种不同的形状。(旋转、翻转相同算一种)

练习参考答案

练习题号	练习1	练习2	练习3	练习4	练习5
参考答案	22	24	42	459	51
解答提示	$(5\times3\times3-1)\div2$	$(C_6^2\times C_4^1\times C_3^1+3\times3)\div A_3^3$	$(C_6^3\times4^3-22\times12-8)\div A_4^4$	两数相同或三数相同补齐	$(C_8^2\times C_5^2+7\times3+1\times5)\div A_3^3$

JSH-81　禁位排列★

神器内容	n 个不同元素排成一行后,再次打乱这些元素重新排列,其中有 $m(m \leqslant n)$ 个元素与原来位置不同。这样的排列叫作禁位排列,记为 E_n^m。 $E_n^m = C_m^0 n! - C_m^1(n-1)! + C_m^2(n-2)! - \cdots + (-1)^m C_m^m(n-m)!$。
要点说明	有些元素真捣乱,就是不想原位站。 先是忽略这条件,容斥排除算一算。 全部元素要禁位,错位数列能做对。 禁位排列公式难,掌握方法是要点。

神器溯源

禁位排列公式的推导。

n 个不同元素全排列为 $n!$;

减去 m 个禁位元素中的 1 个元素位置排对的情况,则有 $C_m^1(n-1)!$;

加上 m 个禁位元素中的 2 个元素位置排对的情况,则有 $C_m^2(n-2)!$;

减去 m 个禁位元素中的 3 个元素位置排对的情况,则有 $C_m^3(n-3)!$;

加上 m 个禁位元素中的 4 个元素位置排对的情况,则有 $C_m^4(n-4)!$;

……

加上(m 为偶数)或减去(m 为奇数)m 个禁位元素中的 m 个元素位置全排对的情况,则有 $C_m^m(n-m)!$。

又知 $C_m^0 = 1$,得到禁位排列数为

$E_n^m = C_m^0 n! - C_m^1(n-1)! + C_m^2(n-2)! - \cdots + (-1)^m C_m^m(n-m)!$。

禁位排列与错位排列既有区别又有联系。当 n 个不同元素全部禁位,就是全部错位排列。当 m 个元素禁位排列,$m < n$,那么余下的 $(n-m)$ 个元素位置排对、排错都可以;当 m 个元素错位排列,$m < n$,那么余下的 $(n-m)$ 个元素位置必须是排对的。

例题精讲

例题 1-1 七个人站成一排，其中的甲不站在排头，同时乙不站在排尾，那么共有_____种排列方法。

答案：3720

【解答】 甲在第 1 个位置禁位，乙在第 7 个位置禁位。共有
$$E_7^2 = C_2^0 \times 7! - C_2^1 \times 6! + C_2^2 \times 5!$$
$$= 5040 - 1440 + 120$$
$$= 3720$$

例题 1-2 把数字 1~8 这八个数字各一个排成八位数，从左至右的数位依次为第 1 位、第 2 位、第 3 位……第 8 位。如果 n 排在第 n 位，则称这个数字排对位置了，否则称这个数字排错位置了，那么恰有 4 个数字排对位置的八位数共有_____个。

答案：630

【解法一】 四个排对的数字组合有 C_8^4 种，另外四个数字禁位，形成四个数字的错位排列，有 9 种。所以，共有 $C_8^4 \times 9 = 630$ 个符合条件的八位数。

【解法二】 $C_8^4 \times E_4^4 = C_8^4 \times (C_4^0 \times 4! - C_4^1 \times 3! + C_4^2 \times 2! - C_4^3 \times 1! + C_4^4 \times 0!) = 70 \times 9 = 630$。

例题 2-1 一个公司准备从 6 名员工中来安排 10 月 1 日—5 日的假期值班。每人最多值班一天，每天一人值班，且员工甲不在 10 月 1 日值班，乙不在 10 月 2 日值班，那么共有_____种安排值班方法。

答案：504

【解法一】 (1)若甲不值班，则五人中乙禁位 2 号，则有 $C_4^1 \times 4! = 96$ 种方法。

(2)同理，若乙不值班，则五人中甲禁位 1 号，也有 $C_4^1 \times 4! = 96$ 种方法。

(3)若甲、乙都值班，则甲禁位 1 号，乙禁位 2 号，同时需要从其他 4 人选 3 人值班，则有 $C_4^3 \times (5! - C_2^1 \times 4! + C_2^2 \times 3!) = 312$ 种方法。

所以共有 $96 \times 2 + 312 = 504$ 种安排值班方法。

【解法二】 $E_6^2 = C_2^0 \times 6! - C_2^1 \times 5! + C_2^2 \times 4! = 720 - 240 + 24 = 504$。

例题 2-2 如图 1 所示,把五个相同的球放到空白方格内,每个方格最多放一个,且每行、每列各一个,那么共有_____种不同的放法。

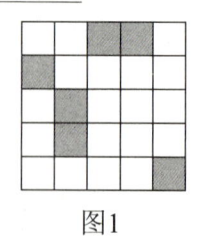

图1

答案: 34

【解答】 对第一行放球的位置进行讨论。

如图 2 所示,有 $E_3^1 + E_3^0 = (3! - 2!) + A_3^3 = 10$ 种;如图 3 所示,有 $E_4^2 = 4! - C_2^1 \times 3! + C_2^2 \times 2! = 14$ 种;如图 4 所示,有 $E_3^0 + E_3^1 = 3! + (3! - 2!) = 10$ 种。共有 10 + 14 + 10 = 34 种不同的放法。

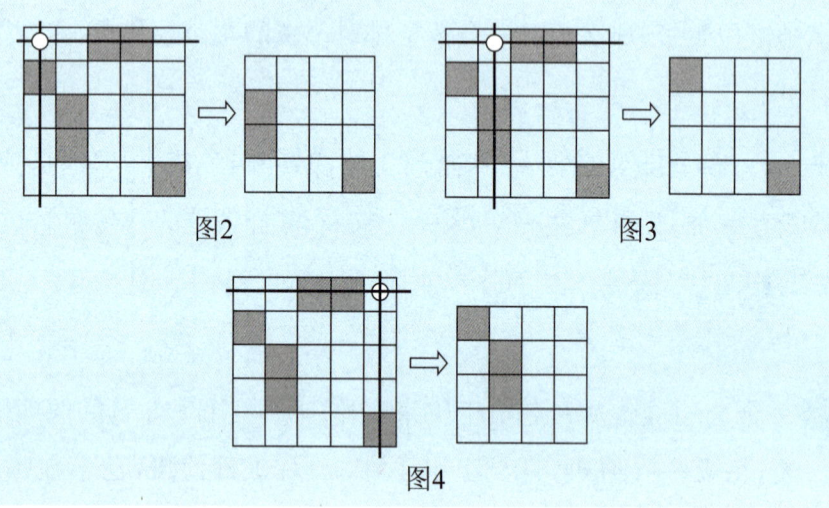

图2

图3

图4

针对性练习

练习 ❶ 由数字 1~5 各一个组成五位数,1 不在个位,2 不在十位,3 不在百位,那么这样五位数共有_____个。

练习 ❷ 由数字 1,2,3,5,7 组成的、没有重复数字的五位数中,小于 60000 的奇数共有_____个。

练习 ❸ 某公司 6 位中层领导进行分工,每人负责一个部门,其中甲不搞宣传也不做财务,乙不做人事,那么共有_____种分工方法。

练习 ❹ 某校对五年级的五个班级的数学老师进行调换,一定变动五(1)班、五(2)班、五(3)班的数学老师,那么共有_____种调换方法。

练习 ❺ 在旋转的木马上坐着6位小朋友。一曲结束后,调换小朋友的位置,结果发现只有一位小朋友的前面仍是原来的小朋友,那么共有_____种换位方法。(旋转盘上只有6匹不同的木马座位。)

练习 ❻ 某公司准备安排6名员工10月1日—5日进行假期值班。每人最多值班一天,每天一人值班,且员工甲不在1日和2日值班,员工乙不在2日和3日值班,那么共有_____种安排值班方法。

练习 ❼ 如图5所示,把五个相同的球放到空白方格内,每个方格最多放一个,且每行、每列各一个,那么共有_____种不同的放法。

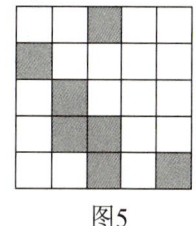

图5

练习 ❽ 四个国家各选派2名乒乓球裁判员,去执行四个场地的乒乓球裁判工作。如果同一个场地的2名裁判员不能来自同一个国家,那么共有_____种不同的裁判员安排方法。(分主、副裁判)

练习参考答案

练习题号	练习1	练习2	练习3	练习4	练习5
参考答案	64	78	408	64	288
解答提示	$5!-C_3^1\times 4!+C_3^2\times 3!-C_3^3\times 2!$	$5!-C_2^1\times 4!+C_2^2\times 3!$	$6!-3\times 5!+2\times 4!$	$5!-C_3^1\times 4!+C_3^2\times 3!-C_3^3\times 2!$	$C_6^1\times C_6^1\times 8$
练习题号	练习6	练习7	练习8		
参考答案	312	21	4272		
解答提示	$6!-C_2^1\times C_2^1\times 5!+(2^2-1)\times 4!$	按第3列分类	$4!\times 9\times 2^4+12\times 14\times 2^2+6\times 24$		

313

JSH-82 调整保障法

神器内容	先让一部分元素自由排列,通过后面一个或两个元素调整,来保障满足附加条件。
要点说明	多个元素随意排,一个两个留下来。 你们排好我保障,附加条件不能忘。 调整保障要对应,功成名就隐花丛。

神器溯源

当计数分步进行,采用乘法原理计数,还要满足一些额外附加条件时。前面几个元素可以互不影响,自由排列。通过后面一个或两个元素调整来满足额外附加的条件。

例题精讲

例题 1-1 从数字 1,2,3,4,5,6,7 中挑选几个数字,所选数字的和是 4 的倍数有_____种。

答案:31

【解答】 数字 3,4,5,6,7 自由选取,可以取,也可以不取,相互独立,共有 $2\times 2\times 2\times 2\times 2=32$ 种选择方法。

下面用数字 1 和 2 来调整,满足数字和是 4 的倍数这个条件。

如果所选数字之和模 4 余 0,则 1 和 2 都不被挑选;(都不选情况排除 1 种)

如果所选数字之和模 4 余 1,则 1 和 2 都被挑选;

如果所选数字之和模 4 余 2,则 2 被挑选;

如果所选数字之和模 4 余 3,则 1 被挑选。

所以挑选数字的方法共有 32-1=31 种。

例题 1-2 各数位上的数字和不大于 11 的四位数共有_____个。

答案:993

【解答】 (1)为了保证各数位上的数字和不大于11,增加一位来调整,如图1所示。

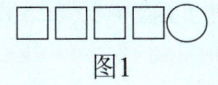

图1

(2)下面采用隔板法,先在首位上放上一个"1",再在剩下的10个"1"之间插入4个隔板,且隔板可以相邻,就成为10个"1"与4个隔板的混排问题,如图2所示,共有 $C_{10+4}^4 = \dfrac{14 \times 13 \times 12 \times 11}{4 \times 3 \times 2 \times 1} = 1001$ 个。

① 1 | 1 | 1 1 1 1 | 1 1 1 ⇒ 21413 ⇒ 2141

图2

(3)排除每个数位上为10或11的情况。首位数为10的四位数有(10)000,(10)100,(10)010,(10)001,共4个;首位数为11的有1个;其他数位上是10的情况有3个。共有4+1+3=8个。

所以共有1001-8=993个各数位上的数字和不大于11的四位数。

例题2 如图3所示,平面上有六个点A,B,C,D,E,F,任意两点之间要么连一条线段,要么不连线段。如果每个顶点都连奇数条线段,共有_____种不同的连线方法。

图3

答案:1024

【解答】 (1)为了保证每个点连出的线段有奇数条,留下点F来调整线段条数的奇偶性。在A,B,C,D,E中可以连$C_5^2=10$条线段,且每条线段要么连上,要么不连,各有2种情况,故有$2^{10}=1024$种连线方法。

(2)如果某个点已经连奇数条线段,则此点就不与F连线;如果某个点已经连偶数条,则此点就与F连线。这样A,B,C,D,E连出奇数条线段,其和也是奇数条线段。又知,连一条线段,在从点计数线段条数时,被统计了2次,如图4所示,所以,从点出发,连出偶数条线段(也就是握手定理),从而F点也是连奇数条线段。

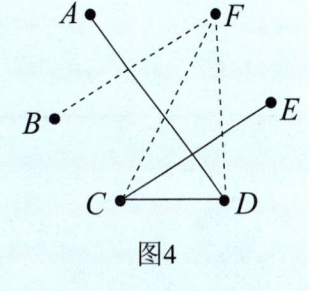

图4

这样每个点都是连奇数条线段,共有1024种不同的连法。

针对性练习

练习❶ 不含数字 0,各数位上的数字和为 3 的倍数的四位数共有_____个。

练习❷ 不含数字 3,且各数位上的数字和为 3 的倍数,小于 60000 的五位数共有_____个。

练习❸ 各数位上的数字和不大于 8 的四位数共有_____个。

练习❹ 不含数字 0,且各数位上的数字和不大于 8 的四位数共有_____个。

练习❺ 平面上五个点,任意两点都可以连线段。如果每个点连出的线段都有偶数条,那么共有_____种不同的连线方法。

练习❻ 如图 5 所示,在每个方框内填入一个数字,使得加法竖式成立,共有_____种不同的填法。

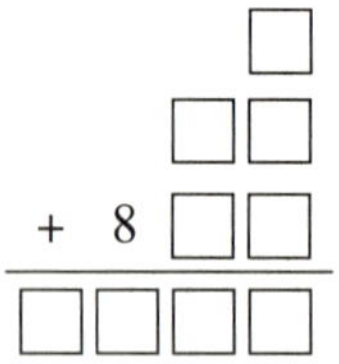

图5

练习参考答案

练习题号	练习1	练习2	练习3	练习4	练习5	练习6
参考答案	2187	8748	330	70	64	120
解答提示	首位数字调整	末位数字调整 $4 \times 9 \times 9 \times 9 \times 3$	C_{8-1+4}^{4}	C_{8+1-1}^{4}	留出一个点调整,有 2^6 种连线	C_{7+3}^{3}

JSH-83　古典概率

神器内容	在古典概率中，基本事件总数有 n 种，其中事件 A 发生的基本事件有 m 种，则事件 A 发生的概率为 $P(A)=\dfrac{m}{n}$。
要点说明	事件把握有多大？总体情况算出它。 所求事件咋发生，基本事件要算清。 总体事件放分母，两者一定来相除。 古典概率如此算，真是简单又方便。

神器溯源

有一门为了分析赌博的收益大小发展起来的数学分支，它就是概率论。

现在，概率论已经普遍运用到医学、经济、金融、航天等领域；在生活中也有概率的运用，每天的天气预报，大家能看到降水概率；乘坐飞机，能看到飞机晚点概率等。

概率是指一件事情 A 的发生的可能性大小，用 $P(A)$ 表示。如果事件 A 一定会发生，则 $P(A)=1$，或者说事件 A 发生的概率是 100%；如果事件 A 一定不会发生，则 $P(A)=0$，或者说事件 A 发生的概率是 0%。可见 $0 \leqslant P(A) \leqslant 1$。

概率主要有古典概率、几何概率、条件概率、独立重复试验概率等类型。

古典概率又称古典概型，具备两个条件：

(1) 整个事件中的基本事件只有有限个，设为 n 个。

(2) 每个基本事件发生的可能性相同。

在古典概率中，整个事件中的基本事件有 n 个，事件 A 发生的基本事件有 m 种，则事件 A 发生的概率为 $P(A)=\dfrac{m}{n}$。

例题精讲

例题 1-1 六个人排成一排，甲、乙紧挨在一起，丙不站在两端的概率为_____。

答案：$\dfrac{1}{5}$

【解答】 事件 $A=\{$甲、乙紧挨在一起,丙不站在两端$\}$,共有 $A_4^4 \times C_3^1 \times A_2^2 = 144$ 种排法,则 $P(A) = \dfrac{144}{A_6^6} = \dfrac{1}{5}$。

例题 1-2 从 4 名男生、6 名女生中选出 2 人去参加一次活动,那么抽到 1 男 1 女的概率为_____。

答案:$\dfrac{8}{15}$

【解答】 抽到 1 男 1 女的概率为 $\dfrac{C_4^1 \times C_6^1}{C_{10}^2} = \dfrac{24}{45} = \dfrac{8}{15}$。

例题 2-1 袋子里有大小相同的 4 个红球和 5 个蓝球。现在从袋子里随机取球,一次性取出 3 个球,那么两种颜色球都被取到的概率为_____。

答案:$\dfrac{5}{6}$

【解答】 (1)取到的三个球可以 2 红 1 蓝或者 1 红 2 蓝,其组合情况有 $C_4^2 \times C_5^1 + C_4^1 \times C_5^2 = 30 + 40 = 70$ 种。

(2)P(两种颜色都被取到)$= \dfrac{70}{C_9^3} = \dfrac{5}{6}$。

例题 2-2 如图 1 所示,这是一张街道图,每条线段代表长度相等的街道。小明从 A 点出发,任选一条最短路线到 B 点,同时小丽从 B 点出发,也任选一条最短路线到 A 点。小明每分钟走 36 米,小丽每分钟走 48 米,那么两人在途中相遇的概率为_____。

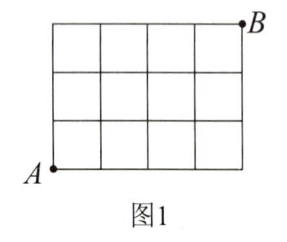

答案:$\dfrac{97}{245}$

【解答】 (1)如图 2 所示,A 点和 B 点之间的最短路程为 7 条线段,而小明与小丽的速度比为 $36:48=3:4$,那么两人相遇的点可能是 C,D,E,F 四点。

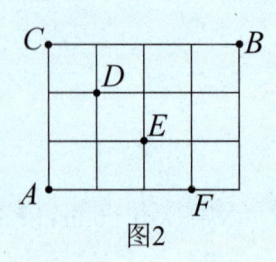

（2）两人同时经过 C,D,E,F 四点的走法有 $(1\times1)^2+(C_3^1\times C_4^1)^2+(C_3^1\times C_4^2)^2+(1\times C_4^1)^2=485$ 种，两人走最短路线的搭配共有 $(C_7^3)^2=1225$ 种。

所以，P（两人途中相遇）$=\dfrac{485}{1225}=\dfrac{97}{245}$。

针对性练习

练习❶ 任意写一个三位数，其各数位上的数字和为 6 的可能性为_____。

练习❷ 如图 3 所示，一枚骰子，连续投掷两次，得到向上面的点数差 1 的概率为_____。

图3

练习❸ 有 4 张标有 1,2,3,4 的红色卡片和 4 张标有 1,2,3,4 的蓝色卡片，从中任意取出 4 张，其数字和为 10 的概率为_____。

练习❹ 有 10 粒种子，其中有 3 粒南瓜种子。从中一次抽取 4 粒种子，那么至少有 2 粒南瓜种子的概率为_____。

练习❺ 甲、乙、丙、丁四人各有一个包裹要取，每人任意拿一个包装相同的包裹，结果四个人都拿错可能性为_____。

练习 6 如图4所示,有6根铁丝被报纸从中间捆住,不知道铁丝的头和尾是怎么对应的。现在把上端的头两两系在一起,下端的尾也两两系在一起,打开后形成六边形形状,那么发生此种情况的概率为_____。

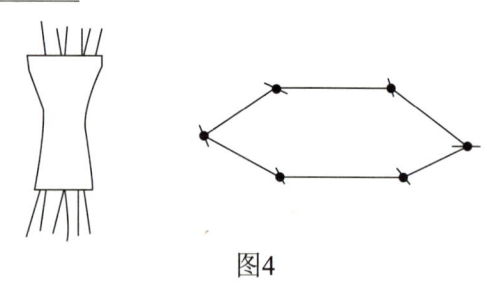

图4

练习 7 从1~15中选出两个不同的自然数,选出的两个自然数不互质的概率为_____。

练习参考答案

练习题号	练习1	练习2	练习3	练习4
参考答案	$\dfrac{7}{300}$	$\dfrac{5}{18}$	$\dfrac{9}{35}$	$\dfrac{1}{3}$
解答提示	各数位上的数字和为6的三位数有 C_7^2 个	枚举相差为1的点数	$\dfrac{2+2^4}{C_8^4}$	$\dfrac{C_3^2 \times C_7^2 + C_3^3 \times C_7^1}{C_{10}^4}$
练习题号	练习5	练习6	练习7	
参考答案	$\dfrac{3}{8}$	$\dfrac{8}{15}$	$\dfrac{34}{105}$	
解答提示	$\dfrac{9}{A_4^4}$	$\dfrac{C_4^1 \times C_2^1}{5 \times 3 \times 1}$	$\dfrac{34}{C_{15}^2}$	

JSH-84　几何概率

神器内容	设 C 为一个几何图形区域,在相同的条件下,每一个点出现在这个区域的可能性相同。已知 D 为 C 的一个子区域,事件 A 是指每个点落在 D 区域中,则 $P(A)=\dfrac{D\text{ 的长度(面积、体积)}}{C\text{ 的长度(面积、体积)}}$。
要点说明	周长比,面积比,几何概率很清晰。 面积之比最常用,这种概率好轻松。

神器溯源

几何概率是用几何方法求得的概率,既可以是周长比,也可以是面积比、体积之比等。几何概率中的随机实验所有可能的结果是无限的,并且每个基本结果发生的概率是相同的。总的几何量为 C,随机事件 A 发生对应的几何量为 D,那么该随机事件 A 发生的概率为 $P(A)=\dfrac{D}{C}$。

例题精讲

例题 1-1 如图 1 所示,向边长为 40 厘米的正方形区域扔黄豆 200 粒,等可能地落在正方形内的任何地方。如果区域 A 中落入 90 粒,那么区域 A 的面积约为 _____ 平方厘米。

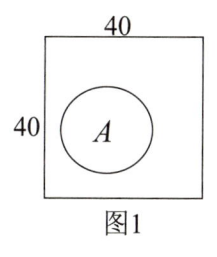

图1

答案:720

【解答】 根据几何概率求法,得到区域 A 的面积约为 $40\times 40\times\dfrac{90}{200}=720$ 平方厘米。

例题 1-2 如图 2 所示,在长为 10 cm,宽为 6 cm 的矩形内画出一个梯形,梯形的上底为 3 cm,下底为 5 cm。现在向该矩形区域内随机撒一粒芝麻,那么芝麻落在梯形内部的概率为_____。

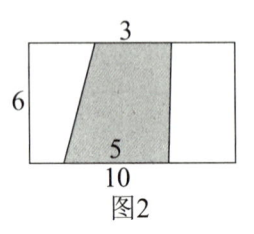

图2

答案:$\dfrac{2}{5}$

【解答】 利用几何概率,求得芝麻落在梯形内部的概率为 $P(A)=\dfrac{S_{梯形}}{S_{矩形}}=\dfrac{\dfrac{1}{2}(3+5)\times 6}{10\times 6}=\dfrac{2}{5}$。

例题 2-1 半径为 10 厘米的圆周上有一点 A,随意在圆周上选取一点 B,那么弦 AB 长不大于 10 厘米的概率为_____。

答案:$\dfrac{1}{3}$

【解答】 如图 3 所示,当弦 $AB=10$ 厘米时,$\angle AOB=60°$,同时 B 也可以在 A 的另一侧,得到弦长不大于 10 厘米的概率为 $2\times\dfrac{60°}{360°}=\dfrac{1}{3}$。

图3

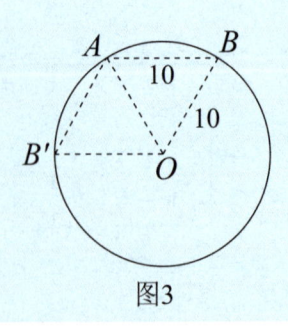

例题 2-2 如图 4 所示,从长为 5 厘米、宽为 4 厘米、高为 3 厘米的长方体内区任取一点,那么该点来自三棱锥 A-BCD 的可能性为_____。

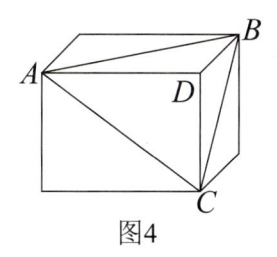

图4

答案：$\dfrac{1}{6}$

【解答】 如图 4 所示,长方体的体积为 $5\times 4\times 3=60$ 立方厘米,三棱锥 A-BCD 的体积为 $\dfrac{1}{2}\times 5\times 4\times 3\times \dfrac{1}{3}=10$ 立方厘米,那么长方体内任取一点,来自三棱锥 A-BCD 的概率为 $\dfrac{10}{60}=\dfrac{1}{6}$。

例题 2-3 一对恋人闹矛盾了,两人都感到很伤心。于是两个人各自决定在下午去第一次约会点走一走,散散心。两个人各自在 6 时到 8 时之间某一时刻到达,每个人在约会点停留 30 分钟。如果两个人在约会点碰面,他们就会相互道歉,然后和好,那么两个人和好的概率是_____。

答案：$\dfrac{7}{16}$

【解答】 设男人 6 时 x 分到达,女人 6 时 y 分到达,则 $0\leqslant x\leqslant 120$, $0\leqslant y\leqslant 120$, $x-y\leqslant 30$ 或 $y-x\leqslant 30$。如图 5 所示,两人的时间范围是边长为 120 的正方形,而两人能遇到的时间范围是阴影区域。根据几何概率算法,可以得到两人和好的概率为 $\dfrac{120\times 120-90\times 90}{120\times 120}=\dfrac{7}{16}$。

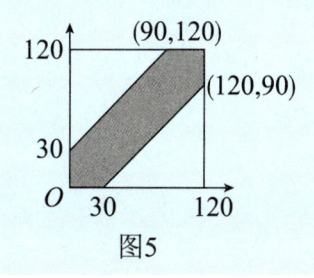

图5

针对性练习

练习 ❶　如图 6 所示,向长为 40 厘米、宽为 30 厘米的长方形区域扔黄豆 100 粒,等可能地落在长方形内的任何地方。如果区域 A 中落入 35 粒,那么区域 A 的面积约为_____平方厘米。

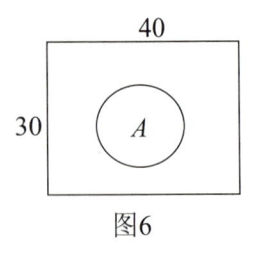

图6

练习 ❷　半径为 6 厘米的圆周上有一点 A,随意在圆周上选取一点 B,那么弧 AB 长不大于 6.28 厘米的概率为_____。(π 取 3.14)

练习 ❸　如图 7 所示,一个半径为 30 厘米的圆内有一个面积为 314 平方厘米的阴影区域。任意向圆内投入一个钢珠,那么钢珠落入阴影区域的概率为_____。(π 取 3.14)

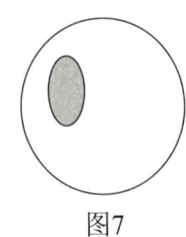

图7

练习 ❹　图 8 是一个飞镖圆盘,小圆的半径等于大圆半径的一半,小圆被等分成八个扇形,那么投掷一次飞镖,中靶且恰好投中阴影部分的概率为_____。

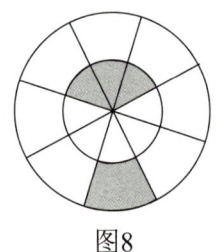

图8

练习❺ 如图9所示,矩形长为6,宽为5,在矩形内随机撒下400粒芝麻,数得落在阴影区域部分的芝麻粒为224粒。由此可以估计出阴影部分的面积约为_____。（结果精确到个位）

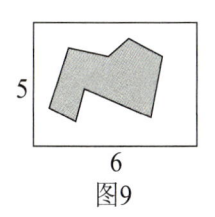

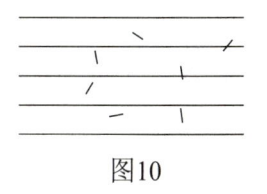

图9

练习❻ 18世纪,法国数学家蒲丰进行了"投针试验"。如图10所示,把一根长度等于平行线间距一半的针投向一组平行线,计算针与平行线的相交发生的概率。他得到的结果令人惊奇,居然概率为$\frac{1}{\pi}$。如果投62根这样的钢针,那么根据这个概率,钢针与平行线不相交的大约有_____根。（π取3.14,结果保留2位有效数字）

图10

练习❼ 把一根长20厘米的铁丝,随意截成三段,这三段能拼成三角形的概率为_____。

练习参考答案

练习题号	练习1	练习2	练习3	练习4	练习5
参考答案	420	$\frac{1}{3}$	$\frac{1}{9}$	$\frac{3}{16}$	17
解答提示	$40\times30\times\frac{35}{100}$	$\frac{6.28\times2}{2\times3.14\times6}$	$\frac{314}{3.14\times30^2}$	$\frac{6}{4\times8}$	$5\times6\times\frac{224}{400}$

练习题号	练习6	练习7
参考答案	42	0.25
解答提示	$62\left(1-\frac{1}{\pi}\right)$	画出规划图

JSH-85　条件概率★

神器内容	设 A,B 是两个独立事件,在事件 A 发生的情况下,事件 B 发生的概率叫条件概率,其概率为 $P(B|A)=\dfrac{P(AB)}{P(A)}$。
要点说明	两个事件来相容,一个发生另发生。 条件概率怎么算？首先分母是条件。 分子到底啥事件,同时发生不能变。

神器溯源

一般来说,事件 A 和事件 B 都是同一实验下的不同的结果。如果事件 A 与事件 B 互斥,则在 A 发生的情况下,事件 B 发生的概率为 0;如果事件 A 与事件 B 相容,在事件 A 发生的情况下,事件 B 发生的概率就是条件概率。条件概率的求法,是事件 A 和 B 同时发生的概率除以事件 A 发生的概率得到的商,记作 $P(B|A)=\dfrac{P(AB)}{P(A)}$。

例如:投掷一枚骰子,事件 A 得到的点数 $2\sim 5$,事件 B 得到的点数为 $1\sim 3$。

得到 $P(B)=\dfrac{3}{6}=\dfrac{1}{2}$,$P(A)=\dfrac{4}{6}=\dfrac{2}{3}$,$P(AB)=\dfrac{2}{3}\times\dfrac{1}{2}=\dfrac{1}{3}$,$P(B|A)=\dfrac{\frac{1}{3}}{\frac{2}{3}}=\dfrac{1}{2}$。

例题精讲

例题 1-1 小明一家打算明天去野营,查了一下天气预报,下雨的概率为 $\dfrac{1}{2}$。提前预定的帐篷明天能够送到的概率为 $\dfrac{2}{3}$,如果没有帐篷就会淋雨,那么小明家明天野营被淋雨的概率为_____。

答案:$\dfrac{1}{3}$

【解答】 野营被淋雨是在没有帐篷且下雨的情况下发生的。

$P(没有帐篷)=1-\dfrac{2}{3}=\dfrac{1}{3}$；

$P(明天下雨)=\dfrac{1}{2}$；

$P(明天下雨又没有帐篷)=\dfrac{1}{2}\times\dfrac{1}{3}=\dfrac{1}{6}$。

$P(没有帐篷|明天下雨)=\dfrac{\dfrac{1}{6}}{\dfrac{1}{2}}=\dfrac{1}{3}$。

例题 1-2 老师写出一个数学题目，甲答对的概率为 0.4，乙答对的概率为 0.5。现在由甲先答题，如果甲答错，再由乙答题，那么这个题目由乙答对的概率为_____。

答案：0.3

【解答】 甲错且乙对的概率为 $(1-0.4)\times 0.5=0.3$。

例题 2-1 把 6 个相同的红球和 4 个相同的白球放到一个袋子里，每次不放回地摸取 1 个球，那么在第一次摸到红球的情况下，第二次还能摸到红球的概率为_____。

答案：$\dfrac{5}{9}$

【解答】 第一次摸到红球的概率为 $\dfrac{6}{10}=\dfrac{3}{5}$，前两次都摸到红球的概率 $\dfrac{C_6^2}{C_{10}^2}=\dfrac{1}{3}$，那么第一次摸到红球的情况下，第二次还能摸到红球的概率为 $\dfrac{\dfrac{1}{3}}{\dfrac{3}{5}}=\dfrac{5}{9}$。

例题 2-2 五名员工 A、B、C、D、E 抓阄决定其中两人假期值班。他们先在五张纸上分别写下 1,1,2,2,2，然后做成五个阄，约定抓到 1 的员工值班。抓阄的顺序依次是 A、B、C、D、E，那么 D 假期值班的概率为_____。

答案：$\dfrac{2}{5}$

【解答】 (1)对于A,从1,1,2,2,2中抓出一个阄,抓到每个阄的概率都相同,且共有5种情况,所以A能抓到"1"的概率就是$P(A)=\frac{2}{5}$。

(2)对于B,若A未抓到"1",则B抓到"1"的概率$P(B|\overline{A})=\frac{3}{5}\times\frac{2}{4}=\frac{3}{10}$;若A抓到"1",则B抓到"1"的概率$P(B|A)=\frac{2}{5}\times\frac{1}{4}=\frac{1}{10}$。所以B抓到"1"的概率为$\frac{3}{10}+\frac{1}{10}=\frac{2}{5}$。

(3)对于C,抓到"1"的概率为$P(C|\overline{AB})=\frac{3}{5}\times\frac{2}{4}\times\frac{2}{3}+C_2^1\times\frac{2}{5}\times\frac{3}{4}\times\frac{1}{3}=\frac{1}{5}+\frac{1}{5}=\frac{2}{5}$。

(4)对于D,抓到"1"的概率为$P(D|\overline{ABC})=\frac{3}{5}\times\frac{2}{4}\times\frac{1}{3}\times\frac{2}{2}+C_3^1\times\frac{2}{5}\times\frac{3}{4}\times\frac{2}{3}\times\frac{1}{2}=\frac{1}{10}+\frac{3}{10}=\frac{2}{5}$。

针对性练习

练习❶ 帅哥小明的妈妈怀了第二胎,那么他妈妈能为他生个妹妹的可能性为_____。

练习❷ 老师提出一个数学题目,甲答对的概率为0.6,乙答对的概率为0.3。现在由甲先答题,如果甲答错,再由乙答题,那么这个问题由乙答对的概率为_____。

练习❸ 6个相同的红球和4个相同的白球放到一个袋子里,每次不放回地摸取1个球,那么在第一次摸到白球的情况下,第二次还能摸到白球的概率为_____。

328

练习❹ 四名学生 A、B、C、D 抓阄决定谁把书包送到教室去。他们先在四张纸上分别写下 0,1,1,1,然后做成四个阄,约定抓到 0 的学生送书包。抓阄的顺序依次是 A、B、C、D,那么 C 送书包的概率为_____。

练习❺ 投掷一枚骰子两次,在第一次出现偶数点的情况下,第二次还是偶数点的概率为_____。

练习❻ 6 个相同的红球和 4 个相同的白球放到一个袋子里,每次不放回地摸取 1 个球,那么前两次摸到白球的情况下,第三次摸到红球的概率为_____。

练习❼ 100 件产品中有 5 件次品,不放回地抽取两次,每次抽 1 件,那么第一次抽出的是次品时,第二次抽出的正品的概率为_____。

练习参考答案

练习题号	练习1	练习2	练习3	练习4	练习5
参考答案	$\dfrac{2}{3}$	0.12	$\dfrac{1}{3}$	$\dfrac{1}{4}$	$\dfrac{1}{2}$
解答提示	$\dfrac{1}{2} \div \dfrac{3}{4}$	$(1-0.6) \times 0.3$	$\dfrac{C_4^2}{C_{10}^2} \div \dfrac{4}{10}$	$\dfrac{3}{4} \times \dfrac{2}{3} \times \dfrac{1}{2}$	$\left(\dfrac{1}{2} \times \dfrac{1}{2}\right) \div \dfrac{1}{2}$

练习题号	练习6	练习7
参考答案	$\dfrac{3}{4}$	$\dfrac{95}{99}$
解答提示	$\dfrac{A_4^2 \times A_6^1}{A_{10}^3} \div \dfrac{A_4^2}{A_{10}^2}$	$\dfrac{A_5^1 \times A_{95}^1}{A_{100}^2} \div \dfrac{A_5^1}{A_{100}^1}$

JSH-86　独立重复试验★

神器内容	独立重复试验,每次事件 A 发生的概率为 $P(A)=p$,则独立重复做 n 次试验,事件 A 发生 k 次的概率为 $P(A)=C_n^k p^k (1-p)^{n-k}$,其中 $0 \leqslant k \leqslant n$。
要点说明	独立重复来试验,这种概率怎么算? 重复试验共 n 次,发生 k 次咋回事? 根据组合来计算,公式推导不用看。

神器溯源

独立重复试验,又称贝努利试验,是在同样条件下重复地、独立地进行的一种随机试验。每次试验的结果不会受到其他试验结果的影响,事件之间是相互独立的。对于某个事件,每次试验只有两个结果,要么发生,要么不发生。常见的有连续投掷硬币,连续射击等问题。

独立重复地进行某种试验,每次事件 A 发生的概率为 $P(A)=p$,则独立重复做 n 次试验,事件 A 发生 k 次的概率为 $P(A)=C_n^k p^k (1-p)^{n-k}$,其中 $0 \leqslant k \leqslant n$。

公式推导如下:

若 n 表示独立重复试验 n 次,事件 A 发生的次数 k 的取值为 $0,1,2,3,\cdots,n$。

在 n 次试验中,事件 A 有 k 次发生,有 $(n-k)$ 次不发生。

$$\underbrace{AA\cdots A}_{k \text{次}} \underbrace{\overline{A}\overline{A}\cdots \overline{A}}_{(n-k) \text{次}}$$

到底是哪 k 次发生,哪 $(n-k)$ 次不发生?就是 k 个重复对象与另外 $(n-k)$ 个重复对象的排列,有 C_n^k 种。对于每种情况,都是互斥的独立的 n 次事件,事件同时发生的概率为 $P(AB)=P(A) \times P(B)$,从而得到概率为 $p^k (1-p)^{n-k}$。整体 n 次独立重复试验,发生 k 次的概率就是 $P(A)=C_n^k p^k (1-p)^{n-k}$。

例题精讲

例题 1-1 连续投掷一枚硬币 10 次,3 次正面向上的概率为_____。

答案:$\dfrac{15}{128}$

【解答】 每次投掷硬币独立,互不影响,符合独立重复试验条件,每次正面向上的概率为 $\dfrac{1}{2}$,每次背面向上的概率也为 $1-\dfrac{1}{2}=\dfrac{1}{2}$,那么 3 次正面向上的概率为 $C_{10}^{3} \times \left(\dfrac{1}{2}\right)^{3} \times \left(\dfrac{1}{2}\right)^{7} = \dfrac{120}{1024} = \dfrac{15}{128}$。

例题 1-2 某战士练习打靶,每次命中率为 0.6,那么连续射击 5 次,有 2 次脱靶的概率为_____。

答案:0.3456

【解答】 每次打靶独立,互不影响,要么命中概率为 0.6,要么脱靶概率为 0.4,那么 2 次脱靶的概率为 $C_{5}^{2} \times 0.4^{2} \times 0.6^{3} = 0.3456$。

例题 2-1 一个恐怖分子持枪劫持一位人质,危急时刻公安部门决定派出甲、乙、丙三位狙击手对恐怖分子进行射击。已知甲、乙、丙的命中率分别为 0.8,0.8,0.7。如果三人同时射击,那么恐怖分子被击中的概率为_____。

答案:0.988

【解答】 至少一人命中即可,可以反面排除三人都没有命中的情况,恐怖分子被击中的概率为 $1-(1-0.8) \times (1-0.8) \times (1-0.7) = 0.988$。

例题 2-2 有 10 台同样的机器,每台机器的故障率为 0.03,各台机器独立工作。如果一台机器出现故障,1 人维修即可。现在有 2 名维修工人值班,那么机器出现故障无人立即维修的概率为_____。

答案:0.0028

【解答】 当有 3 台及以上机器同时发生故障时,就会出现无人立即维修的情况。在整体情况下,排除 0~2 台机器同时发生故障的情况。

$1-[C_{10}^{0} \times (1-0.03)^{10} \times 0.03^{0} + C_{10}^{1} \times (1-0.03)^{9} \times 0.03^{1} + C_{10}^{2} \times (1-0.03)^{8} \times 0.03^{2}]$

$= 1-0.9972$

$= 0.0028$

例题 2-3 如图1所示,球从 A 点滑落,每到一个格点处,往右滑落的概率是 $\frac{2}{3}$,往左滑落的概率是 $\frac{1}{3}$,那么一个小球从 A 点滑落到 B 点的概率是_____。

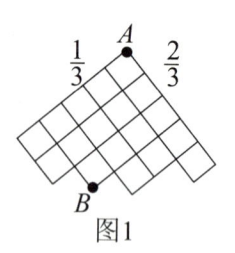

图1

答案: $\dfrac{280}{2187}$

【解答】 从 A 点到 B 点的路线是一个 3×4 的方格,路线有 C_7^3 条。得到小球从 A 点滑落到 B 点的概率为 $C_7^3 \times \left(\dfrac{2}{3}\right)^3 \times \left(\dfrac{1}{3}\right)^4 = \dfrac{280}{2187}$。

针对性练习

练习 ❶ 连续投掷一枚硬币 10 次,4 次正面向上的概率为_____。

练习 ❷ 战士练习打靶,每次命中率为 0.8,那么连续射击 5 次,有 1 次脱靶的概率为_____。

练习 ❸ 军方得到一个密码,安排甲、乙两人独立进行破译。甲的破译率为 0.6,乙的破译率为 0.7,那么这个密码被破译的概率为_____。

练习 ❹ 已知甲、乙、丙三人的射击命中率分别为 0.9,0.8,0.7。如果三人同时射击一个靶子,那么靶子恰被击中 2 次的概率为_____。

练习 5 某公司办公室配有 3 把钥匙,分别交给甲、乙、丙保管。已知甲、乙、丙周一上班迟到率为 0.15,0.12,0.08,那么周一上午办公室能准点开门的概率为_____。

练习 6 甲、乙两名篮球运动员各投篮 3 次。甲的命中率为 0.6,乙的命中率为 0.8,如果投中 1 次得 2 分,那么甲、乙得分相同的概率为_____。

练习 7 有 6 道三选一的选择题,如果一位学生不加思考瞎猜选项,那么至少猜对 3 道的概率为_____。

练习参考答案

练习题号	练习 1	练习 2	练习 3	练习 4	练习 5
参考答案	$\dfrac{105}{512}$	0.4096	0.88	0.398	0.99856
解答提示	$C_{10}^{4} \times \left(\dfrac{1}{2}\right)^{4} \times \left(\dfrac{1}{2}\right)^{6}$	$C_{5}^{1} \times 0.2 \times 0.8^{4}$	$1-0.4 \times 0.3$	$0.9 \times 0.8 \times 0.3 + 0.9 \times 0.2 \times 0.7 + 0.1 \times 0.8 \times 0.7$	$1-0.15 \times 0.12 \times 0.08$

练习题号	练习 6	练习 7
参考答案	0.30464	$\dfrac{233}{729}$
解答提示	两人命中次数相同,相互独立	$1-C_{6}^{0} \times \left(\dfrac{2}{3}\right)^{6} - C_{6}^{1} \times \left(\dfrac{1}{3}\right) \times \left(\dfrac{2}{3}\right)^{5} - C_{6}^{2} \times \left(\dfrac{1}{3}\right)^{2} \times \left(\dfrac{2}{3}\right)^{4}$

JSH-87　数学期望★

神器内容	数学期望是数学试验结果的平均值,所有试验结果为 $x_1,x_2,x_3,\cdots,x_n$,对应结果发生的概率为 $p(x_1),p(x_2),p(x_3),\cdots,p(x_n)$。数学期望 $E(x)=x_1 \cdot p(x_1)+x_2 \cdot p(x_2)+x_3 \cdot p(x_3)+\cdots+x_n \cdot p(x_n)$。
要点说明	数学考试得高分,真是激动又欢欣。 老师水平咋衡量? 平均分数有用场。 实验结果来分析,数学期望常统计。

神器溯源

一次数学考试,老师不但会关注班级的最高分和最低分,还会进行分数段频数统计,这些都是数据统计的方法。还有一个统计量是老师非常关注的,那就是平均分。它反映的是班级学生整体成绩的一个统计指标,把这个量推广到一般情况,叫作均值或者数学期望。

数学期望是试验中每次可能结果的概率乘结果的总和,是最基本的统计特征之一。

进行数学试验时,试验的结果和对应的概率如下表所示。

试验产生的结果	x_1	x_2	x_3	$\cdots$	x_n
结果发生的概率	$p(x_1)$	$p(x_2)$	$p(x_3)$	$\cdots$	$p(x_n)$

数学试验的期望记作 $E(x)$,也就是试验结果 x 的平均值。

$E(x)=x_1 \cdot p(x_1)+x_2 \cdot p(x_2)+x_3 \cdot p(x_3)+\cdots+x_n \cdot p(x_n)$。

例题精讲

例题 1-1 一次数学测试共有 6 道选择题,每做对一题得 5 分,不做或做错得 0 分。五(1)班 50 人参加测试,所得分数统计如下表所示,那么五(1)班这次测试的平均分为_____分。

得分	0	5	10	15	20	25	30
人数	0	1	2	16	14	10	7

答案：20.1

【解法一】 $(0×0+5×1+10×2+15×16+20×14+25×10+30×7)÷50$
$=1005÷50=20.1$。

【解法二】 平均分就是数学期望，使用数学期望公式得到平均分为

$$E(x)=0×\frac{0}{50}+5×\frac{1}{50}+10×\frac{2}{50}+15×\frac{16}{50}+20×\frac{14}{50}+25×\frac{10}{50}+30×\frac{7}{50}$$
$$=0+0.1+0.4+4.8+5.6+5+4.2$$
$$=20.1$$

例题 1-2 在进行人口普查时，对某乡镇的人口进行登记。乡镇共有 1000 个家庭，没有孩子的家庭有 98 家，只有 1 个孩子的家庭有 419 家，2 个孩子的家庭有 348 家，3 个孩子的家庭有 135 家，那么这个乡镇以家庭为单位的孩子个数的数学期望为_____。

答案：1.52

【解答】 $E(x)=0×\frac{98}{1000}+1×\frac{419}{1000}+2×\frac{348}{1000}+3×\frac{135}{1000}$
$=1.52$。

例题 2-1 某公司有新产品投放市场，每件产品投放可能发生三种情况：按定价销售出去，打折销售出去，销售不出去而回收。根据市场分析，这三种情况发生的概率分别为 0.65，0.25，0.1。在这三种情况下每件产品的利润分别为 50 元、20 元、-17 元（亏损 17 元），那么这个公司新产品利润的数学期望为_____元。

答案：35.8

【解答】 $E(x)=50×0.65+20×0.25-17×0.1$
$=35.8$。

例题 2-2 一个袋子里装有 7 个红球和 3 个蓝球。一次性摸取 3 个球,摸到一个红球获得 5 分,摸到一个蓝球扣 2 分,那么这样设置的摸球游戏的数学期望为_____分。

答案:8.7

【解答】 先计算各种结果的得分与概率,列表如下。

摸球	3红0蓝	2红1蓝	1红2蓝	0红3蓝
得分	15	8	1	−6
概率	$\dfrac{C_7^3 \times C_3^0}{C_{10}^3}=\dfrac{35}{120}$	$\dfrac{C_7^2 \times C_3^1}{C_{10}^3}=\dfrac{63}{120}$	$\dfrac{C_7^1 \times C_3^2}{C_{10}^3}=\dfrac{21}{120}$	$\dfrac{C_7^0 \times C_3^3}{C_{10}^3}=\dfrac{1}{120}$

数学期望 $E(x) = 15 \times \dfrac{35}{120} + 8 \times \dfrac{63}{120} + 1 \times \dfrac{21}{120} - 6 \times \dfrac{1}{120}$

$ = 15 \times \dfrac{35}{120} + 8 \times \dfrac{63}{120} + 1 \times \dfrac{21}{120} - 6 \times \dfrac{1}{120}$

$ = \dfrac{1044}{120}$

$ = 8.7$

针对性练习

练习 ❶ 在新冠疫情期间,某公司 40 名员工捐款情况如下:捐款 50 元 6 人,捐款 100 元 18 人,捐款 200 元 12 人,捐款 500 元 4 人,那么这个公司员工捐款平均值为_____元。

练习 ❷ 有一种彩票叫"排列三",中奖号码是一个 000~999 的三位数码。彩民可以花 2 元任意买一个三位数码(000~999)。如果所选数码与开奖号码完全相同(且顺序一致),则会中奖 1040 元。"排列三"的奖金的数学期望为_____元。

练习❸ 一名战士练习打靶 10 次,命中 8 环 3 次,命中 9 环 2 次,命中 10 环 5 次,那么这名战士的命中环数的数学期望为_____环。

练习❹ 一个袋子里装有 6 个红球和 4 个白球。一次性摸取 3 个球,摸到一个红球获得 2 分,摸到一个白球得 6 分,那么这样设置的摸球游戏的数学期望为_____分。

练习❺ 甲、乙两人进行投掷硬币游戏。甲连续掷一枚硬币到掷出正面为一局。若甲第 1 次掷出正面，乙给甲 2 元；若甲第 1 次为反面，第 2 次为正面，则乙给甲 6 元；若甲前 2 次都掷出反面，第 3 次掷出正面，乙给甲 10 元；如此下去，乙给甲的钱依次增加 4 元。当甲前 6 次都掷出反面，第 7 次掷出正面，乙就给甲 26 元，那么甲得到钱的数学期望为_____元。

练习参考答案

练习题号	练习1	练习2	练习3
参考答案	162.5	−0.96	9.2
解答提示	$(50\times6+100\times18+200\times12+500\times4)\div40$	$\frac{1}{1000}\times(1040-2)-\frac{999}{1000}\times2$	$(8\times3+9\times2+10\times5)\div10$
练习题号	练习4	练习5	
参考答案	10.8	$5\frac{47}{64}$	
解答提示	$6\times\frac{20}{120}+10\times\frac{60}{120}+14\times\frac{36}{120}+18\times\frac{4}{120}$	$\frac{1}{2}\times2+\frac{1}{4}\times6+\frac{1}{8}\times10+\frac{1}{16}\times14+\frac{1}{32}\times18+\frac{1}{64}\times22+\frac{1}{128}\times26$	